企业管理者行为的整合与权变管理研究

黄丽　陈维政　张泽梅　著

中国财经出版传媒集团

经济科学出版社

Economic Science Press

图书在版编目（CIP）数据

企业管理者行为的整合与权变管理研究/黄丽等著.
—北京：经济科学出版社，2018.12
ISBN 978 - 7 - 5218 - 0162 - 0

Ⅰ.①企…　Ⅱ.①黄…　Ⅲ.①企业 - 管理人员 -
管理行为 - 研究 - 中国　Ⅳ.①F279.23

中国版本图书馆 CIP 数据核字（2019）第 011838 号

责任编辑：李　雪　刘　莎
责任校对：隗立娜
责任印制：邱　天

企业管理者行为的整合与权变管理研究
黄　丽　陈维政　张泽梅　著
经济科学出版社出版、发行　新华书店经销
社址：北京市海淀区阜成路甲 28 号　邮编：100142
总编部电话：010 - 88191217　发行部电话：010 - 88191522
网址：www. esp. com. cn
电子邮件：esp@ esp. com. cn
天猫网店：经济科学出版社旗舰店
网址：http://jjkxcbs. tmall. com
北京季蜂印刷有限公司印装
710 × 1000　16 开　16.75 印张　250000 字
2019 年 1 月第 1 版　2019 年 1 月第 1 次印刷
ISBN 978 - 7 - 5218 - 0162 - 0　定价：59.00 元
（图书出现印装问题，本社负责调换。电话：010 - 88191510）
（版权所有　侵权必究　打击盗版　举报热线：010 - 88191661
QQ：2242791300　营销中心电话：010 - 88191537
电子邮箱：dbts@ esp. com. cn）

　　本书在研究过程中受到国家自然科学基金项目："基于三维支持系统感知的农民工疏离感社会效应与干预模式研究"（71663060）、国家自然科学基金项目："企业员工工作疏离感影响因素、形成机制及其干预策略实证研究"（71272210）、教育部人文社会科学项目："基于跨层次分析的人际取向模式对下属工作绩效影响的实证研究"（15YJC630039）的资助与支持。

前　　言

　　徐淑英作为全球最具影响力的华人管理学家之一，《管理学报》杂志社针对目前中国大陆管理学研究的现状和热点问题对其进行访谈，明确提出中国大陆管理学研究应从仅追求严谨性转变为既严谨又有着现实或潜在的社会影响。中国管理学者需要真正地进行探索性研究来发展中国管理的新构念和理论，依赖于现有文献的模仿和构建不会带来根本的创新。用中国的文化来理解当代中国的管理实践是构建本土理论的尚佳方法。

　　构建基于中国管理实践的本土化理论是研究者们孜孜以求追求的目标，尽管本书所收录的研究距离本土化理论构建还有较大的距离，但是也不仅局限于对西方文献的照搬与模仿。本书主要是基于辩证逻辑、权变管理以及整合研究视角借鉴西方理论（主要包括领导行为理论、冲突管理理论以及工作疏离感理论等），并对其在中国文化情景下企业组织的适应性进行批判性反思与改造，从而帮助理论研究者与企业管理实践者更全面、深入理解相关理论的情景适应性以及存在的局限性。使其意识到管理实践中对于领导行为效果、冲突管理等方面都很难做出绝对化的评价，都会有其边界和局限性，会因环境、处境、情境的不同而有变化。研究者与实践者均应避免一概而论不做动态分析、情境分析。无论是研究者还是实践者都应避免线性思维，应从权变之道与辩证视角审视自身行为，并对冲突、工作疏离感等进行行之有效的整合式管理。

　　具体而言，本书的研究内容主要可以分为以下方面：

　　研究内容一：企业管理者负向行为的影响效应研究。

从中国的文化情景来看，第一，中国是典型的集体主义与高权力距离的地区，第二，中国是典型的差序格局的社会结构，在这种文化下，领导被赋予了更多的权力，下属则处于比较被动、从属的地位。与西方强调平等、公平的上下级关系不一样，在中国情景下管理者往往被视为高人一等，下属常表现出对管理者的敬畏与服从。正是在这种情景下，极其容易发生管理者对权力的使用不当或者是过度使用，这就会滋生滥权式领导（abusive supervision）。尽管在西方情景下滥权式管理被广泛地探讨，但是在中国情景下研究还相对比较少，本书旨在填补此方面研究的不足。

本书在此方面主要展开的研究内容有：

一是主要区别于社会心理、社会比较、社会认同对滥权监管影响工作场所偏离行为的解释，基于社会交换视角，考察了领导—部属交换在滥权监管与下属工作场所偏离行为之间的中介作用以及员工身份特征（正式合同工 VS 劳务派遣工）在这一过程中的调节作用。研究表明，领导—部属交换在滥权监管与人际指向工作场所偏离行为、组织指向工作场所偏离行为之间均是起部分中介作用；相对劳动合同工而言，滥权监管对劳务派遣工人际指向、组织指向工作场所偏离行为的正向影响作用更强。

二是主要探讨了滥权监管对工作场所偏离行为、组织公民行为的影响，以及在这一影响过程中人际冲突与自我效能感的角色和地位。滥权监管对人际冲突有着直接的影响，并部分地通过人际冲突的中介作用对工作场所偏离行为、组织公民行为产生间接影响；自我效能感对滥权监管和人际冲突之间的关系起调节作用。

研究内容二：企业管理者正负行为影响效应的整合与辩证研究。

从西方对于领导行为的研究来看，主要是对管理者的积极支持行为或者消极滥权行为的单一视角展开探讨，存在形而上学、片面的倾向。故有必要采用整合的、辩证的管理观念，需要同时对比分析管理者建设性的支持行为与破坏性的滥权行为对下属的工作行为的影响差异，并进一步揭示管理者不同行为方面对下属工作行为影响的内在机制。另外，本书认为应以辩证的观点看待学术界兴起的"破坏型领导"研究，研究提出"破坏型领导"行为主要产生消极效果，但在特定的情况下也可能产生积极性效果。"建设型领导"主要产生积极效果，但在特定的情况下也可能产生消极效果。

本书在此方面主要展开的研究内容有：

一是认为管理者跟其他所有人一样是"复杂"的个体，人的行为具有两面性甚至多面性，同一管理者在不同情境下对其下属既可能表现出积极的支持行为，也可能表现出消极的滥权行为。当这两种迥异的管理行为被下属感知时，势必对其工作行为产生不同的交互影响。因此，有必要对管理者的这两种行为及影响后果进行整合研究，形成一种更完整、更准确的判断。依据情绪事件理论以及压力—情绪模型，探讨管理者的支持行为与滥权行为对下属工作行为的影响，并检验工作疏离感的中介作用。

二是针对西方学者往往倾向于认为放权式领导的管理效能整体上优于专制式、民主式的研究结论，在现实中这三种领导风格都是高效的，其高效管理主要依赖于对管理情景因素的把握，影响三种领导风格管理效能的关键是取决于企业规模大小、企业发展阶段、企业技术特点以及下属不同人力资本类型等权变管理因素。管理者应注重根据其环境的变化和被领导者的特点而做动态分析与选择，不能是一成不变认为某种领导风格就是最佳。

三是根据辩证的观点，主要分析了破坏型领导的消极效果和积极效果。破坏型领导的影响以消极效果为主，积极效果为辅。

研究内容三：企业管理者对人际取向与冲突策略的权变管理。

和谐人际取向符合中国文化情景，然而人际互动中难以避免冲突、矛盾与紧张，冲突与和谐是组织内同时并存的两类典型人际取向。在管理实践中，无论是冲突取向还是和谐取向，对其效果都很难做出绝对化的评价，都会有其边界和局限性，会因环境、处境、情境的不同而产生变化，一概而论不做动态分析、情境分析恐怕是不够的。应以权变管理策略进行冲突管理，充分意识到冲突未必带来坏的结果，而和谐也未必导致好的结果，辩证地对待两者对工作绩效的影响。另外，也针对西方学术界认为合作或者妥协是最优冲突解决策略进行了批判性反思，从而实践归纳、总结和提炼了选择冲突解决策略的权变情景因素。

本书在此方面主要展开的研究内容有：

一是从人际取向视角与社会交换理论分析了人际冲突取向、人际和谐取向对下属工作绩效的影响作用，以及领导成员交换质量在两类人际取向与工作绩效之间的中介作用。结果发现，人际冲突取向对组织公民行为、任务绩效有显著负向影响，而对工作场所偏离行为有显著正向影响；人际和谐取向则呈现与之相反的影响；领导成员交换质量在人际冲突取向与组织公民行为之间、人际冲突取向与任务绩效之间以及人际冲突取向与工作场所偏离行为之间均起部分中介作用；领导—成员交换质量在人际和谐取向与组织公民行为之间、人际和谐取向与任务绩效之间起部分中介作用，而在人际和谐取向与工作场所偏离行为之间起完全中介作用。

二是针对在西方文化情景下，合作策略与妥协策略是最为有效的冲突管理策略的研究观点，本书与西方研究观点不同的看法，基于托马斯的冲突策略模型，提出每一种冲突管理策略都有其自身的优缺点以及所适用的情境，根据权变管理的思想，在不同的情境下应该有不同的最佳冲突管理策略选择，即权变的冲突管理策略。本书归纳出对选择冲突管理策略具有重要影响的因素，主要包括如下五个方面：冲突力量对比、冲突程度、冲突性质、冲突可控性、冲突紧迫性，并分析了在这五种具体情形下，管理者应采用何种最为有效的冲突管理策略。

三是认为不同的领导风格会引导员工选择不同的冲突处理方式。员工惯用的冲突处理方式，对组织氛围的形成有很重要的作用。故具体分析了在交易型领导风格下，当领导实施权变性的奖励、积极的例外管理以及消极的例外管理对员工冲突策略选择的偏好；也分析了变革型领导风格的维度（领导魅力、个性化关怀、愿景激励、德行垂范）对员工选择冲突管理策略倾向的具体影响。

研究内容四：企业组织内领导成员互动关系的影响效应研究。

领导—下属交换理论认为，管理者对待下属并非一视同仁，而是与之建立亲疏各异的交换关系。管理者与圈内下属建立一种基于信任与义务的高质量交换关系，与圈外下属保持一种基于工作和契约的低质量交换关系。本书认为领导—下属交换关系并非只存在基于经济利益的低质量交换与基于互信责任的高质量交换两种典型的极端形式，领导与员工对领导成员交换关系感知存在着明显差异，同单一视角探讨领导成员交换关系有失偏颇。

本书在此方面主要展开的研究内容有：

一是针对学术界主要从员工视角衡量领导—下属交换关系，认为采用单向视角的研究并不能真实地反映领导—下属之间的交换关系，上下级对交换关系存有认知上的差异与区别。从互动关系感知差异可以形成四种领导—下属交换感知匹配组合：双高匹配组合、领导高估组合、员工高估组合与双低匹配组合。其中，双高匹配组合与员工高估组合对管理者支持行为感知具有积极的影响，领导高估组合与双低匹配组合则具有消极的影响；双高匹配组合与员工高估组合对管理者滥权行为感知具有积极的抑制作用，领导高估组合与双低匹配组合则可能成为诱发情景因素。

二是认为在领导下属互动交换活动中，领导与下属基于不同的立场，可能形成不同的领导—下属交换感知。领导与下属基于不同立场所形成的领导—下属交换关系感知直接影响各自的工作疏离感情绪体验，并进而影响下属的工作绩效表现。故本书同时从主管与下属两个视角探讨了领导—下属交换质量、工作疏离感与下属工作绩效之间的关系，并检验工作疏离感的中介作用。

研究内容五：企业管理者对员工工作疏离感的整合性管理研究。

工作疏离现象在企业员工中日益普遍，高工作疏离感人群不断泛化，国外相关研究表明，工作疏离感会导致员工消极的工作态度，产生职业倦怠，降低员工的工作满意感、组织认同与组织承诺，同时会减少组织公民行为，导致工作违规、人际冲突、酗酒行为，滥用药物等一系列的消极行为反应。国外学者的研究主要集中于探讨工作疏离感的影响后果，而对形成工作疏离感的影响因素以及干预策略分析相对薄弱的不足。从领导行为对工作疏离感的影响效应进行了系统的、整合的梳理，并从赋权管理与组织管理视角提供了相关的管控策略分析。

本书在此方面主要展开的研究内容有：

一是针对既往研究主要关注工作疏离感后果，相对缺乏对内在形成机制的探讨，以及在对工作疏离感形成原因分析上相对零散、单一的特点。故本书以领导行为、企业内部管理为切入点，对导致员工产生工作疏离感的组织管理因素进行全面、系统梳理，通过整合研究探寻引发企业员工工作疏离感的主要诱因，揭示工作疏离感的形成机制。

二是认为在注重个体的独立、自主及成就感的西方文化背景下，当工作自主性被剥夺，就容易形成工作疏离感。那么在崇尚集体主义价值的中国文化传统背景下，工作自主性是否是影响员工工作疏离感的主要变量？故对比分析了工作特征对中西方企业员工工作疏离感的影响差异，检验了工作疏离感在工作特征模型与组织公民行为之间的中介作用，同时分别从关系视角解释领导成员交换在工作疏离感与人际指向组织公民行为质之间的调节作用。

三是认为降低个人的工作疏离感可通过增强个人的心理赋权体验来实现，赋权理论强调，管理者可采用五阶段的赋权管理来缓解个体的工作疏离感，主要包括两方面的内容：管理者可以采用结构赋权方式，实现权力与资源共享，激发个体的外在工作动机，其相应的管理策略包括参与管理、目标设置等；同时管理者也应采用心理赋权方式，满足员工的精神、自主、胜任、成就需要，促使个体产生内在工作动机，其相应的管理措施包括合理工作设计、注重能力培养等。

四是主张作为领导者，有必要了解并重视员工的工作疏离感以起到减少工作场所偏离行为等，提升其积极的工作态度，促进其心理健康的作用。故在介绍工作疏离感研究成果的基础上，相应地提出了工作疏离感在领导层面、心理层面、组织层面与人际层面的具体管控策略，以供企业管理者参考。

研究内容六：企业组织内典型管理者行为案例研究。

孔子提出："政者，正也。"就是强调只有"克己""正身"、有道德的人才有资格当领导。孔子又进一步强调："道千乘之国，敬事而信，节用而爱人，使民以时"（《论语·学而》）。强调作为管理者，要忠于职守，取信于民，勤俭节约，爱护下属，说明在中国文化中蕴含着积极、正向的领导行为。同时，尤其是中国国有企业和民营企业的管理者在中国传统文化的影响下，常采用"威权式""家长式"领导行为，较多地表现出集权、专断、强制、粗暴等官僚主义作风，即具有消极的一面。故本书从实践的角度选择了两家有代表性的企业，对其截然不同的两种管理者行为展开分析。

本书在此方面主要展开的研究内容有：

一是以中国最受瞩目的华为企业作为分析对象，对任正非的七大领导力进行了详细介绍，并对其领导行为有效性进行点评与分析。研究认为任正非在华为推崇不断学习、自我批判，始终以创始人的身份满怀激情地引领公司不断发展。华为内部一方面充满"军事化"的高效作风，"胆大、冒险、激进"的狼性文化，但在另外一方面，则坚持贯彻现代化企业经营管理的理念，注重对自身领导行为进行改造：在管理思想上，居安思危，始终保持技术、管理思维、管理手段以及营销策略上的创新。在内部管理上，任正非通过流程化的制度体系建设和职业经理人团队的培养，来实现摆脱个人依赖的持续发展模式。在用人之道上，懂得让权，让专业人士实行专业化管理，绝不搞一言堂、专制化，尊重员工、价值共享是任正非管理的另一特点。

二是以成都本土企业建国汽车为分析对象，从中国情景下企业创始人的负向领导行为角度进行了剖析与解读。案例点评认为中国民营企业领导者独断、专制等领导方式由于其决策的迅速性、高度的统一性，使企业顺利地渡过了创业初期。然而随着企业的发展壮大，职业经理人的引入、员工队伍的多元化以及外部经营环境的复杂，都促使领导者必须慎重反思自身的领导行为，防止领导权力的"滥用"、防止越权，警惕"不应该决定的问题，擅自决定""不应该管的事情，插手管理""不应该执行的任务，越俎代庖"。使其意识到不能在片面强调中国传统文化的优越性基础上简单认为"威权式领导""家长式领导"等就是最适合我国国情的管理方式，高效的领导行为一定是因时而异、因事而异、因人而异的，一定是既强调运用现代化管理手段、工具、制度等进行"法治"式管理，也强调通过"利益共享""风险共担"等进行"人治"式激励。

目录

第 1 章

研究目的、方法及价值

1.1 研 究 目 的

本书以西方学者相关理论作为研究的切入点，并在此基础之上进行中国情景下的深刻反思与总结。在其批判性思考过程中，所有研究均贯穿辩证法思考、权变管理理论以及整合性研究思路。本书主要基于企业管理视角对中国情景下企业组织内的管理者行为方式进行全面、辩证的审视，主要采用研究定性分析与定量分析相结合的方式，研究包括采用规范化的实证研究，针对中国情景下管理者的负向行为（滥权监管）的内隐作用机制以及正向（支持行为）与负向（滥权监管）的综合、整合性影响效应等展开具体研究；另外一类是定性的理论分析，对管理者冲突管理策略的适应性展开权变分析、辩证分析负向管理者行为在某些方面所具备的积极效应等。本书所收录的研究一部分已经在国内期刊上发表，但是作者深感在期刊发表上受到版面的约束，其研究的全面性与深入性存在不足，故在此书的整理过程中，进行了必要的补充与完善；另外一部分是作者围绕"企业管理者行为"为中心展开的研究，其研究成果尚未公开发表。这些研究都不仅旨在理论贡献上有所突破，同时也希望管理实践者能从中获得实践价值与意义。

1.2 研 究 方 法

本书采用规范化的实证研究与相对严谨的理论研究，定性分析与定量分析相结合的方式，针对具体的研究内容展开综合的、整体的研究，具体而言，主要采用了如下的研究方法：

（1）文献研究法。好的研究应该建立在掌握大量文献研究的基础上。本书对滥权监管、支持行为、和谐人际取向、冲突人际取向、冲突管理策略以及工作疏离感理论等相关主题的文献研究、文献资料进行了大量地检索、收集、整理与分析，特别针对研究中所涉及核心变量的概念内涵、维度结构、测量工具、影响因素以及作用后果等主要问题方面进行了系统的分析与整理。通过对大量文献的阅读与梳理，总结有关该课题领域的研究现状，明晰该研究课题的发展脉络，确认已有研究基础和成果，积累相关的研究方法，并在此基础上明确了本书聚焦的研究问题以及相应的解决思路。

（2）问卷调查法。本书主要遵循问卷设计的基本原则和程序，依据研究的理论框架，编制了部分相关的调查问卷（主要是工作疏离感量表），编制的问卷具有较高的信效度。另外，本书将形成调查问卷册，对不同人群的态度、情感等方面展开全面的调查，通过大规模配对调查取样获得研究数据，并用研究数据验证理论假设，分析探寻变量之间存在的变化的规律。

（3）数据分析法。本书大量运用现代化统计分析手段分析变量之间存在的关系，主要采用的数据分析方法，包括运用 SPSS、AMOS 等软件进行问卷调查数据的初步分析，具体包括描述性分析、变量相关分析、探索性因子分析、测量变量的信效度分析等统计分析，同时采用结构方

程软件实现结构方程建模，完成研究变量的验证性因子分析，以及本书
中变量关系检验等。

（4）辩证逻辑法。通过概念、判断、推理等发生于思维中的抽象形
式（见思维形式的辩证法），对外部世界作出概括的、近似的然而却是
本质的反映。本书将对领导正向与负向行为、组织内的人际取向模式、
冲突管理等分析对象视为一个整体，从内在矛盾的运动、变化及其各个
方面的相互联结中考察对象。

1.3　研究价值

本书将采用规范的实证研究方法以及基于辩证逻辑的定性研究方
法，切入国际研究的前沿，其研究内容和成果具有重大的理论价值和现
实意义。

本书的理论意义如下：

（1）针对在中国情景下对滥权领导行为的探讨相对不足，聚焦于研
究滥权领导行为影响下属工作绩效的内在机制，研究从社会交换、人际
关系以及个体差异等角度解释滥权领导行为对下属工作的影响作用，其
研究成果丰富了理论界关于滥权管理导致员工消极行为后果作用机制的
探讨。

（2）基于"复杂"人假设，个体行为具有两面性甚至多面性，采用
整合的、辩证的管理观念，对比分析管理者富有建设性的支持行为与破
坏性的滥权行为这两种迥异的管理行为同时被下属感知时，对其工作行
为产生不同的交互式影响，并从员工情感视角分析了内在的影响机制。

（3）与既往人际取向单一研究不同，研究认为人际冲突与人际和谐
是组织内并存的两种人际取向，对其与工作绩效之间的关系同时展开研
究，并从社会交换理论解释领导—成员交换质量对工作绩效的影响，揭
示了领导—成员交换质量在两者之间的中介作用，有助于研究者从另一

角度认识两者之间的作用"黑箱"。

（4）根据权变管理的思想，提出在不同的情境下应该有不同的最佳冲突管理策略选择，即权变的冲突管理策略。归纳出对选择冲突管理策略具有重要影响的因素，主要包括如下五个方面：冲突力量对比、冲突程度、冲突性质、冲突可控性、冲突紧迫性，在此基础上构建了权变冲突管理策略模型。

（5）基于组织管理视角，采用整合、系统观点，梳理了工作疏离感的形成因素整合研究模型，选择有代表性的测量变量，在此基础上分析了工作疏离感的组织管理方面诱因，开展了相应的实证分析研究。

本书的实践意义如下：

（1）企业应建立限制滥权监管的甄选、监督机制，采用有效的手段对应聘者是否具有滥权监管倾向进行甄选，防止其进入核心管理层；通过领导力培训等管理策略提升管理者的基本素质与管理技能，转变传统单一的"胡萝卜加大棒"的管理方式；抛弃将员工视为"经济人"的人性假设，建立良好的相互监督机制与奖惩机制，限制滥权监管的消极效果，帮助管理者扭转管理方式。

（2）重视对劳务派遣这一弱势劳动群体的管理。从法律层面，应约束、规范企业对劳务派遣工的用工，建立合法权益的保障机制与申诉机制；在企业层面，应对劳动合同工与劳动派遣工应一视同仁，建立公平公正的考核、分配体系，做到同工同酬；建立劳务派遣工晋升机制，考核优秀的劳务派遣工可以转正；管理者尤其要警惕、重视负向领导行为对劳务派遣工身心的伤害以及由此带来的消极抵制、偏离行为。

（3）告诫管理者不应全盘接受西方冲突管理研究结论，在实践中，应树立权变管理的思想，根据不同的情境选择不同的最佳冲突管理策略，即权变的冲突管理策略。具体而言管理者应依据冲突力量对比、冲突程度、冲突性质、冲突可控性、冲突紧迫性这五种情形，采用最为有效的冲突管理策略。

（4）对工作疏离感形成的组织管理因素进行整合性与全面的研究，

工作疏离感是诱发工作偏离行为等一系列负面行为有效的预测变量，故在管理实践中应未雨绸缪，重视工作疏离感的管控，从而达到减少偏离行为等一系列负面行为的目的。本书从整合的组织管理视角归纳与整理出相关的工作疏离感干预对策，以供相关部门管理者借鉴。

第 2 章

企业管理者负向行为的影响效应研究

2.1 滥权监管、领导—部属交换对工作场所偏离行为的影响分析

——兼论员工身份的调节作用①

2.1.1 引言

领导行为是管理学研究经久不衰的热点话题。学者们从不同角度解释领导行为对员工态度、情感及行为的影响。与关注积极建设性领导的传统研究不同，新近研究聚焦于消极破坏性领导，滥权监管是破坏性领导的典型代表。滥权监管具体表现为：嘲笑、公开批评、大声发脾气、粗鲁无礼、漠不关心下属、强迫下属、使用藐视性的语言等（Tepper, Moss & Duffy, 2011）。特珀（Tepper, 2007）指出滥权监管对员工及其

---

① 黄丽，陈维政. 滥权监管、领导—部属交换对工作场所偏离行为的影响分析 [J]. 商业经济与管理，2014（2）：40 – 48.

组织产生十分消极的影响，由此导致每年的直接经济损失达 238 亿美元以上。研究者指出在不确定性规避高、高度集体主义和权力距离大的国家更容易出现滥权监管（吉尔特·霍夫斯泰德、格特·扬·霍夫斯泰德，2010）。

近期，员工自发违反企业的规范、政策或制度，并且威胁企业或成员福利的工作场所偏离行为研究成为企业管理实践关注的焦点。研究表明，上司的滥权监管（abusive supervision）容易导致下属反抗行为、偏差行为和攻击行为等负向工作场所偏离行为（Tepper, Henle & Lambert et al., 2008；Thau, Bennert & Mitchell et al., 2009）[①]。目前，学者从社会心理、社会比较、社会认同三大研究视角解释滥权监管与工作场所偏离行为之间的关系，本章认为滥权监管导致下属产生工作场所偏离行为的一个可能原因在于滥权监管破坏了领导—部属之间交换关系，不同领导行为与下属之间会形成高、低质量不同的交换关系，交换关系质量是连接领导行为与下属行为反应的关键因素（Howell & Hall-Merenda, 1999）。但纵观国内外研究，鲜有研究从基于社会交换视角对滥权监管与工作场所偏离行为之间的关系进行解释。因此，本章的目的之一是立足于领导—部属交换，从社会交换角度揭示滥权监管对偏离行为的影响作用，以弥补现有研究存在的不足。

权变领导理论认为领导行为在很大程度上受到下属个体差异影响，既往研究聚焦于个性心理差异的影响，忽视了员工身份特征的影响。目前，企业内形成了包括正式合同工与劳务派遣工在内的"二元结构"用工形式，针对劳务派遣工的研究主要以探讨健全劳动法规、规范劳动用工等问题的定性研究为主（肖进成，2012）。从实证研究来看，研究者主要从单一视角展开对劳务派遣工工作行为的研究，包括工作绩效、知

---

① abusive supervision：在国内被学者常常被翻译为"上级辱虐管理"，本书中认为从其概念的内涵来看，辱虐管理的翻译有些言过其实，从而采用了滥权管理的翻译，主要指领导者超越职权范围对权力的过度使用。

识共享与组织公民行为（Subramony，2011）。鲜有研究从对比分析视角探讨不同身份员工在工作态度与工作行为方面的差异。由于身份上的悬殊与分歧导致滥权监管对工作场所偏离行为的正向影响是否有所差异，这需实证研究数据的支持。故本章的目的之二在于考察下属身份特征在滥权监管与工作场所偏离行为之间的调节作用，揭示滥权监管对工作场所偏离行为作用的边界条件，从而更为深刻地理解是否会由于身份特征导致的在领导方式感知以及行为结果上体现出差异。综上所述，本章不仅可以揭示、认识滥权监管影响偏离行为的"内在黑箱"，而且对限制、管控员工工作场所偏离行为有一定的现实指导意义。

2.1.2 相关理论与研究假设

1. 滥权监管与工作场所偏离行为的关系

20 世纪 90 年代中期，工作场所偏离行为日渐成为组织行为学领域研究的焦点。工作场所偏离行为指组织成员自发性从事、威胁到组织或组织成员福利的违反组织规范、政策或制度的行为（Robinson & Bennett，1995）。研究者对工作场所偏离行为的分类进行了大量探讨，但迄今为止，学术界尚未达成共识，目前广泛认可的是国外学者班尼特和罗宾逊（Bennett & Robinson，2003）的分类，将工作场所偏离行为划分为人际指向偏离行为和组织指向偏离行为两个因子更为恰当，这一分类结果得到了大量学者的证实（Fox，Spector & Miles，2001；Dunlop & Lee，2004）。

工作场所压力情境引发压力感是工作场所偏离行为发生的心理前因，由压力情境引发压力感的因素中，最不容忽视的是领导行为因素。研究者对领导行为与工作场所偏离行为间关系展开了探讨。梅耶，库根姆和格林巴博等（Mayer，Kuenzim & Greenbaumr et al.，2009）认为伦理型领导与工作场所偏离行为呈负相关。迪宁盖尔，刘易基和汤姆林森（Dineen，Lewicki & Tomlinson，2006）发现领导的指导行为与工作场所偏离行为呈负相关，但若领导行为不正直，即便为其提供指导，仍可能产生偏离行为。近期研究者开始关注滥权监管的影响效应，滥权监管是管理者持续表现出怀有敌意和非言语行为，但不包括身体接触行为（Tepper，2000）。研究显示：滥权监管与下属的负向行为（抵抗行为、攻击行为、偏差行为等）呈现显著正相关（Detert，Trevinno & Burris，2007）。综上所述，提出如下研究假设：

研究假设 2a - 1：滥权监管对人际指向工作场所偏离行为具有显著的正向影响。

研究假设 2a - 2：滥权监管对组织指向工作场所偏离行为具有显著的正向影响。

2. 领导—部属交换的中介作用分析

随着滥权监管对工作场所偏离行为的正向影响被普遍证实，研究热点进而转向两者之间的"黑箱"，试图从不同视角解释滥权监管影响工作场所偏离行为的内在机制。纵观国内外研究，学者们都从社会心理视角解释两者之间的关系，滥权监管带给下属心理压力、情绪耗竭、心理不安全感和低情感承诺，进而增加消极性产出或减少积极性产出（Tepper，Carr & Breaux et al.，2009；吴隆增、刘军和刘刚，2009；吴维库、王未和刘军等，2012）。除此之外，国外学者更偏好从社会比较视角解释两者的内在联系，基于社会公平理论，认为滥权监管行为降低员工的公平感知，进而影响态度和行为（Zellars，Tepper & Duffy，2002；Aryee，Chen & Sun et al.，2007）。国内学者从社会认同视角阐述两者之间的内在机制，滥权监管主要是通过降低下属对领导以及组织认同，进而对态度和行为产生影响（颜爱民和高莹，2010；孙健敏、宋萌和王震，2013）。

上述研究表明：滥权监管对下属行为的影响机制是多样、复杂的。滥权监管导致工作场所偏离行为的另一个可能原因在于其破坏了原先平衡的领导—部属交换。社会交换理论认为，社会交换的双方主要遵从"互惠原则"并力图保持社会交换的平衡，下属的行为表现是其与组织双方社会交换的产物，当下属通过组织满足了其物质和心理需要时，根据"互惠原则",会做出了有利于组织的行为(如组织公民行为等),反之则会做出有损组织的行为(如偏离行为等)。埃里卡、徐和凯瑟琳等(Erica, Xu & Catherine et al., 2012)通过366套领导—下属配对调查数据进行分析,探讨了领导—部属交换在滥权监管与工作绩效间、滥权监管与组织公民行为间起到完全中介作用。

基于以上分析,本章将着重探讨领导—部属交换中介作用,从社会交换理论解释滥权监管对工作场所偏离行为的影响。另外,鉴于组织公平感可能是替代性中介变量,因此将其作为检验领导—部属交换中介作用的控制变量,并提出如下研究假设。

研究假设2a-3:领导—部属交换在滥权监管与人际指向工作场所偏离行为之间起中介作用。

研究假设2a-4:领导—部属交换在滥权监管与组织指向工作场所偏离行为之间起中介作用。

3. 下属身份特征的调节作用分析

在我国,企业雇佣形式上主要存在两种方式:正式合同工与劳务派遣工,20世纪90年代后期,劳务派遣用工数量激增。目前,劳务派遣不仅没有得到规范和限制,反而异化为劳务派遣单位和用工单位合谋规避社会责任、转移用工风险、侵犯弱势劳动者权益的工具和手段。与正式合同工"用人单位——劳动者"之间一对一的劳动关系不同,劳务派遣单位、用人单位与劳务派遣工之间形成了独特的三角劳动关系,其内在法律关系混乱不清,劳务派遣机构和用人单位相互推诿;劳务派遣工在组织内被视为"组织外人""同工不同酬",劳务派遣工的权益容易遭受侵犯,合法权益得不到保障。

长期以来,员工在身份上的悬殊与分歧,导致在企业内形成劳动用工"二元结构"。对劳动合同工来说,由于受到稳定的、长期的雇佣关系等因素的影响,上司欲表现出滥权监管时会有所收敛,同时下属在遭受到上司的滥权管理,也更倾向对此进行积极归因,故能缓冲滥权监管对工作场所偏离行为的正向影响;而对劳务派遣工而言,下属对上司的滥权行为更为敏感，更倾向对此行为做出消极评价，认为其有意而为之；再加之变动的、短期的、缺乏信任的雇佣关系，缺乏培训和晋升等发展机会，故劳务派遣工在遭遇上司的滥权监管时，容易产生工作场所偏离行为。通过上述分析，提出研究假设 2a-5 与 2a-6。

研究假设 2a-5：下属身份特征对滥权监管与人际指向工作场所偏离行为之间起调节作用。比较而言，滥权监管对劳务派遣工人际指向工作场所偏离行为的正向影响更强。

研究假设 2a-6：下属身份特征在滥权监管与组织指向工作场所偏离行为之间起调节作用。比较而言，滥权监管对劳务派遣工组织指向工作场所偏离行为的正向影响更强。

根据以上的理论分析与研究假设，本书的研究框架如图 2-1 所示：

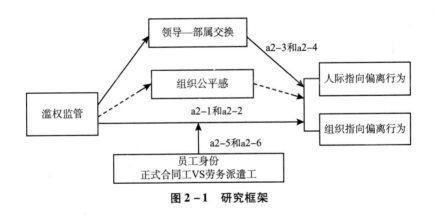

图 2-1　研究框架

2.1.3　研究方法

1. 研究对象与程序

为了避免共同方法偏差问题对研究结果的影响，采用一对一配对问卷调查研究设计。采用在 MBA 和人力资源师高级培训班调查、企业实地调查、委托发放的三种方式收集问卷，将事先配对编码的一套问卷发给调查对象，请他们完成主管调查问卷，并将员工问卷交由相应的下属，独立评价后分别密封回邮给调查小组。样本涉及成都、广州、深圳、重庆、北京、西安、河北等省市。另外，由于实地调查与委托发放可能涉及对一个企业重复多次抽样的问题，为了使调查样本更具有代表性，限定一个企业最多收集 3 套调查问卷。

回收问卷后，根据编码确定配对调查问卷，剔除未成功配对问卷与废卷，剔除标准包括问信息完整程度、选项答案有无明显规律等，并完成问卷的整理与录入工作。

2. 样本概况

本次调查共发放 700 套调查问卷，回收有效问卷 345 套（回收率为 49.28%）。345 套问卷中，215 套来自 MBA 和人力资源培训班调查，100 套来自企业实地调查，30 套来自委托代发，分别占总有效配对问卷的 61.43%、28.57% 与 10.0%。

人口统计学变量中性别、年龄、学历、职务层次等由直接主管与员工分别报告，公司性质、行业类别由直接主管报告。主管样本以男性居多（67.1%），平均年龄 37.46 岁；学历层次分布为高中或中专 14.7%，大专 32.7%，本科 44.5%，硕士及以上 8.1%；职务层次分布为基层 31.0%，中层 56.6%，高层 12.4%。员工样本以男性员工居多（55.7%），平均年龄 30.64 岁，学历层次分布为高中或中专 24.4%，大专 36.9%，本科 34.6%，硕士及以上 4.1%；职务层次分布为普通员工 54.5%，基层 29.4%，中层 13.0%，高层 3.2%。公司性质分布以民营/民营控股公司为主（民营或民营控股公司 41.0%，国有或国有控股公司 37.0%，外资或外资控股公司 22%）；行业类别分布以服务业为主 35.1%（IT/通信/高新技术行业 31.6%，传统制造业/建筑业/房地产 19.8%，其他 13.5%）。

3. 研究工具与测量

滥权监管。采用西方学者（Mitchell & Ambrose，2007）发展的单维度量表。国内学者高日光（2009）首次对其进行本土化翻译与修订。量表包含"直接上司常说下属的想法和感受是愚蠢"等 5 道题项。本部分测量题项由员工报告。

领导—部属交换。采用国外学者（Graen & Uhlbien，1995）发展的7 个题项的单维度量表。量表包含"直接上司能意识到我的潜力"等题项。本部分测量题项由员工报告。

工作场所偏离行为。采用西方学者（Robinson & Bennet，2000）开发的两维度量表。删除"在工作时喝酒或使用非法药物"这一具有明显文化特征的题项。包括人际指向与组织指向工作场所偏离行为两个维度。本部分测量题项由直接主管报告。

员工身份特征。在员工调查问卷中，设计了一道题项，"从企业的用工形式来看，您属于_____ A 劳动合同工；B 劳务派遣工"。本部分测量题项由员工报告。

控制变量。沿用国外学者（Lian，Lance & Brown，2012）的做法，将组织公平感变量作为检验领导—部属交换中介作用的控制变量。采用国外成熟的、西方学者（Farh，Podsakoff & Organ，1990）开发的组织公平感量表，包含程序公平感与分配公平感两个维度。本部分测量题项由员工报告。

2.1.4　研 究 结 果

1. 研究变量的信效度检验

采用 Cronbach's α 系数衡量量表的一致性信度；采用验证性因子分析检验各量表的结构效度，结果如表 2 – 1 所示。

表 2 – 1　　　　　　　测量工具的信效度检验（N = 345）

量表名称	α 系数	χ^2/df	RMSEA	AGFI	GFI	IFI	CFI	NFI	NNFI
滥权监管	0.933	1.887	0.051	0.968	0.991	0.998	0.998	0.995	0.994
领导—部属交换	0.810	2.978	0.076	0.935	0.979	0.977	0.977	0.966	0.946
组织公平感	0.912	3.206	0.080	0.909	0.950	0.965	0.965	0.950	0.947
工作场所偏离行为	0.965	2.461	0.065	0.880	0.913	0.967	0.967	0.946	0.960

结果表明：Cronbach's α 值均高于 0.80 的判断标准，说明所选用量表具有较好的内部一致性信度。验证性因子分析结果表明：χ^2/df 值均小于 5，RMSEA 均小于或等于 0.08，除工作场所偏离行为量表 AGFI 值接近 0.90 外，其余各指标值（AGFI，GFI，IFI，CFI，NFI 和 NNFI）均在 0.90 的判断标准之上，说明所选用量表具有良好的结构效度（吴明隆，2010）。

2. 研究变量的相关分析

研究变量的均值、标准差与相关系数见表 2－2。

表 2－2　　　　　　　　均值、标准差与相关系数（N＝345）

变量名称	平均数	标准差	1	2	3	4	5
滥权监管	1.931	1.001					
领导—部属交换	3.537	0.689	－0.111*				
组织公平感	3.367	0.725	－0.078	0.229**			
人际指向偏离行为	1.805	0.874	0.338**	－0.229**	－0.059		
组织指向偏离行为	1.799	0.838	0.392**	－0.253**	－0.109*	0.824**	
工作场所偏离行为	1.802	0.818	0.381**	－0.252**	－0.082	0.957**	0.953**

注：$p < 0.05$，$**p < 0.01$，下同。

上表表明：滥权监管与人际指向、组织指向偏离行为之间呈显著正相关；而滥权监管与领导—部属交换之间呈显著负相关；同时领导—部属交换与人际指向、组织指向偏离行为之间也呈显著负相关。

3. 领导—部属交换的中介作用检验

中介作用检验方法大致可归纳为三种：传统中介检验方法（即 Baron & Kenny 检验）、索贝尔程序检验法（即 Sobel）以及拔靴法（即 Bootstrapping 检验，Preacher & Hayes，2008）。Bootstrapping 检验方法适用于样本容量小、抽样分布未知的情况。本章采用一对一配对调查，样本收集难度较大，样本容量小，适合采用 Bootstrapping 法进行中介作用的检验。

西方学者（Baron & Kenny，1986）认为中介变量的检验分四步：第一步，自变量和因变量之间显著相关；第二步，自变量和中介变量之间显著相关；第三步，中介变量和因变量之间显著相关；第四步，加入中介变量后，自变量与因变量间相关不显著（完全中介）或相关程度减弱（部分中介），前三步是中介作用分析的前提条件。表 2 - 2 表明：滥权监管与人际指向、组织指向偏离行为呈显著正相关（r = 0.338[**]，p < 0.01；r = 0.392[**]，p < 0.01）；与领导—部属交换呈显著负相关（r = - 0.111[*]，p < 0.05）；领导—部属交换与人际指向、组织指向偏离行为呈显著负相关（r = - 0.229[**]，p < 0.01；r = - 0.253[**]，p < 0.01），检验领导—部属交换作为中介变量的前提条件成立。

　　另外，将组织公平感与领导—部属交换一起纳入结构方程进行检验。利用原始数据在结构方程中内建 Bootstrapping 程序进行中介作用的检验，样本数设为 1000，区间的置信区间水平设定为 0.95。结构方程拟合结果如图 2 - 2 所示。

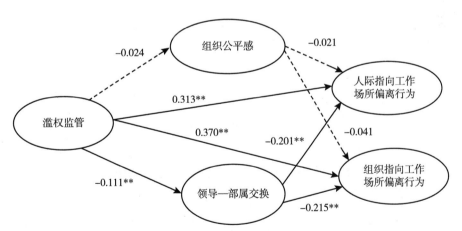

图 2 - 2　领导—部属交换在滥权监管与工作场所偏高行为之间的

中介作用检验（N = 345）

注：$\chi^2/df = 3.057$；AGFI = 0.940；GFI = 0.991；IFI = 0.991；CFI = 0.991；NFI = 0.987；NNFI = 0.955；RMSEA = 0.077 图中虚线箭头代表回归系数不显著。* p < 0.05，** p < 0.01。

　　图 2 - 2 显示：滥权监管对人际指向、组织指向工作场所偏离行为标

准化回归系数分别为 $\beta = 0.313^{**}$，$^{**}p < 0.01$；$\beta = 0.370^{**}$，$^{**}p < 0.01$。说明滥权监管对人际指向、组织指向工作场所偏离行为有显著正向影响，支持研究假设 2a-1 与假设 2a-2。

中介作用检验表明：在控制了组织公平感的影响作用下，滥权监管对领导—部属交换的标准化回归系数 $\beta = -0.111^{*}$（$^{*}p < 0.05$），领导—部属交换对人际指向工作场所偏离行为标准化回归系数 $\beta = -0.201^{**}$（$^{**}p < 0.01$），滥权监管对人际指向工作场所偏离行为的标准化回归系数 $\beta = 0.313^{**}$（$^{**}p < 0.01$），仍显著，说明领导—部属交换在上述关系之间起部分中介作用，支持研究假设 2a-3；同理分析其在滥权监管与组织指向工作场所偏离行为之间的中介作用，表明领导—部属交换在上述关系之间也起部分中介作用，支持研究假设 2a-4。

4. 员工身份特征的调节作用检验

采用多群组比较检验员工身份特征在滥权监管与工作场所偏离行为之间的调节作用。首先，利用群管理功能，设定劳动合同工与劳务派遣工两个组别，将劳动合同工样本中滥权监管对人际指向、组织指向偏离行为的路径参数分别设置为 a1-1、a2-1，劳务派遣工样本中滥权监管对人际指向、组织指向偏离行为的路径参数分别设置设为 a1-2、a2-2。然后在限制模型中，进路径参数等同设置 a1-1 = a1-2，a2-1 = a2-2，非限制模型与限制回归系数相同模型比较结果见表 2-3 所示。

表 2-3　　　　非限制模型与限制回归系数相同模型比较结果

Model	DF	CMIN	P	NFI Delta-1	IFI Delta-2	RFI rho-1	TLI rho2
限制回归系数相等模型	2	6.932	0.031	0.015	0.016	-1.137	-1.152

注：原假设 H_0 非限制模型是正确的。

通过比较限制性模型与非限制模型判断员工身份特征是否调节滥权监管与两类工作场所偏离行为之间关系。结果发现应拒绝限制回归系数相等模型，接受非限制模型（$\chi^2 = 6.932$，$df = 2$，$\chi^2/df = 3.466$，$P = 0.031$），滥权监管与员工两类工作场所偏离行为之间的关系，会因员工身份不同而有所差异，即员工身份特征调节了滥权监管与两类工作场所偏离行为之间的关系，研究假设2a–5与假设2a–6得到支持。

图2–3与图2–4表明：在劳动合同工与劳务派遣工两个样本中，滥权监管对组织指向工作场所偏离行为具有更强的正向影响。对比分析发现：在劳务派遣工样本中，滥权监管对人际指向、组织指向偏离行为均具有更强的正向影响。

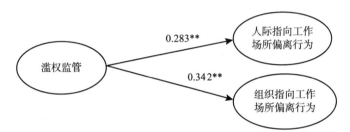

图2–3　正式合同工样本中滥权监管对两类工作场所偏离行为的影响作用（N = 220）

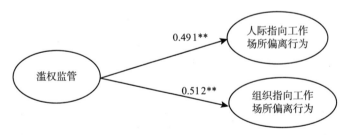

图2–4　劳务派遣工样本中滥权监管对两类工作场所偏离行为的影响作用（N = 125）

2.1.5　研究结果分析与讨论

本章分析了滥权监管对工作场所偏离行为的影响，结果表明滥权监管对下属人际指向、组织指向工作场所偏离行为有显著正向影响。图2–2的竞争性模型表明，滥权监管对下属组织指向工作场所偏离行为的正向影响更强（β = 0.370**，$**$ p < 0.01），这说明当下属感知上司主动性不当行为，如在别人面前贬低下属、对下属翻旧账等或较为被动的不当行为，如对下属不理不睬、不履行承诺等都会成为下属表现工作场所偏离行为的诱发因素，且下属更偏向采用组织导向的工作场所偏离行为报复这种不当行为，滥权监管具有广泛的危害性。

本章探讨了滥权监管影响工作场所偏离行为的内在黑箱与作用机制，分析组织公平感与领导—部属交换在两者间的中介作用，图 2 - 2 的竞争性模型表明：领导—部属交换在滥权监管与人际指向、组织指向工作场所偏离行为起部分中介作用，但组织公平感的中介作用不显著。与西方文化重视组织分配、程序公平不一样，在中国文化情景下，员工更看重人际关系质量，当下属感受到上司对自己的嘲笑、指责等行为时，稳定、平衡、高质量的交换被破坏，中国传统奉行"将心比心""以牙还牙"的行为准则，低质量交换作为一种负向的"互惠"，不仅会减少助人行为，甚至还导致潜在的破坏性行为与负向偏离行为发生。

引入员工身份作为滥权监管与两类偏离行为之间的调节变量，检验发现滥权监管对两类偏离行为的影响程度会因员工身份差异而有所差异，滥权监管对劳务派遣工两类偏离行为的正向影响更强。这说明在管理实践中，管理者更倾向于对劳务派遣工实施滥权管理，由于法律保护的不完备、同工不同酬的待遇、短期、变化的组织—员工关系，使其认为自身是徘徊在组织之外的"边缘人"，是组织内的"二等公民"，更容易滋生"破罐子破摔"等非理性情绪，更倾向以损害个人和组织的行为报复组织的不公正待遇。

2.1.6　结论、建议与展望

1. 结论与建议

实证研究发现：滥权监管正向影响人际指向与组织指向工作场所偏离行为；领导—部属交换在滥权监管与两类偏离行为之间起到部分中介

作用；员工身份特征在滥权监管与两类偏离行为之间起到调节作用，滥权监管对劳务派遣工两类偏离行为具有更强的正向影响。

从实证研究结果总结的管理建议包括：首先，管理者需选择恰当的行为方式。古人云"以铜为镜，可以正衣冠；以古为镜，可以知兴衰；以人为镜，可以明得失"，管理者应该充分意识滥权监管的危害性，对自身的工作行为进行全面审视，诟病、抛弃滥权监管行为，更多地采用积极、建设性的领导行为。

其次，建立限制滥权监管的甄选、监督机制。企业应采用有效的手段对应聘者是否具有滥权监管倾向进行甄选，防止其进入核心管理层；通过领导力培训等管理策略提升管理者的基本素质与管理技能，转变传统单一的"胡萝卜加大棒"的管理方式；抛弃将员工视为"经济人"的人性假设，建立良好相互监督机制与奖惩机制，限制滥权监管的消极效果，帮助管理者扭转管理方式。

最后，重视对劳务派遣这一弱势劳动群体的管理。从法律层面，应约束、规范企业对劳务派遣工的用工，建立合法权益的保障机制与申诉机制；在企业层面，应对劳动合同工与劳动派遣工应一视同仁，建立公平公正的考核、分配体系，做到同工同酬；建立劳务派遣工晋升机制，考核优秀的劳务派遣工可以转正；管理者尤其要警惕、重视滥权监管对劳务派遣工身心的伤害以及由此带来的有损组织利益的消极抵制、偏离行为。

2. 研究不足与展望

本章的不足主要体现在：一是配对调查问卷收集的是同一时点的数据，难以推断变量之间的因果关系，本章认为滥权监管是导致工作场所偏离行为的原因，但在管理实践中也可能是由于下属的高频率的工作场所偏离行为诱发了更多的滥权监管领导行为。虽然采用配对调查问卷能克服同源误差对研究结论的影响，但由于部分敏感性题项可能受到社会赞许的影响，未设置社会赞许效应检验题项，其研究结果可能受到影响。二是本章在检验领导—部署交换在滥权监管与工作场所偏离行为之间的中介作用时，仅将组织公平感作为控制变量，并没有控制社会心理、社会认同等变量对工作场所偏离行为的影响，这就有可能高估领导—部属交换的中介作用效应。

本章认为如下问题需要在未来的研究中深入探讨：第一，由于时间、经历等因素的限制，本章主要探讨了滥权监管对两类工作场所偏离行为的影响，未来可以进一步探讨滥权监管对创新行为、组织公民行为等行为表现的影响，同时也可以分析滥权监督对任务绩效、企业绩效等绩效表现的影响。第二，本章主要分析了员工身份特征在滥权监管与工作场所偏离行为的调节作用，未来的研究一方面，员工身份特征的调节作用检验扩展至滥权监管与行为表现、滥权监管与绩效表现之间；另外一方面，可以分析员工身份特征在积极领导行为与工作场所偏离行为之间的调节作用，分析在两类劳动用工样本中，积极领导行为在限制员工工作偏离行为的效用方面是否存在差异。第三，本章所涉及的员工身份特征主要是正式化合同工与劳动派遣工，未来研究可以对员工身份特征从另一视角展开研究，对比分析城镇工与农民工在工作态度与工作行为方面的差异，亦可以分析城镇工与农民工在不同领导行为与行为表现、绩效表现之间的调节作用。

2.2　滥权监管对个体工作行为的影响分析

——人际冲突与自我效能感的不同作用①

2.2.1　问题提出

"如何管理员工的工作行为"是组织行为研究的经典问题，工作场

---

① 黄丽，陈维政. 滥权监管对工作行为的影响分析——人际冲突与自我效能感的不同作用 [J]. 经济经纬，2014 (6)：96-100.

所偏离行为与组织公民行为是其典型代表，管理者希望最大限度约束工作场所偏离行为，促发组织公民行为，以提升员工的工作绩效进而增强企业的核心竞争力。工作场所偏离行为（workplace deviant behavior, WDB）是组织成员故意或实质伤害组织或组织成员的行为（Spector & Fox, 2002）。工作场所偏离行为在企业中日益增长，已经成为企业普遍性的问题，带来了严重的危害。组织公民行为（organizational citizenship behavior, OCB）在组织行为及人力资源管理领域扮演着十分重要的角色。它是员工个体自发的行为，虽然不会直接或明确地得到组织正式的薪酬体系的承认，但就整体而言它有益于组织运作效能的提升（Organ, 1988）。

迄今，研究者对滥权监管与工作场所偏离行为、组织公民行为之间的关系进行了大量的探讨，且从不同研究视角对上述关系进行解释，社会心理视角认为滥权监管带给下属心理压力、情绪耗竭、心理不安全感和低情感承诺，进而增加消极性产出或减少积极性产出（Tepper, Carr & Breaux et al., 2009；吴隆增、刘军和刘刚，2009；吴维库、王未和刘军等，2012；严丹，2012）。社会公平理论认为，滥权监管降低员工的公平感知，进而影响态度和行为（Zellars, Tepper & Duffy, 2002；Aryee, Chen & Sun et al., 2007；Lian, Ferris & Brown, 2012）。社会认同视角认为，滥权监管通过降低下属对领导及组织认同，进而对态度和行为产生影响（颜爱民和高莹，2012；孙健敏、宋萌和王震，2013）。社会交换理论则认为，当下属通过组织满足了其物质和心理需要时，根据"互惠原则"，会做出有利于组织的公民行为，反之则会做出有损组织的偏离行为（Xu, Huang & Lam et al., 2012）。人际关系理论创始人梅奥认为追求人与人之间的友情、安全感、归属感和受人尊敬等是影响个体行为表现、生产效率更为重要的因素。中国是典型的关系导向、伦理本位社会，人际关系是理解个体行为更为直接、重要的因素。然而对于滥权监管是否会渗透组织内人际关系进而影响下属行为表现，尚未有研究涉及。因此本章旨在解决的第一个问题是：作为关系社会、人情社会，滥权监管是否会透过触发组织内人际矛盾与冲突，进而影响下属的行为表现?

交互作用理论认为行为表现是个人特质与环境因素交互作用的结果，不可陷入情景论的悲观论调，也不可以特质论单独判断。本章认为在应对外部刺激时，个体的自我效能感发挥了重要作用，不同自我效能感个体对相同的压力源倾向做出不同的评估，不同的认知导致不同的行为表现。因此，本章将检验高低不同自我效能感个体在应对两类压力源的差异反应，即检验自我效能感在滥权监管与人际冲突之间是否起到调节作用，以及在人际冲突对两类工作行为的影响过程中是否起到调节作用? 这是本章试图解决的第二个问题。

2.2.2 研究假设

1. 滥权监管对工作场所偏离行为、组织公民行为的影响

滥权监管是管理者持续表现出怀有敌意和非言语行为，但不包括身体接触行为（Tepper，2000），具体表现为：嘲笑、公开批评、大声发脾气、粗鲁无礼、漠不关心下属、强迫下属、使用藐视性的语言等。依据社会交换理论与互惠性原则（Cropanzano & Mithcell，2005），员工会根据组织或主管对待他（她）的方式或待遇，进行相关的归因和判断，调整相应的工作态度和行为。当员工感知到来自直接主管的滥权管理时，会增加消极心理体验，倾向于做出负面反馈行为。已有的研究表明：滥权监管与下属的负向行为（例如抵抗行为、攻击行为、偏差行为以及越轨行为）呈现显著正相关（Detert，Trevino & Burris，2007；Tepper，Henle & Lambert et al.，2008）。米切尔和安布罗斯（Mitchell & Ambrose，2007）认为，滥权监管与指向主管偏差行为（如粗鲁地对待主管）、人际指向偏差行为（如对同事做低劣的恶作剧）以及指向组织偏差行为（如偷盗）均存在显著正相关。现有研究将与滥权监管相关的工作场所偏离行为分为两种：一种是受侵犯的员工选择直接报复主管或替代性报复周围同事，引发人际指向工作场所偏离行为；另

一种是受侵犯的员工替代性报复组织，引起组织指向工作场所偏离行为（Bennett & Robinson, 2000）。基于以上内容，提出研究假设 2b - 1 与研究假设 2b - 2：

　　研究假设 2b - 1：滥权监管对工作场所偏离行为具有显著正向影响。

　　研究假设 2b - 2：滥权监管对组织公民行为具有显著负向影响。

2. 滥权监管对人际冲突的影响

　　人际冲突（Interpersonal Conflict）是工作场所一种典型的冲突表现（Barki & Hartwiek, 2004），从情感角度强调组织成员之间的不和与敌对状态（Amason, 1996; Jehn & Mannix, 2001; Pelled, Eisenhardt & Xin, 1999）。当直接主管在别人面前贬低下属、对下属翻旧账等；对下属不理不睬、不履行承诺等，均会造成上下级间不信任、难以敞开心扉坦诚地沟通，同时封闭的交流方式以及等级森严的差序格局，使下属有感于"位卑言轻""敢怒不敢言"，造成双方隐性的紧张与敌对情绪。根据情绪感染理论，这种负面情绪相互感染与传导（Hatfield, Cacioppo & Rapson, 1993），增加组织成员间的冲突和摩擦（Barsade, 2002; Vijayalakshmi & Bhattacharyya, 2012）；动摇组织成员间的和睦与团结（Felps, Mitchell & Byington, 2006; Walter & Bruch, 2007）。其西方相关学者的研究（Harris, Harvey & Kacmar, 2011）也表明，人际冲突与滥权监管之间存在显著相关。基于以上分析，提出研究假设 2b - 3：

　　研究假设 2b - 3：滥权监管对人际冲突具有显著正向影响。

3. 人际冲突的中介作用

　　滥权监管不仅对人际冲突有直接的显著影响，而且与工作场所偏离行为、组织公民行为有着紧密的联系。研究表明，人际冲突与焦虑、抑郁、沮丧、情绪衰竭等消极情绪紧密相关（Liu, Spector & Shi, 2007; Jaramillo, Mulki & Boles, 2011）；与人际指向的工作场所偏离行为之间呈显著正相关（Bruk-Lee & Spector, 2006）；人际冲突特别是上下级冲突，下属出于职位差距的原因，可能以隐秘的方式宣泄不满，表现出财产越轨、人际越轨等（刘玉新、张建卫和彭凯平，2012）。吕艾芹、施俊琦和刘漪昊等（2012）认为团队冲突对组织公民行为具有负向影响。人际冲突会破坏下属的组织承诺（Mills & Schulz, 2009）。

什么原因导致组织内产生不和、矛盾与冲突？滥权监管是破坏和谐、产生冲突的导火线。上司在别人面前贬低下属，对下属翻旧账等以及对下属不理不睬、不履行承诺等行为都会使下属感到所在组织弥漫着纠葛与矛盾的人际氛围，通过迟到早退、磨洋工等敌对的行为（Liu & Wang, 2013），以及降低助人行为等抵制活动来获取心理的平衡。因此，研究假设 2b - 4 与研究假设 2b - 5 认为：

研究假设 2b - 4：人际冲突在滥权监管对工作场所偏离行为影响过程中起中介作用。

研究假设 2b - 5：人际冲突在对滥权监管对组织公民行为影响过程中起中介作用。

4. 自我效能感的调节作用

自我效能感是个体对自己面对环境中的挑战能否采取适应性的行为的知觉或信念（Bandura, 1995）。不同自我效能感个体对外部工作环境因素的评价不同，从而导致不同的情绪反应与行为表现。部分学者的研究表明（Schaubroeck, Jones & Xie, 2001）：自我效能感可以有效缓解工作压力源对员工身心健康及工作满意度的损害。还有一些研究表明（Siu, Lu & Spector, 2007）：自我效能感对工作压力源与心理健康之间关系有显著的调节作用，但对工作压力源与身体健康之间的调节作用不显著。张韫黎和陆昌勤（2009）指出自我效能感调节了工作压力源与心理和行为之间的关系。

滥权监管与人际冲突均是典型的工作压力源。当感知到领导的滥权监管时，高自我效能感下属倾向积极归因与采取积极应对策，有利于减少上下级间摩擦与冲突，缓解组织内人际冲突；反之低自我效能感下属可能更倾向消极归因，消极地处理来自上司的滥权，造成人际紧张与冲突。采取消极归因方式的下属，感知到的主管滥权越多（Martinko, Harvey & Sikora et al. , 2011），产生更多的人际冲突（Harvey & Martinko，2009）。据此，提出如下研究假设：

研究假设2b-6：自我效能感在滥权监管与人际冲突之间起调节作用，高自我效能感会削弱滥权监管对人际冲突的正向影响；而低自我效能感则会增强滥权监管对人际冲突的正向影响。

同理，在感知到组织内人际冲突时，高自我效能感下属更乐于迎接应急情况的挑战，理性地分析与解决人际冲突，约束与管理自身的行为，而低自我效能感下属则会在人际冲突面前束手无策，情绪化地处理人际冲突，这就容易滋生偏离了组织的规范，政策与制度，威胁到他人或组织利益的偏离行为，或是降低助人行为、组织忠诚等有利于他人或组织的行为。据此，提出如下研究假设：

研究假设2b-7：自我效能感在人际冲突与工作场所偏离行为之间起调节作用，高自我效能感会削弱人际冲突对工作场所偏离行为的正向影响；而低自我效能感则会增强人际冲突对工作场所偏离行为的正向影响。

研究假设2b-8：自我效能感在人际冲突与组织公民行为之间起调节作用，高自我效能感会削弱人际冲突对组织公民行为的负向影响；而低自我效能感则会增强人际冲突对组织公民行为的负向影响。

根据以上的理论分析与研究假设，本书的研究框架如图2-5所示：

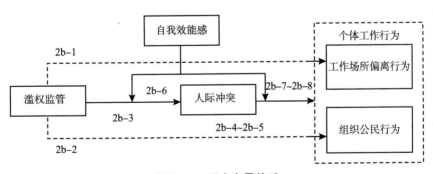

图2-5 研究变量关系

2.2.3 研究方法

1. 研究对象与程序

为避免共同方法偏差问题对研究结果的影响，采用配对问卷调查的研究设计。在 MBA 和人力资源师高级培训班调查、企业实地调查、委托发放三种方式收集问卷，将事先配对编码的一套问卷发给调查对象，请他们完成主管调查问卷，并将员工问卷交由相应的下属，各自独立评价后分别密封回邮给调查小组。回收问卷后，根据编码确定配对调查问卷，剔除未成功配对问卷与废卷。

2. 样本概况

总计发放 700 套配对调查问卷，回收 369 份，剔除 24 份无效废卷，获得 345 套有效问卷，有效回收率为 49.28%。215 套来自 MBA 和人力资源师高级培训班调查，100 套来自企业实地调查，30 套来自委托代发，分别占总有效配对调查样本的 61.43%、28.57% 与 10.0%。

性别、年龄、学历、职务层次等由直接主管与员工分别报告，公司性质、行业类别由直接主管报告。主管样本以男性居多（67.1%），平均年龄为 37.46 岁，平均司龄为 8.92 年；学历层次以大专与本科为主（高中或中专 14.7%、大专 32.7%、本科 44.5%、硕士及以上 8.1%）；职务层级以基层主管为主（基层 31.0%、中层 56.6%、高层 12.4%）。员工样本以男性员工居多（55.7%），平均年龄为 30.64 岁，平均司龄为 5.76 年；学历层次以大专与本科为主（高中或中专 24.4%，大专 36.9%，本科 34.6%，硕士及以上 4.1%）；职务层级以普通员工为主 54.5%（基层 29.4%、中层 13.0%、高层 3.2%）。公司性质分布以民营/民营控股公司为主 41%（国有或国有控股公司 37%、外资或外资控股公司 22%）；行业类别分布以服务业为主 35.1%（IT/通信/高新技术行业 31.6%、传统制造业/建筑业/房地产 19.8%、其他 13.5%）。

3. 研究工具

滥权监管。采用西方学者（Mitchell & Ambrose，2007）在特珀（Tepper，2000）调查问卷基础上，发展的单维度量表。在国内，高日光（2009）对其进行本土化翻译与修订，量表包含"直接上司常说下属的想法和感受是愚蠢"等 5 道题项。

人际冲突。采用西方学者（Spector & Steve，1998）开发的单维度量表。包括"在工作中，周围人发生争吵的频率"等 4 道题项。

自我效能感。采用国外学者（Schwarzer & Aristi，1997）编制的单维度的简式量表。包括"如果我尽力去做的话，总是能解决问题"等 10 道题项。

工作场所偏离行为。采用西方学者（Robinson & Bennett，2000）开发的两维度量表。人际指向工作场所偏离行为包括"在工作时取笑公司内的其他人"等 7 个题项。组织指向工作场所偏离行为包括"未经允许就拿走公司的财物"等 12 个题项。

组织公民行为。采用国外学者（Lee & Allen，2002）开发的两维度量表。人际指向组织公民行为包括"调整工作计划以配合其他同事的时间安排"等 8 道题项；组织指向组织公民行为包括"提出改善组织运作的积极建议"等 8 道题项。

控制变量。将性别、年龄、司龄、学历层次、职务层次、公司性质与所属行业作为控制变量。年龄、司龄属连续变量，其余各分类变量在数据分析前编码为哑变量，以适用于线性回归方程。

除工作场所偏离行为与组织公民行为由直接主管进行报告外，其余各研究变量由下属进行评价，各量表均采用李克特 5 点计分。

2.2.4　研究结果

1. 研究变量的信效度检验

采用 Cronbach's α 系数衡量量表的一致性信度，采用验证性因子分析检验量表的结构效度，如表 2 - 4 所示。

表 2 - 4 测量工具的信效度检验

衡量指标	α 系数	χ^2/df	RMSEA	AGFI	GFI	IFI	CFI	NFI	NNFI
滥权监管	0.933	1.887	0.051	0.968	0.991	0.998	0.998	0.995	0.994
人际冲突	0.884	2.266	0.061	0.967	0.997	0.998	0.998	0.996	0.988
自我效能感	0.884	2.292	0.075	0.910	0.949	0.962	0.962	0.944	0.945
工作场所偏离行为	0.965	2.461	0.065	0.880	0.913	0.967	0.967	0.946	0.960
组织公民行为	0.899	2.965	0.076	0.906	0.936	0.979	0.989	0.934	0.937

结果表明：Cronbach's α 值均高于 0.80 的判断标准，说明所选用的量表均具有较好的内部一致性信度（Bryman & Cramer，2005）。依据吴明隆（2010）的观点：所有量表验证性因子分析结果的 χ^2/df 值均小于 5，RMSEA 值均小于 0.1，除工作场所偏离行为量表 AGFI 值接近 0.90 外，其余各项指标值（AGFI，GFI，IFI，CFI，NFI 和 NNFI）均在 0.90 的判断标准之上，各拟合指标均较好，说明所选用量表均具有良好的结构效度。

2. 研究变量的相关分析

表 2 - 5 呈现所涉及研究变量的均值、标准差与相关系数。

表 2 - 5 显示：滥权监管与工作场所偏离行为之间呈显著正相关，而与组织公民行为之间呈显著负相关分别支持研究假设 2b - 1，2b - 2；滥权监管与人际冲突之间呈显著正相关支持研究假设 2b - 3；人际冲突与工作场所偏离行为之间呈显著正相关，而与组织公民行为之间呈显著负相关。这为分析人际冲突的中介作用提供了必要的前提（Baron & Kenny，1986）。

表 2-5

均值、标准差与相关系数 (N=345)

衡量指标	平均数	标准差	1	2	3	4	5	6	7	8
滥权监管	1.931	1.001								
人际冲突	2.373	0.867	0.457**							
自我效能感	3.418	0.701	-0.108*	-0.085						
人际指向 WDB	1.804	0.875	0.338**	0.282**	-0.168**					
组织指向 WDB	1.798	0.839	0.392**	0.258**	-0.094	0.824**				
WDB	1.805	0.874	0.381**	0.283**	-0.138*	0.957**	0.953**			
人际指向 OCB	3.719	0.692	-0.256**	-0.227**	0.336**	-0.176**	-0.158**	-0.175**		
组织指向 OCB	4.033	0.647	-0.352**	-0.269**	0.379**	-0.189**	-0.225**	-0.216**	0.591**	
OCB	3.876	0.597	-0.339**	-0.277**	0.400**	-0.204**	-0.213**	-0.218**	0.899**	0.884**

注: $*p<0.05$, $**p<0.01$。

3. 人际冲突的中介作用检验

利用 Bootstrapping 方法检验人际冲突的中介作用，该方法尤其适合样本容量小、抽样分布未知的情况。本章采用配对调查，样本收集难度较大，容量小，采用此方法十分适合。利用原始数据在结构方程中建 Bootstrapping 程序进行中介作用的检验，样本数设为 1000，区间的置信区间水平设定为 0.95。结构方程拟合结果如图 2-6 所示。

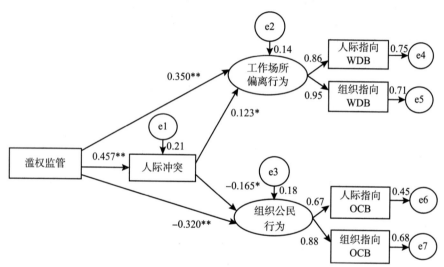

图 2-6 人际冲突在滥权监管与下属工作行为之间的中介作用分析（N = 345）

注：$\chi^2/df = 1.794$；RMSEA = 0.048；AGFI = 0.963；GFI = 0.989；IFI = 0.994；CFI = 0.993；NFI = 0.986；NNFI = 0.984；$* p < 0.05$，$** p < 0.01$。

图 2-6 表明：滥权监管对工作场所偏离行为（$\beta = 0.350^{**}$，$** p < 0.01$）和组织公民行为（$\beta = 0.320^{**}$，$** p < 0.01$）有着直接的显著影响；滥权监管对人际冲突（$\beta = 0.457^{**}$，$** p < 0.01$）有直接显著的影响；且借助于人际冲突的中介作用对工作场所偏离行为以及组织公民行为产生间接的影响。因此，研究假设 2b-4 和假设 2b-5 均得到了验证。

4. 自我效能感的调节作用检验

通过层次回归分析来检验自我效能感的调节作用，结果如表 2 - 6 所示。

表 2 - 6　　　　　　　　　　自我效能感的调节作用分析

自变量	人际冲突		工作场所偏离行为		组织公民行为	
	M1	M2	M3	M4	M5	M6
控制变量						
性别	0.088	0.109 *	- 0.088	- 0.118 *	0.028	0.063
年龄	- 0.008	0.030	- 0.048	- 0.044	0.026	0.019
司龄	- 0.018	- 0.005	0.158	0.175	0.104	0.063
学历水平 1	0.181	0.203 **	- 0.042	- 0.095	0.029	0.077
学历水平 2	- 0.059	0.099	- 0.060	- 0.045	- 0.049	- 0.056
学历水平 3	- 0.065	- 0.012	- 0.063	- 0.039	- 0.136 *	- 0.169 **
职位层次 1	- 0.049	- 0.043	- 0.031	- 0.016	0.077	0.063
职位层次 2	0.041	0.088	- 0.027	- 0.032	0.149 *	0.138 *
职位层次 3	0.046	0.076	- 0.104	- 0.113 *	0.062	0.060
公司性质 1	- 0.054	- 0.112	- 0.107	- 0.083	0.101	0.060
公司性质 2	- 0.019	- 0.088	0.026	0.042	0.005	- 0.032
行业类别 1	0.054	0.059	0.057	0.038	0.041	0.062
行业类别 2	0.085	0.083	- 0.069	- 0.096	- 0.030	- 0.002
行业类别 3	0.009	0.060	- 0.128 *	- 0.127 *	0.012	0.000
主效应与调节效应						
滥权监管		0.488 **				
自我效能感		- 0.054				
滥权监管 × 自我效能感		- 0.105 *				
人际冲突				0.299 **		- 0.278 **
自我效能感				- 0.111 *		0.349 **
人际冲突 × 自我效能感				0.003		- 0.010

续表

自变量	人际冲突		工作场所偏离行为		组织公民行为	
	M1	M2	M3	M4	M5	M6
ΔF	1.486	35.637**	1.884*	13.041**	1.863*	30.094**
R^2	0.065	0.301	0.081	0.182	0.080	0.284
ΔR^2	0.065	0.236**	0.081*	0.101	0.080	0.204**

注：*p<0.05，**p<0.01；所有回归系数均经过标准化；自变量进行了中心化处理。

以人际冲突为因变量的层次回归分析表明，加入滥权监管、自我效能感以及滥权监管与自我效能感交互效应对人际冲突的解释变异量明显增加（$\Delta R^2 = 0.236$），且滥权监管与自我效能感交互效应对人际冲突的影响显著（β = -0.105*；*p<0.05），说明自我效能感调节了滥权监管与人际冲突的关系，支持研究假设2b-5。以工作场所偏离行为为因变量以及以组织公民行为为因变量的层次回归分析表明，自我效能感不能调节人际冲突与工作场所偏离行为之间、人际冲突与组织公民行为之间的关系（β = 0.003，p>0.05；β = -0.010，p>0.05），研究假设2b-7与假设2b-8未得到数据的支持。

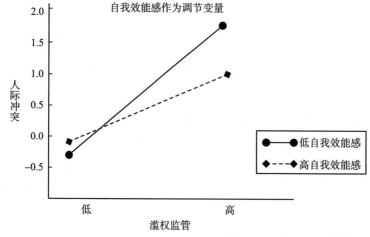

图2-7 自我效能感对滥权监管和人际冲突之间关系的调节作用

图2-7显示：自我效能感在滥权监管和人际冲突之间起调节作用。当滥权监管较低时，即使自我效能感水平较低，组织内人际冲突水平也较低；但当滥权监管较高时，不同自我效能感个体对人际冲突感知存在显著差异，低自我效能感个体感知人际冲突程度较高。

另外，根据图2-5以及表2-6调节作用检验结果，本章可能涉及"有中介的调节效应"（mediated moderation），即自我效能感的调节作用可能会通过人际冲突的中介作用，进而影响工作场所偏离行为与组织公民行为。采用层次回归分析来检验有中介的调节效应模型，结果表明"滥权监管与自我效能感的交互项"对工作场所偏离行为、组织公民行为的影响均不显著，不满足有中介的调节效应分析的前提条件（温忠麟、张雷和侯杰泰，2006）。

2.2.5　讨论

鉴于以往的研究大多局限于滥权监管对下属消极的、破坏性工作行为的影响，但很少研究涉及滥权监管对下属积极的、建设性工作行为的影响。本章发现，当员工感受到来自直接主管的不良或不公正的待遇时，基于"互惠"的社会交换原则，会从心理上与主管产生疏远，增加工作场所偏离行为与妨碍组织公民行为的产生。其可能的原因在于在当下属感知来自直接上司的滥权监管，通常会感知到自我控制的丧失，并倾向于做出一些恢复控制感的行为，可能采取"上班心不在焉""上网从事私人事务"等较隐蔽的偏离行为（Thau，Bennett & Mitchell et al.，2009）；也可能通过减少拥有自主权的、同时又是雇主非常重视的组织公民行为，使其控制感得以恢复。滥权监管对组织指向与主管指向偏离行为均具有显著的主效应，表2-5皮尔逊相关分析结果支持上述结果。

滥权监管对工作场所偏离行为与对组织公民行为影响，部分地借助人际冲突的中介作用来传递的。这表明滥权监管确实是产生人际冲突的"毒瘤"，导致了人际摩擦与矛盾，进而对工作场所偏离行为与组织公民行为产生影响，区别于从社会心理、社会认同以及社会公平理论对上述内在关系的解释。部分中介作用的成立，暗含了人际冲突对工作场所偏离行为与组织公民行为具有显著的影响。另外一些学者（Bruk-Lee & Spector，2006）认为，人际冲突的影响主要集中在对人际指向工作场所偏离行为的影响上，而根据表 2 – 5 的皮尔逊的相关表明，人际冲突与人际指向、组织指向工作场所偏离行为均呈显著正相关，其可能原因在于，在中国情景下，人际冲突的负面效应会外溢到对整个组织的影响。从人际视角解释滥权监管对下属两类工作行为的影响机制，是对滥权监管与下属行为表现之间内在关系研究的有益补充。

值得关注的是，本章发现自我效能感存在边界条件。自我效能感调节滥权监管与人际冲突之间的关系，其可能原因在于下属与直接上司处于持续的、频繁的互动活动，不同水平自我效能感的个体在应对主管的滥权时，自我信念、归因方式与应对策略不同（Tepper，Moss & Lockhart，2007），高自我效能感个体更倾向采取主动性应对，深信自己有能力且能成功改变上司对待自己的看法与行为，在行动上会采取直接与主管进行坦诚的沟通，有助于减少上下级发生内隐摩擦与冲突，而低自我效能感个体由于怀疑自己处理、控制潜在威胁的能力，倾向于采取逃避性应对，如躯体及心理退缩、与主管保持物理距离、避免与主管的接触、不去工作、药物和酒精依赖等，相应增加了人际隔阂与纠葛。

自我效能感在人际冲突对下属工作场所偏离行为、组织公民行为的影响过程中的调节作用不显著，说明自我效能感的调节作用可能因个体所面临的压力源不同而有所差异。在文献综述部分指出，自我效能感在压力源与下属情感、态度之间起到调节作用，但是这些压力源主要涉及与工作相关的压力，而人际冲突与上述压力源有所区别（Frone，2000；Grandey，Tam & Brauburger，2002）。当个体面临组织内人际冲突，超越了自身处理与控制的范畴，无论自我效能感的高低，个体均会体验到强烈的应激状态和焦虑唤起，滋生沮丧、失望等负面情绪，更会以各种保护性的退缩行为或防御行为被动地应对压力，这从另一侧面说明了，在中国组织内，人际关系对个体行为影响的重要性与广泛性。以群体为本位的集体主义价值观，血缘宗亲家族中心论的思想传统决定国人对人际关系的重视，体现出一种情感性联系，用以满足关心、温情、安全感、归属感等情感方面的需要，一旦组织内充满冲突、矛盾与紧张，加之负性情绪与行为的相互传染，这使个体很难做出角色要求之外的行为，甚至产生消极怠工等负面行为。

2.2.6　研究启示与研究展望

本章对人力资源管理实践有十分重要的启示：一是滥权监管会导致偏离行为的增加以及组织公民行为的减少，因此，管理者应内省自身行为，注重言传身教的影响，选择建设性的领导行为并抛弃譬如滥权之类的破坏性领导行为，秉承"仁者爱人"与"将心比心"，寄予下属无微不至的关怀，肯定其价值和贡献，以求"己所不欲，勿施于人"。此外，企业应制定有关领导行为的激励与约束机制，激励建设性领导行为并限制破坏性领导行为。二是尽管由于目标、资源、个性等差异，导致组织内各类冲突无可避免，作为管理者需区分各类人际冲突，是对执行任务的内容、目标等存在争论或观点的分歧而产生的任务冲突，还是团体成员人际上的不合而产生的关系冲突（Wang, Jing & Klossek, 2007），大多数情况下任务冲突对任务绩效有积极的影响，关系冲突对任务绩效有消极的影响，而这两类冲突之间存在较强关联性，任务冲突极有可能转化为人际冲突，故应以权变策略进行冲突管理，警惕任务冲突演变为人际冲突，对组织内已存在的人际冲突，切不可放任自流，需追根溯源，从根本上消除可能导致人际冲突的影响因素。三是自我效能感在滥权监管对人际冲突的影响过程中有着重要影响。因此，管理者要注意对员工进行差异化管理。"打是亲，骂是爱"的谚语并非放之四海而皆准，对高自我效能感可能激发坚定的决心与意志，勇于面对挑战与压力，而对于低自我效能感则可能更多地导致自我否定、滋生"破罐子破摔"的消极情绪。管理者可通过提升个体的自我效能感水平，引导下属积极归因，缓解人际间的摩擦。上述单方面的管控策略，未必能完全缓解滥权监管对下属行为表现的消极影响，双管齐下，实为上策。

本章还存在一些不足：一是在研究设计方面，本章采用的横断研究并不能真正推断变量之间的因果关系。例如，本章认为滥权监管将导致人际冲突，但在管理实践中，持续的人际冲突可能诱发滥权管理，故未来应采用纵向研究设计来弥补这种不足。二是本章涉及变量集中在个体层面，暂未涉及团队层面、组织层面的变量，故在后续研究中可综合从不同层面探讨人际冲突的形成机制，在数据分析时可采用更为理想的多层线性建模的方法。以上不足，将在后续的研究中加以改进。

第 3 章

企业管理者正负行为影响
效应的整合与辩证研究

3.1 管理者的支持行为与滥权行为对下属
工作行为的影响研究
——以工作疏离感为中介变量①

3.1.1 前言

根据西方的一项研究（Einarsen，Hoel & Cooper，2003）调查发现，每时每刻都有5% ~10%的员工正在遭受领导的滥权管理；同时，另外一位学者（Unison，1997）在英国的一项调查研究发现，40%的被调查者反映在职业生涯中遭受过上级的滥权行为。管理者的滥权行为日益普遍，并具有十分消极的影响后果，媒体、舆论纷纷曝光。理论界和实践界对此十分关注，滥权型领导以及作为其对立面的支持型领导近年来已

---

① 黄丽，陈维政. 两种人际取向对下属工作绩效的影响分析——以领导—成员交换质量为中介变量 [J]. 管理评论, 2015, 27 (5)：178 – 187.

成为一研究热点，并取得了颇为丰富的研究成果。但是，近期的研究存在形而上学、片面的倾向，即主要是从管理者的积极支持行为或者消极滥权行为的单一视角展开研究。这与管理实践中的真实管理行为存在较大的差异，因为管理者跟其他所有人一样是"复杂"的个体，人的行为具有两面性甚至多面性，同一管理者在不同情境下对其下属既可能表现出积极的支持行为，也可能表现出消极的滥权行为。当这两种迥异的管理行为被下属感知时，势必对其工作行为产生不同的交互影响。因此，有必要对管理者的这两种行为及影响后果进行整合研究，形成一种更完整、更准确的判断。

本章的目的之一就是采用整合的、辩证的管理观念，对比分析管理者的建设性的支持行为与破坏性的滥权行为对下属的工作行为的影响差异。为了比较这种差异，本章对下属工作行为的变量选择了正反两面最具代表性的组织公民行为与工作偏离行为进行分析。本章的目的之二在于揭示管理者不同行为对下属工作行为影响的内在机制。既往的研究主要关注行为后果，忽视了对内在机制的探讨。本章基于情绪事件理论与压力情绪模型，引入工作疏离感作为中介变量来分析这一内在机制，因为管理者的滥权行为可能诱发下属的压抑感、约束感、不自主感、无能为力感、隔膜感等心理疏离状态，这可能是导致员工产生工作偏离行为、减少积极工作行为的主要动因。

3.1.2 相关理论与研究假设

1. 支持行为与滥权行为的概念内涵

支持性领导行为与滥权性领导行为是领导理论研究中正反两面的典型行为（凌文辁、柳士顺和谢衡晓等，2012）。奥尔德姆和卡明斯（Oldham & Cummings，1996）将管理者行为划分为两个方面：支持性领导行为（supportive leadership）与控制性领导行为（controlling leadership），其中支持性领导行为是指管理者友好地对待下属，尊重下属、关心下属的情感与需要（Rafferty & Griffin，2006）。研究表明，支持性领导行为主要归于两个方面：工作任务支持，指与员工坦诚沟通、鼓励自主决策、为其工作提供指导和帮助等；人际交往支持，指关心、尊重、重视员工的利益，承认员工为企业所做贡献等（Rooney & Gottlieb，2007）。

与之相反，滥权性管理行为（abusive supervision）是指管理者对下属持续表现出怀有敌意的言语和非言语行为，但不包括身体接触（Tepper，2000）。国内很多学者将"abusive supervision"翻译为"辱虐管理"。但是，"abusive supervision"在西方相关文献中具体是指对下属的嘲笑、公开批评、大声训斥、发脾气、粗鲁无礼、漠不关心、强制要求、使用藐视性语言等，即主要指管理者滥用职权的管理行为。若将其译为"辱虐管理"，容易被解读为欺辱和虐待式管理，有过于夸大之嫌。因此，本章将"abusive supervision"译为滥权管理或滥权行为。特珀，达菲和胡伯勒等（Tepper，Duffy & Hoobler et al.，2004）推测，在美国约有 10% ~ 16% 员工遭遇管理者不同程度的滥权管理，由此给组织带来消极影响。基于西方研究的数据是否符合中国的管理实际？对此，本章克服传统自我报告法的缺陷，采用双盲配对的量表交叉测评法以揭示滥权管理行为在我国企业的实际情况。

2. 管理者的支持行为与滥权行为对组织公民行为的影响分析

组织公民行为（organizational citizenship behaviours，OCB）指有益于组织，但在组织正式的薪酬体系中尚未得到明确或直接确认的行为。研究者普遍认为管理者的支持行为是改善员工的工作满意度与组织承诺、激发员工潜力、提高员工绩效的有效方法。国外学者（Meierhans，Rietmann & Jona，2008）的研究认为，主管的支持与公正能促进下属的组织承诺与组织公民行为。体恤支持领导行为正向影响群体内聚力，并能提升下属的工作满意感（彭茜、庄贵军和岑成德，2009）。研究表明，主管的滥权行为会减少与抑制下属的正向行为，如组织公民行为、建言行为等（李锐、凌文辁和柳士顺，2009）。另外一位国外学者（Yagil，

2006）同时检验了上司的滥权行为与支持行为对下属工作倦怠、对上司的影响策略（Upward Influence Tactics）的作用，结果发现，滥权行为与下属人格解体与情绪衰竭之间存在正向相关；支持行为则会促进下属对上司的影响策略。据此，提出如下研究假设：

研究假设 3a - 1：管理者支持行为对下属组织公民行为具有显著正向影响。

研究假设 3a - 2：管理者滥权行为对下属组织公民行为具有显著负向影响。

3. 管理者的支持行为与滥权行为对工作偏离行为的影响分析

罗宾逊和贝内特（Robinson & Bennett，1995）将工作偏离行为界定为组织成员自发性从事、威胁到组织或组织成员福利的、违反组织规范、政策或制度的行为，包括受侵犯的员工选择直接报复主管或替代性的报复周围同事的人际指向偏离行为；受侵犯的员工替代性地报复组织的组织指向偏离行为。国外一些研究者（Chullen，Dunford & Angermeie，2010）采用领导—成员交换质量与组织支持（POS）衡量管理者的支持行为，领导成员交换关系感知低的下属报告更高水平的人际指向偏离行为，POS 感知低的下属报告更高水平的组织指向偏离行为。吉斯纳、道森和西（Giessner，Dawson & West，2013）认为组织结构重组会降低员工的工作满意感，来自主管的支持则会缓解这种不适感。另外一些研究结果表明，管理者的滥权行为会增加下属的负向行为，如抵抗行为、攻击行为以及越轨行为等（Tepper，Duffy & Henle，2006；Bamberger & Bacharach，2006）。肖斯、艾森伯格和雷斯博格（Shoss，Eisenberger & Restubog，2013）采用组织支持（POS）理论，解释了上司的滥权行为导致下属产生组织指向偏离行为的内在机制，滥权行为会降低下属的组织支持感，导致组织指向偏离行为。根据以上分析，提出如下研究假设：

研究假设 3a - 3：管理者支持行为对下属工作偏离行为具有显著负向影响。

研究假设 3a - 4：管理者滥权行为对下属工作偏离行为具有显著正向影响。

4. 管理者的支持行为与滥权行为对工作疏离感的影响分析

工作疏离感（Work Aienation）的最早研究可以追溯到马克思的劳动异化理论，相关文献常见于神学、哲学、社会学、心理学和精神病学等领域。从组织视角探讨工作疏离感并未受到太大关注（Kohn，1976）。组织理论认为工作疏离感是指由于感觉到工作不能满足自身的需要与期望，产生一种孤立无助和被工作束缚的心理状态，是工作动机下降的征兆（Banai & Reisel，2004）；反映员工普遍性对工作漠不关心，对工作投入精力较少，缺乏热情与参与度（Hirschfeld，2002），仅为了获取外在报酬的工作态度和行为（Moch，1980），强调员工与工作情景的分离（Banai & Weisberg，2003；Hirschfeld & Hubert，2000）。本章认为工作疏离感指员工在工作中强烈地感到不是自己在支配和控制工作，而是被工作所支配和控制。因此，员工在工作情景中深感无助和空虚，认为自己成了工作的奴隶和附庸工作毫无意义，甚至人生也没有价值，工作疏离感轻者产生工作倦怠，重者使人厌倦人生，甚至精神崩溃。

管理者的支持行为容易获得员工的认同和信赖，遭遇困难时，不会感到孤立无援，容易形成对组织的归属感，故有利于减轻疏离感。基于跨文化比较研究表明，上司的支持行为有利于降低员工工作疏离感（Banai & Reisel，2007）。而上级持续表现出来言语和非言语的敌意行为，一旦被下属感知，会造成人际氛围的紧张；引起下属心理上的不安全感，甚至产生被组织抛弃的绝望感与沮丧感。据此，提出如下研究假设：

研究假设 3a - 5：管理者支持行为对下属工作疏离感具有负向影响。

研究假设 3a - 6：管理者滥权行为对下属工作疏离感具有正向影响。

5. 工作疏离感在管理者行为与组织公民行为之间的中介作用分析

依据西方学者（Weiss & Cropanzano，1996）所提出的情绪事件理论

（Affective Events Theory），工作环境的特殊事件会诱发下属的情绪反应，情绪反应中介了随之产生的态度和行为反应。本章认为管理者的行为将诱发下属情绪反应，组织公民行为和工作偏离行为作为组织制度要求之外的自发性行为，直接受到情绪状态的影响。当下属对直接管理者的行为方式持一种消极感知，必然会增强工作疏离感，为了维持组织—成员之间交换的相对平衡感，下属必然会减少有利于组织的行为表现。

检索内外滥权管理相关的文献，国外学者（Zellars，Tepper & Duffy，2002）的研究表明：滥权行为会影响到下属的组织公民行为，组织公民行为角色定义起调节作用。部分学者（Aryee，Chen，Sun & Debrah，2007）认为互动公平感在管理者的滥权行为与下属组织公民行为之间起中介作用。另外一些研究者（Aryee，Sun，Chen & Debrah，2008）也指出：上司的滥权行为会透过情绪枯竭的中介作用对人际促进（Interpersonal Facilitation）和工作奉献（Job Dedication）产生负向影响。在国内，丁桂凤、古茜茜和朱滢莹等（2012）构建了本土情景下管理者滥权行为影响职场偏离行为与组织公民行为的理论模型，其中愤怒与羞愧在上述关系中起到中介作用，但该模型缺乏实证研究的支持，而且愤怒与羞愧的调查难以聚焦在工作情景之中。根据以上分析，提出研究假设3a－7与假设3a－8：

研究假设3a－7：工作疏离感在管理者支持行为与组织公民行为之间起中介作用。

研究假设3a－8：工作疏离感在管理者滥权行为与组织公民行为之间起中介作用。

6. 工作疏离感在管理者行为与工作偏离行为之间的中介作用分析

依据西方学者（Spector & Fox，2005）提出解释工作偏离行为发生机制的压力—情绪模型。个体对压力情景的认知评价，导致个体产生受挫感与负性情绪反应，最终引起工作偏离行为。支持行为表现出对员工情感与需要的关心，向员工提供积极的、直接的信息反馈，帮助员工的能力发展，提升员工的自我决定感与胜任感，这有利于缓解员工的工作疏离感，进而减少员工的偏离行为。近期研究热点服务型领导，所体现的典型行为是积极、正面、富有支持性的。服务型领导对员工的工作偏离行为具有负向影响作用，工作满意感在两者之间起部分中介（邓志华和陈维政；2012）。另外，管理者的滥权行为会造成下属的情绪耗竭和家庭关系的恶化（Hoobler & Brass，2006；Tepper，2007），甚至引起下属的报复性偏离行为（Bamberg & Bacharach，2006；Tepper，Henle，Lambert & Giacalone，2008）。综上所述，提出本章的研究假设。

研究假设 3a-9：工作疏离感在管理者支持行为与工作偏离行为之间起中介作用。

研究假设 3a-10：工作疏离感在管理者滥权行为与工作偏离行为之间起中介作用。

根据以上的理论分析与研究假设，研究变量关系如图 3-1 所示：

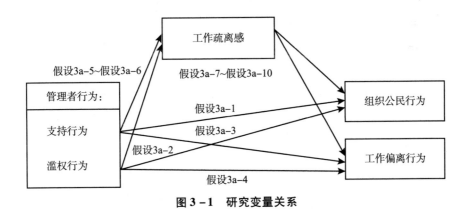

图 3-1 研究变量关系

3.1.3 研究方法

1. 研究对象与程序

为避免共同方法偏差问题对研究结果的影响，采用一对一配对问卷调查。通过在 MBA 和人力资源管理培训班调查、企业实地调查、委托发放三种方式收集问卷，将事先配对编码的一套问卷发给调查对象，请他们完成主管调查问卷，并将员工问卷交由相应的下属，各自独立评价后分别密封回邮给调查小组。回收问卷后，根据编码确定配对调查问卷，剔除未成功配对问卷与废卷。

2. 样本概况

总计发放 700 套配对调查问卷，回收 369 套，剔除 24 份无效废卷，获得 345 套有效问卷，有效回收率为 49.28%。345 套有效问卷中，215 套来自 MBA 和人力资源管理培训班调查，100 套来自企业实地调查，30 套来自委托代发，分别占总有效配对调查样本的 61.43%、28.57% 与 10%。

人口统计学变量中，性别、年龄、学历、职务层次等由直接主管与员工分别报告，公司性质、行业类别由直接主管报告，主管样本以男性居多（67.1%），平均年龄为 37.46 岁，平均司龄为 8.92 年；学历层次以大专（32.7%）与本科（44.5%）为主（高中或中专 14.7%、硕士及以上 8.1%）；职务层级以基层主管（31.0%）与中层主管（56.6%）为主（高层 12.4%）。员工样本以男性员工居多（55.7%），平均年龄为 30.64 岁，平均司龄为 5.76 年；学历层次以大专（36.9%）与本科（34.6%）为主（高中或中专 24.4%，硕士及以上 4.1%）；职务层级以普通员工（54.5%）为主（基层 29.4%、中层 13.0%、高层 3.2%）。公司性质分布以民营/民营控股公司（41%）为主（国有或国有控股公司 37%、外资或外资控股公司 22%）；行业类别分布以服务业（35.1%）为主（IT/通信/高新技术行业 31.6%、传统制造业/建筑业/房地产 19.8%、其他 13.5%）。

3. 研究工具与测量

管理者的支持行为。采用西方学者（Oldham & Cummings，1996）发展的单维度量表。包括"我的直接上级帮助我解决与工作相关的问题"等 8 道题项。

管理者的滥权行为。采用西方学者（Mitchell & Ambrose，2007）在特珀（2000）调查问卷基础上，发展的短型单维度量表，包含"我的直接上司常常说下属的想法和感受是愚蠢"等 5 道题项。

工作疏离感。采用自己开发的中国本土化三维度结构量表，该量表的开发已经另文投稿。三个维度分别是工作任务疏离感、工作人际疏离感与工作环境疏离感，每个维度下包括 6 道题项，总计 18 道题项。其中工作任务疏离感的典型题项为"我的大部分时间都浪费在毫无意义的工作上了"等；工作人际疏离感的典型题项为"遇到问题时，同事们很少为我提供心理支持"等；工作环境疏离感的典型题项为"我感到自己不能很好地融入目前的工作环境"等。

组织公民行为。采用西方学者（Lee & Allen，2002）开发的两维度量表。人际指向组织公民行为包括"调整工作计划以配合其他同事的时间安排"等 8 道题项；组织指向组织公民行为包括"提出改善组织运作的积极建议"等 8 道题项。

工作偏离行为。采用国外学者（Robinson & Bennett，2000）发展的两维度量表，人际指向工作偏离行为包括"在工作时取笑公司内的其他人"等 7 道题项，组织指向工作偏离行为包括"未经允许就拿走公司的财物"等 12 道题项。

所有量表均采用李克特 5 点计分。管理者的支持行为、滥权行为与工作疏离感由员工报告。组织公民行为与工作偏离行为由直接主管根据员工的实际工作情况进行报告。

3.1.4　研究结果

1. 研究变量的信效度检验

采用 Cronbach's α 系数衡量量表的一致性信度，见表 3 - 3 对角线括号中的数值；验证性因子分析检验量表的结构效度，见表 3 - 1。

表 3 – 1 测量工具的信效度检验

量表名称	χ^2/df	RMSEA	AGFI	GFI	IFI	CFI	NFI	NNFI
支持行为	2.649	0.069	0.941	0.975	0.981	0.981	0.970	0.967
滥权行为	1.887	0.051	0.968	0.991	0.998	0.998	0.995	0.994
工作疏离感	1.778	0.054	0.917	0.920	0.970	0.970	0.934	0.938
组织公民行为	2.965	0.076	0.906	0.936	0.979	0.989	0.934	0.937
工作偏离行为	2.461	0.065	0.880	0.913	0.967	0.967	0.946	0.960

结果表明：Cronbach's α 值均高于 0.80 的判断标准，说明所选用的量表均具有较好的内部一致性信度；验证性因子分析结果的 χ^2/df 值均小于 5，RMSEA 值均小于 0.1，除工作偏离行为量表 AGFI 值接近 0.90 外，其余各指标值（GFI，IFI，CFI，NFI 和 NNFI）均在 0.90 的判断标准之上，说明所选用的量表均具有良好的结构效度（吴明隆，2010）。

2. 管理者的支持行为与滥权行为的现状调查

按照如下程序处理数据：第一，分别计算支持行为和滥权行为的均值，若支持行为均值大于滥权行为均值，可以认为下属对管理者的行为感知是支持行为，反之是滥权行为。第二，剔除支持行为均值等于滥权行为均值的样本。

结果发现：84.93％员工报告感知到的管理者行为主要是支持行为，12.17％员工报告感知到的管理者行为主要是滥权行为，2.90％员工报告两者均分相等。排除得分相等的样本，按照不同类型企业，分别统计支持行为与滥权行为在各类企业中的比例（如表 3 – 2 所示）。

结果发现：在以支持行为为主的样本中，国有或国有控股企业比例为 82.81％，民营或民营控股企业比例为 85.81％；外资或外资控股企业比例为 86.84％。在以滥权行为为主的样本中，国有或国有控股企业比例为 14.06％，民营或民营控股企业比例为 11.35％；外资或外资控股企业比例为 10.53％。

表 3－2　　　管理者支持行为与滥权行为现状调查（N＝335）

企业类型	行为类型	样本数量	比例	行为类型	样本数量	比例
国有或国有控股企业（N＝128）	支持行为为主（N＝293）（84.93%）	106	82.81%（106/128）	滥权行为为主（N＝42）（12.17%）	18	14.06%（18/128）
民营或民营控股企业（N＝141）		121	85.81%（121/141）		16	11.35%（16/141）
外资或外资控股企业（N＝76）		66	86.84%（66/76）		8	10.53%（8/76）

3. 研究变量的相关分析

研究变量的平均值、标准差与相关系数见表 3－3。

表 3－3　　　　　均值、标准差与相关系数（N＝345）

量表名称	平均数	标准差	1	2	3	4	5
支持行为	3.758	0.792	(0.870)				
滥权行为	1.931	1.001	－0.417**	(0.933)			
工作疏离感	2.262	0.825	－0.372**	0.571**	(0.935)		
组织公民行为	3.876	0.597	0.430**	－0.339**	－0.447**	(0.899)	
工作偏离行为	1.805	0.874	－0.195**	0.381**	0.327**	－0.218*	(0.965)

注：*$p < 0.05$，**$p < 0.01$，下同；斜括号中为 Cronbach's α 值。

上表显示：支持行为与组织公民行为之间呈正相关，与工作疏离感、工作偏离行为呈负相关；而滥权行为与上述变量呈完全相反的相关，工作疏离感与组织公民行为之间呈负相关，与工作偏离行为呈正相关。均符合本章对变量关系的假设。

4. 支持式行为与滥权行为对下属态度、行为的影响分析

采用结构方程建模方法分析支持行为、滥权行为的影响。

图 3－2 说明了支持行为对组织公民行为有显著正向影响（β＝0.290**，**$p < 0.01$），验证了研究假设 3a－1。对工作疏离感、偏离

行为具有显著负向影响（β = − 0. 350** ， $**$ p < 0. 01；β = − 0. 176** ，

$**$ p < 0. 01），分别验证了研究假设 3a － 3 与假设 3a － 5。

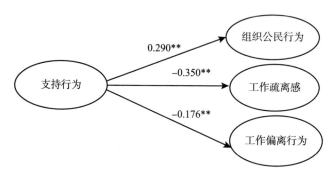

图 3 － 2　管理者支持行为的影响（N ＝ 345）

注：χ^2/df = 3. 028；RMSEA = 0. 077；AGFI = 0. 922；GFI = 0. 965；IFI = 0. 975；CFI =
0. 974；NFI = 0. 963；NNFI = 0. 955， $*$ p < 0. 05， $**$ p < 0. 01。

　　图 3 － 3 说明了滥权行为对组织公民行为有显著负向影响（β ＝
− 0. 177** ， $**$ p < 0. 01），对工作疏离感、偏离行为具有显著正向影响
（β ＝ 0. 427** ， $**$ p < 0. 01；β ＝ − 0. 295** ， $**$ p < 0. 01），分别验证
了研究假设 3a － 2、3a － 4 与假设 3a － 6。

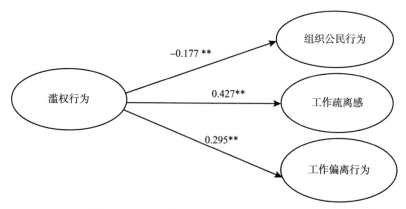

图 3 － 3　管理者滥权行为的影响（N ＝ 345）

注：χ^2/df = 2. 231；RMSEA = 0. 060；AGFI = 0. 942；GFI = 0. 974；IFI = 0. 985；CFI =
0. 985；NFI = 0. 974；NNFI = 0. 974. $*$ p < 0. 05， $**$ p < 0. 01。

将管理者的两种行为放进同一结构方程模型分析其竞争性影响，结果见图 3 - 4。

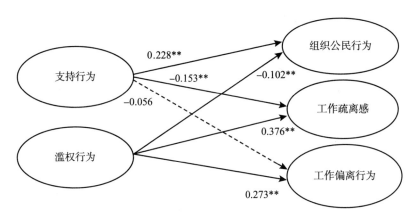

图 3 - 4   管理者支持行为、滥权行为为的竞争影响（N = 345）

注：$\chi^2/df = 1.745$；RMSEA = 0.047；AGFI = 0.950；GFI = 0.976；IFI = 0.989；CFI = 0.989；NFI = 0.975；NNFI = 0.981 ——►代表系数显著；---►代表回归系数不显著，* $p < 0.05$，** $p < 0.01$。

图 3 - 4 说明了在竞争模型中，支持行为对组织公民行为有显著的正向影响，而滥权行为有显著的负向影响；支持行为对工作疏离感有显著的负向影响，而滥权行为有显著的正向影响；支持行为对工作偏离行为有显著负向影响，但支持行为的负向影响不显著。

5. 工作疏离感在两类领导行为与下属工作行为之间的中介作用分析

由于采用一对一配对调查，样本收集难度较大，容量小，适合采用 Bootstrapping 法检验工作疏离感的中介作用。表 3 - 2 相关分析表明，自变量、中介变量与结果变量之间呈显著相关，满足进行中介作用检验的前提条件。在 Bootstrapping 程序中，将样本数设为 1000，置信区间水平设定为 0.95。结构方程拟合结果如图 3 - 5 与图 3 - 6 所示：

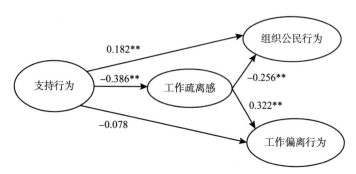

图 3 - 5   工作疏离感在支持行为与下属工作行为之间的中介作用分析 （N = 345）

注：χ²/df = 1.491；RMSEA = 0.038；AGFI = 0.961；GFI = 0.982；IFI = 0.994；CFI = 0.994；NFI = 0.982；NNFI = 0.989；——➤代表回归系数显著；- - -➤代表回归系数不显著，* p < 0.05，** p < 0.01。

图 3 - 2 与图 3 - 5 对比分析发现：加入工作疏离感后，管理者支持行为与下属组织公民行为之间的相关程度减弱，但仍然显著，说明工作疏离感在上述关系之间起部分中介作用；相比之下，管理者支持行为与下属工作偏离行为之间的相关不再显著，工作疏离感在上述关系中起完全中介作用。实证检验结果分别验证了研究假设 3a - 7 与假设 3a - 8。

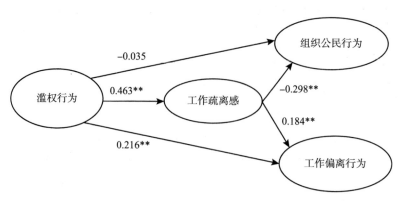

图 3 - 6   工作疏离感在管理者滥权行为与下属工作行为

之间的中介作用分析 （N = 345）

注：χ²/df = 1.812；RMSEA = 0.049；AGFI = 0.953；GFI = 0.979；IFI = 0.990；CFI = 0.990；NFI = 0.979；NNFI = 0.983；——➤代表回归系数显著；- - -➤代表回归系数不显著，* p < 0.05，** p < 0.01。

图3-3与图3-6对比分析发现：加入工作疏离感后，管理者滥权行为与下属组织公民行为之间的相关不再显著，说明工作疏离感在上述关系中起完全中介作用。相比之下，管理者滥权行为与下属工作偏离行为之间相关程度减弱，但仍然显著，说明工作疏离感在上述关系中起部分中介作用。实证检验结果分别验证了研究假设3a-9与假设3a-10。

3.1.5　结果讨论、研究启示与展望

1. 结果讨论

实证研究发现，员工报告其感知的支持性管理行为比例为84.93%，而感知的滥权性管理行为比例是12.17%，说明我国企业管理者较多采用的是正面的、积极的领导方式，给予下属支持、关注与理解，对提升员工的工作热情和工作绩效起到了建设性作用。

但有一点值得注意，人们通常以为民营企业管理者的滥权行为应高于国有企业，而本章调查结果显示相反，国有企业管理者的滥权行为（14.06%）高于民营企业（11.35%）；另外，国有企业和民营企业管理者的滥权行为比例高于外资企业（10.53%），表明无论是国有企业还是民营企业，其管理者的行为方式还有很大的改进空间。

这种现象的可能原因在于国有企业和民营企业的管理者在中国传统文化的影响下，常采用"威权式""家长式"领导行为，较多地表现出集权、专断、强制、粗暴等官僚主义作风。而外资企业更多受到西方文化影响，加之其市场成熟度更高，法制更为健全，导致管理者对员工的尊重以及对其权利的维护，相对更为重视。

这一研究发现很值得我国理论界和实践界进行反思，不能在片面强调中国传统文化的优越性基础上简单认为"家长式领导"就是最适合我国国情的管理方式，忽略了支持式领导、服务式领导、建设性领导等管理模式的积极作用。在我国要成为一个成功高效的管理者，应该将传统管理方式与现代先进管理模式相结合，权变地运用于不同的工作情

景中。

另外，本章发现管理者的支持行为与滥权行为对下属工作行为的影响存在不同的路径。管理者支持行为的主要作用是促进下属做出有利于组织或他人的组织公民行为，但改善下属消极工作偏离行为的作用并不显著；相比之下，管理者滥权行为的主要影响是诱发下属消极的工作偏离行为，并抑制下属的组织公民行为。也就是说，管理者的滥权行为对下属的组织公民行为、工作偏离行为具有更大的影响，这反映个体对负面信息的感知更加敏感，负面信息具有更强的破坏性作用。因此，在管理实践中，当下属感知到来自管理者的滥权行为并产生偏离行为时，企业采用"亡羊补牢"式的事后补救措施可能已经晚矣，故应该未雨绸缪，做好事前的干预，防止管理者的滥权。

最后，本章发现工作疏离感在管理者的支持行为、滥权行为与下属的组织公民行为、偏离行为之间起到中介作用。说明管理者的不同行为会通过影响下属的工作疏离感体验，进而间接地影响其工作行为。管理者的支持行为有助于建立领导—成员间的信任、互助、合作、关爱等，形成下属对管理者的信赖与认同（Yoon，Beatty & Suh，2001），缓解或消除下属的不适应感与隔膜感。反之，管理者的滥权行为则可能使下属在工作场所中形成疏隔，感觉受到了不合理、不公平的对待，导致领导—成员之间信任的缺失，其必然减少对组织和他人有利的行为，甚至以违规行为和反生产行为报复组织。因此，在管理实践中，企业应重视对员工的工作疏离感的关注、防范与化解。

2. 研究启示

首先，学术研究应辩证对待管理者的不同行为方面，不应夸大滥权行为的存在，也不要以为管理者的行为都是积极正面的，出现"一叶障目""一面倒"的状况。尤其需要警惕的是，负面信息更容易被夸大，可能导致研究结论有失公正，放大了管理者的滥权行为。理论界应充分意识到管理者行为有积极与消极的不同方面，在研究负面管理的同时，更要注重对其积极管理的研究，为广大管理者提供正确管理方式的指导。

其次，管理者应充分意识到其滥权行为的危害，会导致工作偏离行为的增加以及组织公民行为的减少，这种危害一旦产生，其消极效应难以改善。因此管理者应注重事前的防范，充分意识到不同的行为方式会造成下属不同的心理感受。管理者应主动关注员工的成长，为其提供支持与帮助，注重言传身教的影响，秉承"仁者爱人"以及"将心比心"，寄予下属无微不至的关怀，肯定其价值和贡献，以求"己所不欲，勿施于人"。管理者应选择积极的、阳光的支持行为，同时诟病、抛弃消极的、破坏性的滥权行为，制止使用具有敌意性的言语和行为攻击下属。此外，组织内应制定有关管理者行为方式的激励与约束机制，激励建设性的支持行为并限制破坏性的滥权行为。

最后，企业应注重对员工的工作疏离感的管理。国外学者（Bratton，2007）就曾经犀利地指出，目前大多组织研究的教程都显示出对工作疏离感概念及研究的不甚了解，说明在理论研究上存在一定滞后，这必然造成管理实践对此关注不够。实证研究表明工作疏离感可以作为下属工作行为有效的预测指标，尤其是在预测工作偏离行为方面。杜绝或者降低工作偏离行为的有效策略在于管理下属的工作疏离感。管理者应主动关注下属的发展，增强主动性与自主性，减少下属无能为力、无足轻重的感受；构建良好的工作氛围，形成团结互助、关怀友爱的融洽和谐的情感性人际关系，满足下属在安全感、归属感等情感方面的需要，缓解孤立无援的感受；重视环境因素的影响，科学地设计员工的工作负荷和劳动强度，改善工作条件和环境，减少由此产生的工作压抑感和自我分裂感。

3. 研究局限与未来展望

本章存在以下不足：第一，本章采用横断研究，难以真正推断变量之间的因果关系，例如本章认为管理者的滥权行为导致下属表现出工作偏离行为，在现实情境下其反向影响过程同样成立，未来可以采用纵向研究设计来弥补这种不足。第二，本章采用一对一配对调查收集数据，从个体层面探讨影响下属工作行为的作用机制，暂未考虑组织层面的变量（如组织文化等）在这一过程中的作用。未来可以采用跨层次的方法综合分析。第三，本章的数据主要来源于西部地区数家企业，在代表性方面略显不足，在数据分析时采用多层线性建模的方法应该是更为理想的选择，故有必要在未来研究中扩大样本数量，在不同地域进行抽样，提高研究结论的可靠性与适用性。第四，本章采用配对调查问卷虽然能克服同源误差对研究结论的影响，但由于部分敏感性题项可能受到社会赞许效应的影响，研究结果可能受到影响，未来研究时可以增设检验社会赞许效应的题项。

3.2 专制式、民主式与放权式三种典型领导行为的特点及适用情景分析

3.2.1 引言

专制式、民主式与放权式是管理实践中三种非常普遍、典型的领导行为方式，究竟何种领导方式更为有效，勒温试图用铜锁实验方式来探查不同领导风格的影响效应。他召集10岁左右的儿童参与一项面具制作的趣味游戏，随机将参与实验的对象划分为三组，分别施以专制式、民主式、放权式三种领导方式。结果发现，从产量看，专制式领导最高，但领导不在场，产量立即显著下降；从质量看，民主式领导最高，并且领导不在场，产量无显著变化，同时专制式领导方式小组中发生争吵和挑衅行为更多，不过绩效最差的是放权式领导小组。根据这一研究结果，勒温进一步推论，认为在管理实践中，民主式领导是最佳的、最有效领导方式，不但能够保证工作质量与数量，而且员工满意度更高。

然而，民主式领导的管理效能是不是一定优于专制式、放权式领导？在任何情景下民主式领导方式都一定是高效吗？后续研究者对勒温

的研究结论提出了质疑，也发现了关于领导效能更为复杂的结果。尽管研究者发现三种领导行为方式的效能不可以一概而论，不能简单、粗暴地认为民主式领导就是高效的。但是这些研究分析整体上是比较零散的、片面的。故本章试图对上述三种典型领导行为的优点及缺点分析基础上，提出领导者应根据企业规模大小、企业发展阶段、企业技术特点以及下属不同人力资本类型等权变管理因素，恰当选择领导方式。

3.2.2　依据权力不同定位形式的三种领导行为

20 世纪 30 年代，美国著名心理学家勒温（Lewin）提出了领导风格理论（average leadership style，ALS），该理论认为在组织中，依据权力定位的不同层次，可以将领导的工作作风类型划分为三种典型的、彼此之间相互区别的类型，在不同的类型中，领导者在管理过程中会表现出不同的极端行为，这三种类型分别是：

1. 专制式领导

专制式领导（autocratic）是一种独断专行的领导行为，这种领导者从工作和技术方面考虑管理，认为权力来源于他们所处的位置，认为人类的本性是天性懒惰、不可信赖的，必须加以鞭策。勒温认为这种领导行为，其权力定位于领导者个人手中。

2. 民主式领导

民主式领导（democratic）是一种民主的领导行为，领导者从人际方面考虑管理，认为领导者的权力是由他所领导的群体赋予的，被领导者受到激励后会自我领导并富有创造力。被领导者也应该参加适当的决策。勒温认为，这种领导行为其权力定位于群体。

3. 放权式领导

放权式领导（laissez-faire，free-rein）这是一种俱乐部式的领导行为，这种领导只是从福利方面考虑管理，认为权力来自于被领导者的信赖。实际上领导者并没有大胆管理。勒温认为，这种领导行为，其权力定位于职工手中①。

勒温进行了不同领导风格对群体绩效的影响的一系列实验，对象是10岁左右的儿童，让他们进行面具制作的有趣游戏，分为三组分别施以专制式、民主式、放任自流式三种领导。结果发现，从产量看，专制式领导最高，但领导者不在场，产量立即显著下降；从质量看，民主式领导最高，且领导不在，产量无显著变化，同时专制式中发生争吵是民主式中的30多倍，挑衅行为比民主式多8倍，不过绩效最差的是放任式领导。

勒温的三种领导行为理论从图3-7中可以得到形象的说明。在实际工作中这三种极端的领导作风并不常见。勒温认为大多数的领导者所采纳的领导作风往往是处于两种极端类型间的混合型。

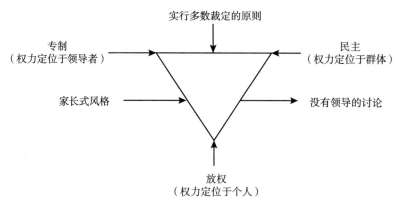

图3-7　领导权力定位的关系

3.2.3　三种典型领导行为的优点及缺点分析

1. 专制式领导的优点及缺点

从辩证的视角看，专制式领导是一种强调果断、决策迅速地领导行

---

① 放权式领导（laissez-faire，free-rein）也被大量的研究者翻译为放任式领导，本研究认为"放任"一词在中国文化情景中带有"贬义"，从其内涵来看，将其翻译为放权、放手式领导更为贴切。

为，积极方面来看，能够起到力排众议的作用，下属对领导权威高度服从、对领导忠诚。由于专制式领导奉行一个人说了算，所以决策效率十分高，并且整个团队能够达到思想统一、步调一致、高度团结的效果。

从消极方面来看，由于专制式领导偏好个人决策，所以对领导的能力、知识、眼见等方面提出了更高的要求，正所谓"成也萧何，败也萧何"，当企业组织高度依赖于领导个人，会造成领导个人承担的责任大、压力也比较大，此时，一旦领导在关键决策上发生失误，势必影响整个组织的发展。此外，专制式领导由于喜欢事不问大小皆要亲自参与，导致他的下属没有机会去实施自己的想法、创意、理想、追求以及抱负，下属缺乏独立和成长的机会，进而会抑制整个团队成员创造力、积极性的发挥。

2. 民主式领导的优点及缺点

民主式领导是发动下属讨论，共同商量、集思广益，然后决策的领导方式，要求上下融洽，合作一致地工作。表现为民主协商式和民主参与式。前者是管理人员在做决策时征求、接受和采用下属的建议，建立自上而下和自下而上的、双向的沟通机制；后者是管理人员向下属提出挑战性目标，并对他们能够达到目标表示出信心，在诸如制定目标与评价目标所取得的进展方面，将权力下放，让员工参与决策，授权给各级组织做出相应层面的决策。

从辩证的视角看，民主式领导是一种强调民主参与、决策精准性高的领导行为，民主式领导确信员工有能力为自己和组织找到合适的发展方向，能让员工参与其对工作有影响的决定，经常召集会议听取员工意见，员工对组织事务的参与性和积极性比较高，组织氛围积极。此外，民主式领导通常会对下属积极的绩效进行奖励，很少给予消极反馈或惩罚，故而能够让领导者赢的他人的信任，尊重与支援，提高员工对工作目标的认可程度。

从消极方面看，由于民主式领导过于注重下属的意见，导致领导和下属之间可能会一遍又一遍的交换看法但是达成共识却遥遥无期，思想难以达成共识，决策效率十分低下。更有甚者，民主型领导会借口大家意见不统一而拖延决策造成员工的迷惑不解，从而加剧组织内部的矛盾与冲突。

3. 放权式领导的优点及缺点

放权式领导者置身于团队工作之外，主要起到一种服务的作用。领导者不会对成员发号施令，不会做团体目标和工作方针方面的指示，对团体成员的具体执行情况既不主动协助，也不进行主动监督和控制，团队成员各行其是，自主进行决定。在放权式领导下，下属每个人的创造性能以有效的发挥，个人独立工作能力强。

从消极方面看，由于放权式领导过于容许下属各司其职，缺乏有效干预与指导，往往容易导致团队成员"各自为政"，整个团队容易成为"一盘散沙"，团队的凝聚力和团结力都比较差。

3.2.4 三种典型领导行为的适用情景分析

从以上分析可以看出，上述三种典型领导行为都具有积极效果，关键是如何根据不同的情景做出合适的选择。本章从以下几个方面总结分析了影响三种领导行为的效能的外在因素：

1. 企业不同发展阶段下的领导行为效能

本章认为处于创业期的企业，领导采用专制式领导行为，企业绩效比较好，但是如果在成长期或者成熟期企业采用专制式领导行为，企业绩效会比较差；在成长期企业，采用民主式领导行为，企业绩效比较好，但是如果在创业期或者成熟期采用民主式领导行为，企业绩效会比较差；在成熟期企业，采用放权式领导行为，企业绩效比较好，但是如果在创业期或者成长期采用放权领导行为，企业绩效会比较差。企业不同发展阶段下的领导行为效能见图3-8所示。

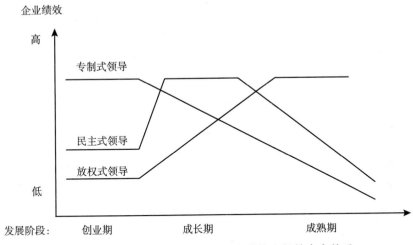

图 3 – 8 企业发展阶段与领导行为效能之间的内在关系

其原因分析如下：

在创业期，企业面临着新产品仍在开发的最后阶段，尚待定型，在市场上也属试销期。这个时期，往往需要强有力的领导将创业团队凝聚起来，此外，由于创业期企业员工人数较少，专制式领导往往能够快刀斩乱麻，激发团队采用新的工作方式，形成快速反应，应对解决问题的机制。

但是一旦企业经过发展初期以后，进入成长期，企业员工的数量增加，带来了不同风格的处事行为与价值理念。如果延续"专制统治"来进行管理人员，继续专制、独断专行，甚至刚愎自用这就会使员工心理上反弹，弄不好会搞成众叛亲离，领导必须让有关下级了解问题，听取他们的意见和建议，然后由领导者做出决策。

当企业进入成熟期，在这个时候企业经营已比较稳定，市场前景也比较明朗，在企业组织内部形成了一套确实可行的管理办法和盈利模式。公司管理趋于正规化，这个时候往往会通过制度规范、企业文化强化等手段实施管理，这个时候企业内部应多采用放权式管理方式，更有效激活普通个体的主动性、创造性，依赖于组织文化、管理制度约束员工，更多应用"法治"而非"人治"。

2. 企业不同规模大小下的领导行为效能

本章认为在小规模企业，领导采用专制式领导行为，企业绩效比较好，但是如果在中等规模或者规模较大企业采用专制式领导行为，企业绩效会比较差；在中等规模企业，领导采用民主式领导行为，企业绩效比较好，但是如果在小规模或者规模较大采用民主式领导行为，企业绩效会比较差；在规模较大企业，领导采用放权式领导行为，企业绩效比较好，但是如果在规模小或者规模中等采用放权领导行为，企业绩效会比较差。企业不同规模大小下的领导行为效能如图 3-9 所示。

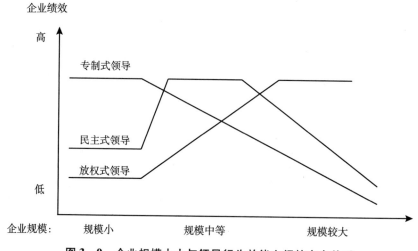

图 3-9　企业规模大小与领导行为效能之间的内在关系

其原因分析在企业规模小，资金较少情况下，企业员工人数少，大多都是关系密切的亲戚、同学或朋友，即使外部雇用，也会倾向于选择质量相对较高的，民主决策由于"人情""关系"以及"面子"等，导致大事根本无法决策，怎么决策总有人不满意，小事谁也不决策，相互推诿。故而专制式领导会促使企业组织整体效率提高。

创业初期的激情过后，公司发展需要壮大后，员工队伍的构成也发生了较大的变化，企业越来越多需要雇佣"外部人"而"非内部人"，这也会导致企业内部员工达成一致越来越难。此时领导必须注重与下属的沟通，善于听取意见，保证有效沟通，做到信息共享，这样才能发挥员工潜能。

当企业规模壮大到一定程度，企业经营业务越来越庞大，员工队伍越来越庞大，这个时期就需要进行多元化、差异性管理，管理人员需要改变他们的经营哲学，避免英雄式、权威式领导风格，多采用参与式的、授权式的领导风格。把员工作为相同的人来对待，转变为承认差异，并以能够保证员工稳定和提高生产率的方式对差异作出反应。

3. 企业不同技术特点下的领导行为效能

本章认为在低技术企业，领导采用专制式领导行为，企业绩效比较好，但是如果在中等技术含量或者高技术产业继续采用专制式领导行为，企业绩效会比较差；在中等技术含量企业，领导采用民主式领导行为，企业绩效比较好，但是如果在低技术含量或者高技术产业采用民主式领导行为，企业绩效会比较差；在高等技术含量企业，领导采用放权式领导行为，企业绩效比较好，但是如果在低技术或者中等技术含量采用放权领导行为，企业绩效会比较差。企业不同技术特点下的领导行为效能如图 3-10 所示。

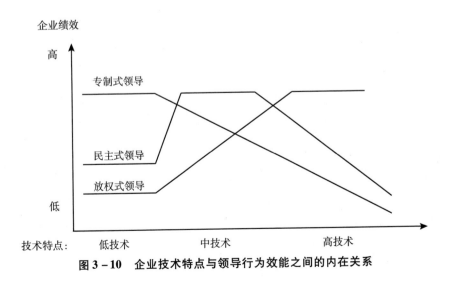

图 3-10　企业技术特点与领导行为效能之间的内在关系

其原因分析如下：

在劳动密集型，附加值低的企业，由于有固定的生产流程，企业往往不需要雇佣高知识员工，员工的基本素质较低，员工对高层次需要的强度比较弱，工作的动力往往是维持基本的生存需要。固定、成熟的生产流程往往不需要员工过度思考，工作不需要体会员工的创造性，任务简单明确，下属需要清晰指令，专制式领导恰好能起到生产效率提升的作用。

在科技型中小企业或者是在专业团队，组织成员之间更加强调地位的平等性，偏好全方位的沟通方式，经验技能以及知识结构上实现互补性，成员之间彼此之间的依赖性高，缺一不可。此时，领导完全不能"一言堂"，由于知识上的互补，需要注重发挥成员的积极性与参与性，大家民主讨论，充分沟通，最终共同决策更能为成员所接受。

在高新技术或者是高等教育、研究机构，往往在这类组织中都是高级科技人员、大学教授等，这类人往往都接受到良好的高等教育、拥有丰富的知识、技术或者技能水平，同时又是情感成熟的人，并表现出高自尊等特点，他们往往只希望"有限的社会感情上的支持"，故而领导者采取授权式领导方式为佳，有效的领导者应该是允许他们自己决定如何工作，切忌指手画脚，要他们做这做那。现实中，放权领导在高校、研究机构、咨询公司、软件开发企业以及设计类企业效果比较好。

4. 下属不同人力资本类型下的领导行为选择

人力资本体现在劳动者身上，即凝聚在劳动者身上的知识、技能及表现出来的能力。陈维政、刘苹（2008）按照人力资本所有者的职务以及他们对企业经济效益的贡献率两个维度将企业所拥有人力资本分为四种类型。本章认为任何企业组织都拥有这四种类型的人力资本，对其应采用不同的领导方式，才能更好调动其工作积极性，具体对应关系如图3-11所示。

图 3 - 11　四种类型人力资本及其对应的领导方式

其原因分析如下：

Ⅰ型人力资本指职务和贡献率都较低的一般人力资本，主要是从事技术含量低、劳动重复性高等工作的人员，如流水线上操作工人、清洁、保卫、打字员、收发员等。在企业组织中，这类员工往往受教育程度较低，经过短时间的职业培训就可以胜任工作，劳动过程比较容易监督与管理，故比较适用于专制式领导，偏向于用质量进行定量化考核。

Ⅱ型人力资本包括职务较高但贡献率偏低的人员，如从事行政工作、辅助技术、后勤保障等工作的中高级管理人员。他们需要接受中等以上教育，其工作技能需要较长时间的职业培训和积累，往往是某一职能领域的管理者，由于职位较高，往往会参与企业某些方面的决策，这就决定了不能再采用专制式领导，采取民主式领导比较好，尊重其承担的决策责任与经营风险。

Ⅲ型人力资本指职务较低但贡献率较高的人员，如营销人员、高级技工、部分研发人员和经营管理人员。他们通常需要接受专业的技能和技术培训，并需要再大量的实践中累积经验，工作环境充满着不确定性。在其决策中，这类人往往拥有不可替代的专业经验、知识，为某些方面的决策提供专业意见，故对待这类人员也比较适合采用民主式领导。

Ⅳ型人力资本指职务和贡献率都很高的高级人力资本，主要是高级经营管理和核心专业技术人员。这类人往往是企业组织的稀有资源，他们基本都接受到良好的教育和职业培训，也在某型方面有着"天赋"掌握着企业核心技术或者是商业秘密，故领导对其工作应予以充分的尊重，充分的授权，故对其采用放权式领导方式为佳。

3.2.5 小结

总而言之，上述三种领导行为都是有效的行为，但是领导者应注重根据其被领导者的特点和环境的变化而变化，不能是一成不变的。在管理实践中，"专制""民主"和"放权"是领导者手中三把利剑，成功的领导者需要审时度势，权变管理，都善于在专制、民主与放权之间游走、驾驭与权衡，专制之中蕴含着民主、放权，同时民主、放权之中又藏着专制。

3.3 破坏型领导的行为影响与改善策略①

3.3.1 引言

目前关于领导的研究，大部分聚焦于对建设型领导进行探索，如对交易型领导、变革型领导、家长型领导、服务型领导这四种广为接受的领导类型的研究。但是，国外学者（Zapf, Einarsen & Hoel et al., 2003）的调查发现，每时每刻都有5%～10%的员工正在遭受领导的欺凌；另一位学者（Unison, 1997）在英国的一项调查研究也发现，40%的被调查者反映在其职业生涯中遭受过上级领导的辱虐行为；在早期的

---

① 张泽梅，陈维政. 破坏型领导的行为影响与改善策略 [J]. 领导科学，2011（33）：35－37.

研究中，国外学者（Lombardo & Mc Call，1984）对 73 名管理者进行调查，发现其中 74% 的管理者都遭遇过令人无法忍受的领导者。威尔逊（Wilson，1991）在对美国员工提出的薪资补偿要求的调查中发现，其中 75% 的要求是员工基于工作精神压力太大提出的，并且这些员工指出其中 94% 的精神压力都来自于领导者对他们的辱虐。可见，大部分员工在其职业生涯中都会遭遇破坏型领导，破坏型领导已经成为一个普遍的问题。

3.3.2　破坏型领导的定义

关于什么是破坏型领导，至今没有一个定论。豪斯与豪厄尔（House & Howell，1992）在研究魅力型领导阴暗面的过程中提到破坏性行为，如暴力以及其他攻击性行为，并认为其来源于个人化领导。近年来，更多的学者开始关注领导的阴暗面，并提出了各种各样的概念，如辱虐管理、毒性领导、专制型领导、越轨型领导等。这些提法虽然不同，但其含义基本相似，可以统称为破坏型领导。

总结前人的研究，笔者将破坏型领导的构成因素归结为以下几点：第一，破坏型领导是组织中的领导者、监督者、管理者在进行管理活动中，对组织的合法利益或者下属造成消极影响的领导行为。第二，这种破坏行为是系统的、频繁重复的。第三，领导者行为造成的消极影响大于其积极影响。

3.3.3　破坏型领导的形成因素

关于破坏型领导的形成因素，帕迪利亚、霍根和凯泽（Padilla，Hogan & Kaiser，2007）主张用系统的观点进行研究，认为破坏型领导行为产生的原因除了领导者个人因素，还应考虑到组织环境和下属的影响，并将这个结构称为"毒三角"。在这个"毒三角"中，破坏型领导个人方面的因素包括：魅力、权力需求、自恋、消极的生活经历、仇恨意识。组织环境方面的主要因素包括：环境的不稳定性、知觉到的威胁、文化价值观、相互制衡以及制度的缺失。下属方面的因素，主要指有两种类型的下属：一种是顺从者，表现为要求未被满足、自我评价低、不成熟；另一种是合谋者，表现为世界观相似、价值观邪恶、有野心。另外，领导层内部也存在价值观、行为方式等方面的互相影响，同事的引诱或者胁迫也是破坏型领导的形成因素之一。可见，破坏型领导行为的形成原因并不只是领导者个人的因素，还应考虑到组织、下属和同事的因素。应以这四方面形成的因素为基础，建立改善领导能力的策略，帮助破坏型领导向建设型领导转变。

3.3.4 破坏型领导的分类

破坏型领导有各种不同的表现形式。学者们根据不同的维度，对破坏型领导进行了分类。巴斯（Buss，1961）将领导者的侵略行为按照三个轴划分，这三个轴分别是身体影响或精神影响、主动攻击或被动攻击、直接攻击或间接攻击。科洛伊与他的同事们（Kelloway & Colleagues，2005）也引用这个观点，在其对无能领导（poor leadership）的研究中，将无能领导区分为主动辱虐的领导行为和消极被动的领导行为。西方研究者们（Skogstad，Einarsen & Torsheim et al.，2007）从组织和下属两个维度出发，将领导行为划分为护犊型领导、越轨型领导、暴君型领导、放任型领导和建设型领导，如图 3 - 12 所示。

这个分类是在布莱克和莫顿（Blake & Mouton，1985）的管理方格理论的基础上进行的研究，管理方格理论的隐藏假设是领导行为可以从低建设性到高建设性这一连续统一体上找到，而斯高斯达、埃纳森和托尔希姆等（Skogstad，Einarsen & Torsheim et al.，2007）则假设领导行为属于高反对到高支持这一连续统一体，充分考虑到了领导者可能起到的破坏性作用。在斯高斯达、埃纳森和托尔希姆等（2007）的分类中，

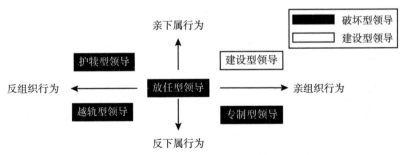

图 3 - 12 破坏型领导和建设型领导模型

护犊型领导、越轨型领导、暴君型领导和放任型领导都属于破坏型领导。放任型领导虽然占据着领导者的职位，但是实际上放弃了对组织和对个人应该承担的任务，并且正因为其领导工作的失职，可能导致组织内部工作混乱，影响下属的工作满意度和工作效率，降低组织绩效，因此也属于破坏型领导。根据辩证的观点，破坏型领导行为主要产生消极效果，但在特定的情况下也可能产生积极性效果。建设型领导主要产生积极效果，但在特定的情况下也可能产生消极效果。本书主要分析破坏型领导的消极效果和积极效果。

由图 3 - 12 可知，从组织和下属两个角度，护犊型领导、暴君型领导的行为都存在亲下属或者亲组织的积极效果。可推出，放任型领导、越轨型领导也存在其他方面的积极作用。不同类型的破坏型领导，其行为效果的消极和积极方面也存在较大差别，相应的改善领导能力的策略也必然不一致。

3.3.5 破坏型领导的影响及对策分析

破坏型领导的影响以消极效果为主，积极效果为辅。关于破坏型领导对员工行为和组织绩效的消极影响，有大量学者进行了研究。关于破坏型领导的积极效果，相关研究则相对较少。本书将在前人的基础上，分析不同类型的破坏型领导所表现出的消极和积极效果，认清破坏型领导的两面性，并从领导者个人、组织、下属和同事四个方面出发，找到改善领导能力的策略，为如何将破坏型领导转变为建设型领导提供建议。

1. 护犊型领导

护犊型领导的行为是亲下属而反组织的。护犊型领导非常关心下属的福利报酬，但是其行为阻碍组织目标的实现，损害组织的合法利益。这与布莱克和莫顿（1985）管理方格理论中提到的乡村俱乐部型领导相似。

从消极作用来讲，护犊型领导主要表现出以下行为：第一，盗取组织物资或者金钱，利用组织资源满足个人目的。第二，允许下属通过有损组织利益的手段换取自身利益，助长下属个人主义之风。第三，引导下属按照低标准进行工作，当下属工作出现失误时并不及时处理，导致下属工作效率越来越低，由此助长散漫的工作气氛。第四，忽视外部环境的变化，对于意外事件不及时作出反应，并且可能帮助下属规避责任。

护犊型领导的积极作用主要体现在对待下属方面，包括：第一，关心下属的个人利益，如薪酬福利，能在一定程度上提高下属对组织的满意度。第二，与下属建立较好的感情联系，上下级关系融洽，有利于提高管理效率，同时也增强下属对于组织的归属感。

由以上分析可见，护犊型领导的主要症结在于对组织不认同，对下属则颇具人性化。可以通过以下策略改善护犊型领导者的领导行为：第一，领导者个人：加强对领导者的组织文化培训，向领导者传播组织宗旨和使命，强化领导者对组织的责任感，对其与下属之间良好的上下级关系表示赞扬。第二，组织：通过沟通了解护犊型领导对组织不认同的关键点，对于组织内部确实存在的不足，如组织战略、组织内部结构、组织给予的报酬奖励、组织文化等进行弥补；了解领导者的需求，将领导者的个人利益与组织利益挂钩，使领导者个人目标与组织整体目标趋于一致。第三，下属：应该加强下属利益与组织利益之间的联系，对于通过损害组织利益达成个人利益的行为，应该给予严厉的惩罚；在下属之间建立互相监督机制，避免领导护短行为的发生。第四，领导者同事：建立领导者之间的监督机制，加强领导者之间的利益关联，防止领导者损害组织利益的行为，同时发挥建设型领导的榜样效应。

2. 越轨型领导

越轨型领导的行为是既反下属又反组织的。从组织和个人两个维度来看，越轨型领导都不存在积极效用，但这并不意味着越轨型领导不存在积极作用。如前文所讲，关键是认知角度的不同，如果跳出组织和下属这两个维度分析，也能发现越轨型领导存在的积极效果。

越轨型领导往往表现出如下一些消极行为：第一，欺凌、羞辱、欺骗、恐吓下属，影响下属的工作效率。第二，克扣下属的薪酬福利，拖欠员工工资。第三，疏远下属，经常无故缺勤，擅离职守；自高自大，不能组织好一个团队，无法完成组织任务。第四，盗取组织物资或者金钱，利用诡计侵蚀组织财产。第五，不注意及时提高自己的管理能力，不能对外部环境变化作出快速反应，损害组织利益。第六，野心很大，好高骛远，不脚踏实地地完成目前的工作，而将大量时间浪费在不切实际的工作上或者用于取悦领导。

沙克尔顿（Shackleton，1995）指出，越轨型领导与成功的领导者可能拥有相同的创业经历，但是越轨型领导不善于从失败中学习经验。康格（Conger，1990）指出，导致领导黑暗面的个人因素有三个：第一，战略眼光：领导者也很注重个人价值的实现，但是其追求往往不切实际，背离了市场需求。第二，沟通和表达技能：领导者往往过于夸大自己心中的蓝图，常忽视或者不接受负面因素，夸大正面因素以获得下属的支持。第三，管理技能：领导者拙劣的管理技能往往表现在其差劲的人际关系上，其不合章法的行为会使下属敬而远之，促使下属内部形成破坏性的非正式小团体，导致组织分裂。

越轨型领导对组织和下属都有不同程度的消极作用，但是，越轨型领导也非常注重个人内在需求的实现，具有很强的成就动机。为此，本书提出改善越轨型领导者领导能力的策略：第一，领导者个人：培训领导者的管理技巧，帮助其培养积极的价值观，树立正确的理想目标，使其与组织目标相一致。第二，组织：完善组织激励制度，如薪酬福利制度或者晋升通道等，给领导者提供充分的发展空间。第三，下属：建立下属对领导者的监督机制，及时发现越轨型领导行为，维护下属的正当利益；对于与越轨型领导同流合污的下属，则应对其采取严厉的惩罚措施。第四，领导者同事：加强领导者之间的合作，建立领导者之间的监督机制。

3. 暴君型领导

暴君型领导的领导行为是亲组织而反下属的。暴君型领导重视组织使命和组织战略，强调组织任务目标的实现，但其往往是通过牺牲下属的利益来达成，没有实现组织与下属的双赢。暴君型领导与布莱克和莫顿（1985）管理方格理论中提出的权威型领导有很多的共同之处，但是，就关心下属这一维度上，权威型领导是极少关注下属利益，并且花费尽可能少的时间与下属打交道；而暴君型领导则是主动侵占下属的利益，并坚信由此可以带来工作效率的提升。

暴君型领导行为往往具有如下的消极效果：第一，经常要求下属超负荷工作，对待下属缺少人性化关怀。第二，恐吓下属、轻视下属，并要求下属完全按照领导的意思行事。第三，常把责任归咎于下属。第四，下属对领导的抵触情绪强烈，引起下属对组织的不满意，对组织的忠诚感和归属感减弱。

布罗德斯基（Brodsky，1976）提出，暴君型领导者虽然对待下属的态度和行为比较恶劣，但是在完成与工作相关的各项任务的时候，其表现往往比较好。斯高斯达（Skogstad，1997）也提出，虽然暴君型领导者与下属的人际关系不融洽，但其与客户、商业合作伙伴或上级领导者的关系并不一定会差。他们可能还拥有着一些专业知识技能，对组织的发展起着关键作用。

在组织中，暴君型领导者的上级和下属对其评价差别很大，上级会对其出色的绩效表示赞赏，而下属则对其暴君行为很不满意。可见，暴君型领导有出色的工作业绩，但是缺乏下属的认同感。这样的领导者往往不容易认识到自己的不足，并可能会凭借自己给组织带来的利益而居功自傲。因此，对于暴君型领导，可采取如下策略加以改进：第一，领导者个人：首先要采用匿名的调查问卷方式或者领导风格测试等方法让其认识到自己的不足；然后针对其对待下属的各种非人性化行为提出建议，并对其进行管理知识和技能的培训。第二，组织：宣扬人性化管理。第三，下属：暴君型领导的员工多属于顺从型，应建立下级对上级的监督机制，给下级提供反映上级不良行为的渠道；对领导者进行 360 度绩效考核，加强下属对其评分的权重。第四，领导者同事：加强领导者之间的沟通，借鉴与下属关系和谐的领导者的管理经验。

4. 放任型领导

放任型领导处于领导模型的中间位置，相当于退出了自己的领导岗位，无所作为。但是，这并不意味着放任型领导行为对组织和下属没有影响。西方学者（Stogdill，1974）指出，将放任型领导与无领导等同是一个很严重的错误，这将混淆两种领导风格的理论概念。研究发现，放任型领导对组织和下属都具有消极的影响作用。勒温等（Lewin et al.，1939）在对师生教学关系的研究实验中发现，与权威型领导和民主型领导相比，放任型领导的教师更容易导致学生学习的低效率。

总结对放任型领导的研究，可以发现，放任型领导的消极效果主要体现在：第一，不关心下属工作状况，没有充分调动员工积极性，不利于工作效率的提高。第二，不及时处理组织内部出现的问题，助长员工反生产行为的气焰。第三，工作分配不清晰，容易形成组织内部冲突。第四，不关心组织发展方向，无战略远见，对外部环境变化反应不及时，使员工对组织缺乏信心。

对于高科技企业或者下属素质很高的企业，放任型领导又有一定的积极效果，表现在：第一，充分授权给员工，员工可以按照自己的方法工作，对于强调自我实现的员工，则会充分利用享有的权利，努力完成工作。第二，有利于培养员工的独立性，培养组织的接班人，因为当组织出现内部矛盾或者外部威胁的时候，很多情况都需要下属独立解决。

放任型领导的主要问题在于领导者缺乏责任心，对组织和员工都没有使命感。对于放任型领导者，相应的改善领导者能力的策略有：第一，领导者个人：应注重树立对于自身工作的理想和抱负，并将个人目标与组织目标结合，建立对组织的依赖感和归属感。在对领导者的培训中也要加强其沟通能力训练，使其多与下属打交道，了解下属需求。第二，组织：完善组织制度，对每个领导岗位做好详细的工作分析，列出其权力与责任，并制定相应的奖励与惩罚措施。第三，下属：将下属利益与领导者利益相联系，强调团队合作，建立下属反馈机制。第四，领导者同事：发挥建设型领导的榜样效应，同时建立领导者之间的相互监督机制。

5. 改善破坏型领导的策略总结

根据本书分析，对于破坏型领导，可以从组织利益和下属利益两个维度区分其类型，并从领导者、组织、下属和同事四个方面采取相应的改善策略。对于严重损害组织利益的领导者，都应该施以适当的惩罚，保证组织内部的规范性和公平性；而对于其存在的积极行为效果，也应该给予肯定，做到赏罚分明。在组织方面，要积极进行调整，如适时进行组织变革、适应环境变化、发展组织核心竞争力、培养积极的文化价值观、完善组织制度等，以减少破坏型领导的发生概率。同时，要通过下属的监督控制防止破坏型领导产生，并打击诱使破坏型领导产生的下属行为。对顺从型下属要强调其责任感，让其认识到自身工作的价值以及自身拥有的权利和义务；对于合谋型下属要进行价值观的教育，转变其价值观，同时加强企业文化的推广，必要时可以施以适当的惩罚以儆效尤。在同事方面，主要可通过互相监督、榜样效应、加强领导经验交流等策略改善破坏型领导。要通过以上一系列策略，限制破坏型领导的消极作用，发挥其积极作用，最终帮助破坏型领导转变为建设型领导。

第4章

企业管理者对人际取向与冲突
策略的权变管理

4.1 两种人际取向对下属工作绩效的影响

——以领导—成员交换质量为中介变量①

4.1.1 引言

受到经济全球化和市场激烈竞争的影响，如何提升工作绩效以增强企业竞争力已成为急需解决的问题。工作绩效囊括的范畴不断发生变化，促使研究者重新思考将"工作绩效"等同于"任务绩效"的传统观念是否妥当。目前，学者们普遍接受的是认为工作绩效体现在三个方面：任务绩效、组织公民行为和工作偏离行为（Borman & Motowidlo，1997；Rotundo & Sackett，2007）。探讨三者共同影响因素以及相关管控

① 黄丽，陈维政. 两种人际取向对下属工作绩效的影响分析——以领导—成员交换质量为中介变量［J］. 管理评论，2015，27（5）：178－187.

策略有着重要的理论意义与现实意义。

相关文献检索发现，国内关于工作绩效的研究大体上是基于西方的研究框架，而管理学研究，需要契合特定的文化背景。东西方文化存在显著差异，西方社会是典型的"个人导向性"，人与人之间的联系是松散的，注重个人的自由、权利、独立与自主，体现一种"以己为中心"的特征，滋生员工对组织公平与公正的关注，公平感知是影响工作绩效的重要变量（Hassan & Chandaran，2005）。而中国文化价值观是以"群体导向性"的集体主义，血缘宗亲家族中心论的思想传统决定国人重视人际取向，注重人与人之间相互的责任和义务，注重"大我"概念的培养，滋生一种内团体的集体主义（ingroup collectivism），强调内团体成员，在互惠的基础上彼此互信，基本人际模式呈现一种情感性联系（expressive ties）（黄光国，1989），满足个体安全、归属等情感需要，并对身心健康、情绪状态等产生影响（Kwang-Kuo & Hwang，2012）。然而人际互动中难以避免冲突、矛盾与紧张，冲突与和谐是组织内并存的两类人际取向。遗憾的是，现有研究中，路琳和陈晓荣（2011）主要从单方面进行探讨，缺乏对这两种人际取向与工作绩效之间的关系同时展开研究。因此本章的目的之一在于对比分析两类人际取向对工作绩效的影响差异。

本章的目的之二在于试图从社会交换理论解释领导—成员交换质量对工作绩效的影响。社会交换理论认为，在高质量的领导—成员交换中，领导为下属提供较多的信任、支持和工作自主性。作为回报，员工会克制对组织或同事不利的行为，甚至付出超越职责范围的努力，通过组织公民行为、高水平任务绩效在社会交换中实现互惠的责任。传统的领导—成员交换理论很少思考"在何种情景下，领导愿意与下属建立高质量的交换？"依据权变管理理论，领导可能会根据人际取向而区别对待下属，当人际取向趋于和谐，领导倾向与下属建立高质量社会交换，反之则表现出低质量社会交换。因此本章将探讨不同人际取向如何透过领导—成员交换质量影响下属的工作绩效，即领导—成员交换质量的中介作用。

4.1.2　理论与假设

1. 人际取向对工作绩效的影响分析

人际冲突与人际和谐是组织内两种基本且并存的人际取向。人际冲突取向指的是相互依赖的双方感知到相互意见分歧且目标的实现受阻，产生负面情绪的状态；人际和谐取向则是指人际间冲突与矛盾处于低水平、能够协调共处的状态（黄囇莉，2007）。

（1）人际取向对组织公民行为的影响分析

归属与爱的需要是个体行为的内在动机与心理驱力，人际亲疏远近状态直接决定需要的满足状况，一旦个体获得归属感和满足感，就会产生积极的情绪体验。按照社会交换与社会公平理论，个体会相应调整自身的投入与产出比，回报组织与同事，例如愿意承担缺勤同事的工作等。然而，当个体处于人际冲突取向，就不愿意为同事付出资源，同时也甚少从同事处获得资源，这使个体很难做出助人行为等。研究表明，团队冲突对组织公民行为有显著负向影响（吕艾芹、施俊琦和刘漪昊等，2012）。最近一项研究表明，人际取向与组织公民行为密切相关，人际和谐取向会促使个体做出包括组织公民行为在内的较为宽泛的助人行为以及知识共享行为（Liu & Wang，2013）。据此，提出如下研究假设：

研究假设 4a-1：人际冲突取向对组织公民行为有显著负向影响。

研究假设 4a-2：人际和谐取向对组织公民行为有显著正向影响。

（2）人际取向对任务绩效的影响分析

提升任务绩效的方法包括物质与非物质激励。构建和谐的人际取向、营造宽松的工作氛围是重要的非物质激励方法。和谐人际取向容易使员工保持积极、健康、充沛的精神状态；亦能激发员工的激情、荣誉感与责任感，提高工作的积极性、主动性和创造性，进而提升任务绩效。人际冲突取向则容易影响员工的理性判断和团队的内部沟通，降低团队凝聚力，最终阻碍个人和团队目标的实现，同时容易使员工注意力分散，造成不必要的损耗，从而降低任务绩效（Jaramillo，Mulki & Boles，2011）。实证研究表明，人际和谐取向对工作成效产生积极的影响，促使个体以合作沟通方式来解决问题，并有助于创新行为（Tjosvold，Law & Sun，2006）；钟昆（2002）研究表明人际和谐取向对团队与个人绩效等产生正向、积极影响。据此，提出如下研究假设：

研究假设 4a-3：人际冲突取向对任务绩效有显著负向影响。

研究假设 4a-4：人际和谐取向对任务绩效有显著正向影响。

（3）人际取向对工作偏离行为的影响分析

工作偏离行为指组织成员自发性从事、威胁到组织或组织成员福利的、违反组织规范、政策或制度的行为（Robinson & Bennett，2000）。国外学者的一项研究表明（Bruk-Lee & Spector，2006），人际冲突取向与工作偏离行为之间存在显著正相关；人际冲突特别是上下级冲突，可能导致下属以隐秘的方式宣泄不满，表现出财产越轨、人际越轨等（刘玉新、张建卫和彭凯平，2012）；此外，人际冲突取向与焦虑、抑郁、沮丧、情绪衰竭等消极情绪紧密相关（Liu，Spector & Shi，2007）。西方学者（Kwan，Bond & Singelis，1997）进行一项跨文化研究的结果发现，"和谐人际取向"和"自尊"都是影响生活满意感的变量。就集体主义倾向的华人（以香港人为被试）而言，"和谐人际取向"的影响力更大。郭晓薇（2007）认为人际和谐尤其是上下级人际和谐会通过影响生产率和工作满意感从而间接影响员工流动率、组织公民行为和工作场所生产行为。据此，提出如下研究假设：

研究假设 4a-5：人际冲突取向对工作偏离行为有显著正向影响。

研究假设 4a-6：人际和谐取向对工作偏离行为有显著负向影响。

2. 领导—成员交换关系在人际取向与工作绩效之间的中介作用分析

领导—成员交换理论认为领导对待下属亲疏有别，少部分下属成为圈内人，受到特殊照顾与关照，反之则被视为圈外人，领导与其维持一种正式的工作关系，下属受到严格管理。

（1）领导成员交换关系在人际取向与组织公民行为之间的中介作用分析

圈内人与领导之间的交换关系包括超越正式工作职责之外的经济性与社会性交换，领导对其寄予更高要求，赋予某种角色，积极期望并引导他们将集体长远利益置于个人短期利益之上，为其提供有形或无形的补偿；员工承担着领导赋予的角色，按照领导的积极期望付出额外努力，努力成为组织的好"公民"。拉皮埃尔和哈克特（Lapierre & Hackett，2007）指出高质量领导—成员交换对工作满意度与组织公民行为有显著正向影响，基于社会交换的互惠原则，下属倾向以组织公民行为回报高质量领导—成员交换。高质量领导—成员交换对知识型员工的组织公民行为表现出更高的正向影响（曾垂凯，2012）。此外，一些学者（Dulebohn，Bommer & Liden et al.，2012）对领导—成员交换质量前因、后果进行整合的元分析，认为人际取向与领导—成员交换质量显著相关。

本章认为通过建立亲密友好、团结互助的和谐人际取向，降低纠葛与矛盾的冲突人际取向，领导赋予下属更多的信任与关注，能促进彼此的信任与了解、支持与帮助，从而有助于建立高质量领导—成员交换，员工与组织之间形成"利益共同体"，员工自觉履行维护组织及其成员的义务与责任。据此，提出如下研究假设：

研究假设 4a - 7：领导—成员交换关系在人际冲突取向与组织公民行为之间起中介作用。

研究假设 4a - 8：领导—成员交换关系在人际和谐取向与组织公民行为之间起中介作用。

（2）领导—成员交换关系在人际取向与任务绩效之间的中介作用分析

任务绩效高低主要取决于个人的能力水平和资源、权力的获取程度，资源与权力获取是领导授权的结果。绩效高、能力强的下属容易获得更多的信任与授权，领导通过赋予下属更多的机会、信任、关照、行动自主和支持换取下属的忠诚、努力和责任感，而不断取得高任务绩效的下属，又会促使领导进一步的信任与授权。领导与成员之间通过持续的感情积累、不断的绩效评价和授权，形成积极的正反馈社会交换，建立高质量社会交换（Scandura & Pellegrini，2008）。哈里斯、惠勒和卡迈尔（Harris，Wheeler & Kacmar，2009）与乔（Joo，2012）的研究表明，高质量领导—成员交换与任务绩效表现之间呈显著正相关。

本章认为和谐、亲密人际关系，能促进多元信息沟通与分享，减少人际摩擦与冲突，促进高质量领导—成员交换，增进领导—成员间频繁信息与情感沟通，成员更容易获得领导的心理支持与实际援助，从而提升任务绩效。据此，提出如下研究假设：

研究假设 4a‐9：领导—成员交换关系在与人际冲突取向与任务绩效之间起中介作用。

研究假设 4a‐10：领导—成员交换关系在与人际和谐取向与任务绩效之间起中介作用。

（3）领导—成员交换关系在人际取向与工作偏离行为之间的中介作用分析

坦格拉拉、格林和拉马努贾（Tangirala，Green & Ramanujam，2007）以 29 个医护团队领导和 581 名护士为研究对象，结果表明高质量领导—成员交换的护士因为获得较多的心理资源（如情绪支持、认同感）和物质资源（如职位提升、工作自主权），减少对病人去人格化行为（如麻木、被动应对等）。一些研究者（Liu，Lin & Hu，2007）认为低质量领导—成员交换是促发下属不道德行为的诱发因素，而高质量领导—成员交换则会对其起到抑制作用。高质量领导—成员交换具有高度的稳定性、平衡性与互惠性，下属不希望因其偏离性行为而单方面破坏上述关系，更担心关系一旦破坏，遭遇授权减少、信任降低等惩罚（Sue-Chan，Au & Hacket，2012）。

本章认为人际依赖和合作促使员工产生积极情绪，而冷漠、紧张与冲突人际则可能导致负面情绪。积极正面的情绪传导，有助于将"和谐思想"渗透到组织文化与价值观，促使领导主动支持、关心员工的工作与生活，促进团队凝聚与合作意识，并抑制工作偏离行为，反之则会成为诱发因素。据此，提出如下研究假设：

　　研究假设 4a－11：领导—成员交换关系在人际冲突取向与工作偏离行为之间起中介作用。

　　研究假设 4a－12：领导—成员交换关系在人际和谐取向与工作偏离行为之间起中介作用。

　　根据上述理论分析与研究假设，本章的变量关系如图 4－1 所示：

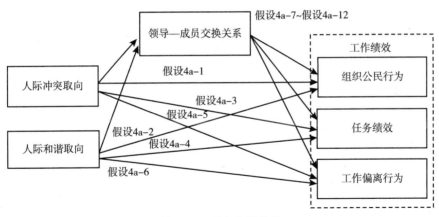

图 4－1　研究变量关系

4.1.3　研究方法

1. 研究对象与程序

　　为避免共同方法偏差对研究结果的影响，本章采用一对一配对问卷调查。通过在 MBA 和人力资源培训班调查、企业实地调查、委托发放三种方式收集问卷，将事先配对编码的一套问卷发给调查对象，请他们完成主管调查问卷，并将员工问卷交由相应的下属，各自独立评价后分别密封回邮给调查小组。回收问卷后，根据编码确定配对调查问卷，剔除未成功配对问卷与废卷。

2. 样本概况

本章总计发放 700 套配对调查问卷，回收 369 套，剔除 24 份无效废卷，获得 345 套有效问卷，有效回收率为 49.28%。345 套有效问卷中，215 套（61.43%）来自 MBA 和人力资源管理培训班调查，100 套（28.57%）来自企业实地调查，30 套（10%）来自委托代发。

人口统计学变量中，性别、年龄、学历层次与职务层次由直接主管与员工分别报告，公司性质、行业类别由直接主管报告。主管样本以男性居多（67.10%），平均年龄为 37.46 岁，平均司龄为 8.92 年；学历层次以大专（32.70%）与本科（44.50%）为主（高中或中专14.70%，硕士及以上 8.10%）；职务层级以基层管理者（31.00%）与中层管理者（56.60%）为主（高层管理者 12.4%）。员工样本以男性员工居多（55.70%），平均年龄为 30.64 岁，平均司龄为 5.76 年；学历层次以大专（36.9%）与本科（34.60%）为主（高中或中专24.40%，硕士及以上 4.10%）；职务层级以普通员工（54.50%）为主（基层管理者 29.40%，中层管理者 13.00%，高层管理者 3.20%）。

公司性质分布以民营/民营控股公司（41.00%）主（国有或国有控股公司 37.00%，外资或外资控股公司 22.00%）；行业类别分布以服务业（35.10%）主（IT/通信/高新技术行业 31.60%，传统制造业/建筑业/房地产 19.80%，其他 13.50%）。

3. 研究工具与测量

人际冲突取向。采用西方学者（Spector & Steve, 1998）开发的单维度量表。包括"在工作中，你与其他人发生争吵的频率"等 4 道题项。

人际和谐取向。采用华人学者陈晓萍和彭泗清开发的两维度（工具性和谐与情感性和谐）量表，包括"同事之间能够相互理解"等 9 道题项。

领导—部属交换质量。采用国外学者（Graen & UhlBien，1995）发展的单维度量表。包含"直接上司能意识到我的潜力"等 7 道题项。

组织公民行为。采用李与艾伦（Lee & Allen，2002）开发的两维度量表。人际指向组织公民行为维度包括"调整工作计划以配合其他同事的时间安排"等 8 道题项；组织指向组织公民行为维度包括"提出改善组织运作的积极建议"等 8 道题项。

任务绩效。采用美籍华人徐淑英（Tsui，1997）开发的单维度的任务绩效量表，包括"完成工作数量"等 6 道题项。

工作偏离行为。采用鲁滨孙与班尼特（Robinson & Bennett，2000）发展的两维度量表。人际指向工作偏离行为维度包括"在工作时取笑公司内的其他人"等 7 道题项。组织指向工作偏离行为维度包括"未经允许就拿走公司的财物"等 12 道题项。

上述量表均采用李克特 5 点计分。人际冲突取向、人际和谐取向与领导－部属交换质量量表由员工进行报告，组织公民行为、任务绩效与工作偏离行为量表由直接主管根据该员工的实际情况进行报告。

4.1.4 研究结果

1. 研究变量的信效度检验

采用 Cronbach's α 系数衡量量表的一致性信度，结果见表 4－2 对角线括号数值。采用验证性因子分析检验量表的结构效度，结果见表 4－1。

表 4－1　　　　　　　　　　　测量工具的信效度检验

量表名称	χ^2/df	RMSEA	AGFI	GFI	IFI	CFI	NFI	NNFI
人际冲突取向	2.266	0.061	0.967	0.997	0.998	0.998	0.996	0.988
人际和谐取向	3.784	0.090	0.902	0.957	0.971	0.970	0.960	0.948

续表

量表名称	χ^2/df	RMSEA	AGFI	GFI	IFI	CFI	NFI	NNFI
领导—成员交换质量	2.978	0.076	0.935	0.979	0.977	0.977	0.966	0.946
组织公民行为	2.965	0.076	0.906	0.936	0.979	0.989	0.934	0.937
工作偏离行为	2.461	0.065	0.880	0.913	0.967	0.967	0.946	0.960
任务绩效	2.464	0.065	0.955	0.983	0.989	0.989	0.981	0.979

结果表明：Cronbach's α 值均高于 0.800 的判断标准，说明所选用的量表均具有较好的内部一致性信度；验证性因子分析结果的 χ^2/df 值均小于 5，RMSEA 值均小于 0.1，除工作偏离行为量表 AGFI 值接近 0.900 外，其余各指标值（GFI，IFI，CFI，NFI 和 NNFI）均在 0.900 的判断标准之上，说明所选用的量表均具有良好的结构效度（吴明隆，2010）。

2. 研究变量的描述性统计分析

研究变量的均值、标准差与皮尔逊相关系数见表 4 - 2。

表 4 - 2　　　　　均值、标准差与相关系数（N = 345）

量表名称							
人际冲突取向	2.373	0.867	(0.884)				
人际和谐取向	3.642	0.697	- 0.394 **	(0.854)			
领导—成员交换质量	3.537	0.689	- 0.262 **	0.554 **	(0.810)		
组织公民行为	3.876	0.597	- 0.277 **	0.442 **	0.435 **	(0.899)	
任务绩效	3.511	0.765	- 0.156 **	0.182 **	0.121 *	0.218 **	(0.883)
工作偏离行为	1.802	0.818	0.283 **	- 0.128 *	- 0.129 *	- 0.218 **	- 0.224 **	(0.965)

注：* $p < 0.05$，** $p < 0.01$，斜括号中为 Cronbach's α 值。

表 4 - 2 显示：人际冲突取向与组织公民行为、任务绩效之间呈显著负相关；与工作偏离行为呈显著正相关，而人际和谐取向与上述变量呈完全相反的显著相关；人际冲突取向与领导—成员交换质量之间呈显著负相关，人际和谐取向与之显著正相关；领导—成员交换质量与组织公民行为、任务绩效之间呈显著正相关，与工作偏离行为呈显著负相关。

3. 人际取向对下属工作绩效的影响分析

采用结构方程建模方法分别分析两类人际取向对工作绩效的影响。结果见图 4 - 2 与图 4 - 3。

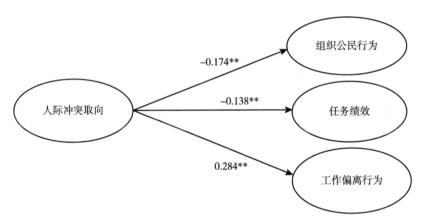

图 4 - 2　人际冲突取向对工作绩效的影响作用（N = 345）

注：$\chi^2/df = 3.285$；RMSEA = 0.081；AGFI = 0.936；GFI = 0.979；IFI = 0.975；CFI = 0.974；NFI = 0.964；NNFI = 0.945，* p < 0.05，** p < 0.01。

图 4 - 2 显示：人际冲突取向对组织公民行为、任务绩效有显著负向影响（$\beta = -0.174^{**}$，** p < 0.01，$\beta = -0.138^{**}$，** p < 0.01），分别支持研究假设 4a - 1 与假设 4a - 3；对工作偏离行为有显著正向影响（$\beta = 0.284^{**}$，** p < 0.01），支持研究假设 4a - 5。

图 4 - 3 显示：人际和谐取向对组织公民行为、任务绩效有显著正向影响（$\beta = 0.389^{**}$，p < 0.01，$\beta = -0.200^{**}$，** p < 0.01），分别支持

研究假设4a-2与假设4a-4；对工作偏离行为有显著正向影响（β=
-0.141*，**p<0.05），支持研究假设4a-6。

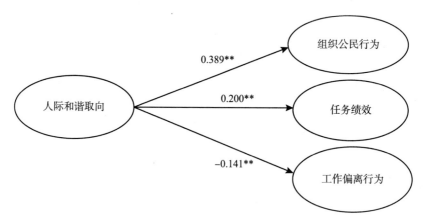

图4-3　人际和谐取向对工作绩效的影响（N=345）

注：$\chi^2/df = 3.239$；RMSEA = 0.081；AGFI = 0.937；GFI = 0.979；IFI = 0.976；CFI = 0.976；NFI = 0.966；NNFI = 0.949，*p<0.05，**p<0.01。

人际冲突与人际和谐在组织内是并存的，故有必要同时分析两者对
下属工作绩效的竞争影响，结果见图4-4。

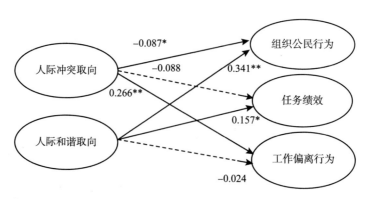

图4-4　人际冲突取向、人际和谐取向对工作绩效的竞争影响（N=345）

注：$\chi^2/df = 2.366$；RMSEA = 0.063；AGFI = 0.946；GFI = 0.983；IFI = 0.984；CFI = 0.983；NFI = 0.972；NNFI = 0.961；——▶代表回归系数显著；---▶代表回归系数不显著，*p<0.05，**p<0.01。

图4-4显示：在竞争模型中，人际冲突取向与人际和谐取向对组织公民行为均具有显著的影响，但在显著性水平上存在明显差异；人际冲突取向对任务绩效的负向影响不显著，但对人际和谐取向的正向影响显著；人际冲突取向对工作偏离行为有显著正向影响，但对人际和谐取向的负向影响不显著。理想的工作绩效标准是高程度组织公民行为、高水平任务绩效以及低频率工作偏离行为。综上所述，人际和谐取向比人际冲突取向对工作绩效的影响更具有优势作用。

4. 领导—成员交换质量在人际取向与下属工作绩效之间的中介作用分析

由于采用一对一配对调查，样本收集难度较大，样本容量偏小，适宜采用 Bootstrapping 法扩大样本容量进行中介作用检验。表4-2皮尔逊相关分析表明，自变量、中介变量与结果变量之间显著相关，满足中介作用检验的前提条件。在 Bootstrapping 程序中，将样本数设定为1000，置信区间水平设定为0.95。结构方程拟合结果见图4-5与图4-6：

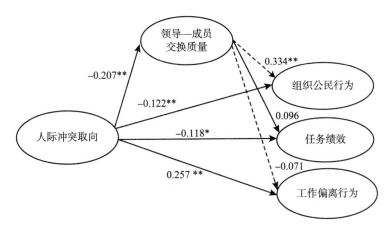

图4-5　领导—成员交换质量在人际冲突取向与工作
绩效之间的中介作用分析（N=345）

注：$\chi^2/df=2.400$；RMSEA=0.064；AGFI=0.946；GFI=0.983；IFI=0.982；CFI=0.982；NFI=0.970；NNFI=0.958；——▶代表回归系数显著；---▶代表回归系数不显著，* $p<0.05$，** $p<0.01$。

图 4 - 2 与图 4 - 5 对比分析发现：加入领导—成员交换质量后，人际冲突取向与组织公民行为、任务绩效及工作偏离行为之间的相关程度减弱，但仍然显著，说明领导—成员交换质量在上述关系之间起部分中介作用，支持研究假设 4a - 7、假设 4a - 9 与假设 4a - 11。

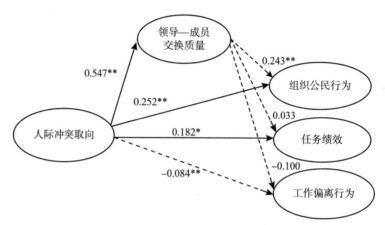

图 4 - 6　领导—成员交换质量在人际和谐取向与工作

绩效之间的中介作用分析（N = 345）

注：$\chi^2/df = 2.385$；RMSEA = 0.063；AGFI = 0.947；GFI = 0.983；IFI = 0.985；CFI = 0.984；NFI = 0.974；NNFI = 0.964；——代表回归系数显著；---▶代表回归系数不显著，* $p < 0.05$，** $p < 0.01$。

图 4 - 3 与图 4 - 6 对比分析发现：加入领导—成员交换质量后，人际和谐取向与组织公民行为、任务绩效的相关程度减弱，但仍然显著，说明领导—成员交换质量在上述关系中起部分中介作用；人际和谐取向与工作偏离行为的相关不再显著，领导—成员交换质量在上述关系中起完全中介作用。分别支持研究假设 4a - 8、假设 4a - 10 与假设 4a - 12。

4.1.5　结果讨论、管理启示与研究展望

1. 结果讨论与管理启示

实证研究发现，人际冲突取向对工作绩效具有消极影响，人际和谐

取向则具有积极影响。然而有意思的是，通过竞争模型对比分析两类人际取向对工作绩效的影响，人际冲突取向对任务绩效的影响变得不显著，说明人际冲突并非必然导致任务绩效的降低。原因在于根据冲突内容可以将人际冲突细分为"任务冲突"和"关系冲突"，前者聚焦于执行任务的内容、目标以及工作流程的意见分歧；后者聚焦团体成员之间存在情感上的不合（Wang，Jing & Klossek，2007）。大多数情况下任务冲突对任务绩效有积极的影响，而关系冲突有消极的影响，但任务冲突和关系冲突之间存在较强关联性，任务冲突可能导致外在表现形式的关系冲突，这使得人际冲突与任务绩效之间的关系变得纷繁复杂。竞争模型同时显示，人际和谐取向对工作偏离行为的影响变得不显著。说明发生人际冲突和矛盾时，在"隐忍"这一性格特征会驱使下员工产生"至少维持表面和谐"思想观念，但其实际上蕴含的纠葛和冲突，或是利益上的矛盾和不协调反而会致使员工可能通过迟到、早退、磨洋工等与组织敌对的行为以及不采纳同事合理化建议等人际导向的、相对隐蔽的抵制活动来获取心理的平衡，在这样一种表面和谐实则冲突的人际取向状态下，人际和谐与工作偏离行为之间呈现并非单一的关系。

　　另外，研究发现领导—成员交换质量在人际和谐取向、人际冲突取向与工作绩效（组织公民行为、任务绩效、工作偏离行为）之间起到中介作用。说明人际取向会影响领导在何种情景下，选择与下属建立何种水平社会交换，进而影响工作绩效。在和谐、亲密人际取向下，领导—成员彼此之间高度信任、支持互助、合作关爱，这有助于形成高质量领导—成员交换，促使下属愿意付出额外心力，从事一些直接或间接有利于组织与他人的行为，提升任务绩效；下属更不愿意因单方面消极、有损组织或他人的行为而遭受组织的报复、惩罚与孤立，因此会约束、克制自己的负向偏离行为。反之，矛盾与纠葛的人际取向造成领导—成员信任缺失，依据互惠原则，下属必然减少助人行为、以低水平绩效水平甚至是报复他人或组织的行为"回报"组织。由此可知，两类人际取向对工作绩效的影响不仅是一种人际影响过程，也是社会交换过程。这进一步加深了人们对人际取向、领导—成员交换质量与工作绩效之间的内在作用机理的理解。

管理启示在于：首先，组织内人际冲突无可避免，解决之道在于提倡"和"，这区别于西方学者提倡的冲突处理五种传统模式：竞争、协作、顺从、回避和折衷。早期的儒家与道家思想乃至近代空想社会主义思潮，无不彰显与崇尚"和谐"的价值追求。《论语.学而》曰"礼之用，和为贵，先王之道斯为美，小大由之"。《孟子.公孙丑下》曰"天时不如地利，地利不如人和。"表明中华文明蕴含着深厚"和谐"的文化传统。管理者应秉承以和解处理人际冲突、以沟通实现人际和谐的处理方式，实现"组织和谐"乃至"社会和谐"，实现组织与员工共赢。但这并非表明和谐与冲突是对立的两面，在管理实践中，无论是冲突取向还是和谐取向，其效果都很难做出绝对化的评价，都会有其边界和局限性，会因环境、处境、情境的不同而有变化，一概而论不做动态分析、情境分析恐怕是不够的，管理者千万不能搞成线性思维，看不到两面性是要避免的，应以权变管理策略进行冲突管理，充分意识到冲突未必带来坏的结果，而和谐未必导致好的结果，辩证地对待两者对工作绩效的影响。

其次，领导要与下属建立良好的社会交换，主动关心下属的生活，构建良好的工作氛围，促使员工自愿付出额外的努力作为对领导支持和信任的回报，从而有效地提高员工的组织公民行为；适时适当解决下属的工作问题与生活困难，认识到员工的发展潜力，对有发展潜力的下属给予充分的信任与授权，这有助于提升下属任务绩效。领导应努力构建充满互信、稳定、可靠的上下级关系以及员工—组织关系，员工与组织形成命运共同体，进而促使下属自觉减少有损组织形象或侵害他人利益的行为。

2. 研究局限与未来展望

本章存在以下不足：第一，采用横断研究，因而难以真正推断变量之间的因果关系，例如本章认为人际冲突取向导致下属表现出工作偏离行为，在现实情境下其反向影响过程同样成立，未来可以采用纵向研究设计来弥补。第二，本章从个体层面探讨影响下属工作绩效的作用机制，暂未考虑到组织层面的变量（如组织文化等）在这一过程中的作用，未来可以采用跨层次方法进行整合性的综合分析。第三，中介变量的测量由下属直接报告，作为领导与成员互动关系反映的领导—成员交换质量应由下属与直接主管分别进行报告，其感知可能存在差异，从而影响研究结论，未来应该从不同角度综合考虑。第四，本章的数据主要来源于西部地区数家企业，在代表性方面略显不足，故有必要在未来研究中扩大样本数量，在不同地域进行抽样，提高研究结论的可靠性与适用性。第五，本章单纯比较了冲突与和谐对工作绩效的差异影响，未来对中国文化对处理冲突的"和文化"，包括和解、和谈、和睦、协商、协调、调解、容忍、礼让等可以进一步加以研究，寻找解决冲突之道的"和谐之道"。以上不足，将在后续的研究中加以改进。

4.2　权变冲突管理策略分析[①]

4.2.1　前言

冲突普遍存在于人们的工作生活中，尤其是对于一个组织而言。有大量的研究证明冲突对组织绩效有重要影响，冲突管理越来越受到管理者的重视。从 20 世纪 60 年代开始，现代管理学者开始对组织冲突进行广泛深入的研究，在冲突过程、冲突类型、冲突动因、冲突效应以及冲突管理方式等方面都有了一定的研究成果。本章以冲突管理策略为研究点，深入分析影响冲突管理策略选择的主要因素，提出权变冲突管理策

---

① 张泽梅，陈维政. 权变冲突管理策略分析 [J]. 领导科学，2011 (23)：45 – 47.

略的思路及分析模型。

4.2.2　冲突的定义

不同的学者从不同的视角出发，给予冲突不同的定义。科塞（Coser，1956）认为，冲突是指对有关价值、地位、权利和资源的争夺，冲突双方要破坏甚至消灭对方。博尔丁（Boulding，1962）认为，冲突是当事人对双方的分歧、不相容的目标、难以协调的愿望的感知。也有学者（Pondy，1967）认为，冲突是一系列事件构成的动态过程，这些事件围绕前因条件、情感状况、个人认知情况、行为表现和行为后果这五个方面展开。平克利（Pinkley，1990）认为，冲突是意识到认知分歧并且作出行为决策的过程。库伯和普特曼（Kolb & Putman，1992）认为，冲突是在特定的组织环境下，当事双方感知到差异，并由此导致的负面情绪。托马斯（Thomas，1992）认为，冲突是当事人一方感受到对方损害了或者打算损害自己利益时所开始的一个过程。另外一些学者（Wall & Canister，1995）认为，冲突是一种过程，在这个过程中，一方感知自己的利益受到另一方的反对或者消极影响。

综合诸多学者关于冲突的定义，可以看出，冲突包含三个必要的因素：一是有两个或两个以上的冲突主体，二是冲突主体之间存在分歧，三是导致了一定的关系变化或者行为结果。按照冲突的规模和性质，学者们将冲突分为五个层次：一是自我冲突，二是人际冲突，三是群际冲突，四是组织之间的冲突，五是国家和民族之间的冲突。在对企业冲突管理的研究中，通常将前三个层次作为主要的研究对象。本书主要研究的是企业内部的组织冲突，体现在第二个和第三个层次。在国学学者（Thomas & Schemidt，1967）进行的一项调查研究中发现，企业中的每一位管理者大约会花费20%的时间用于处理企业里的各种冲突问题，因此，怎样合理地处理组织内部的冲突，是非常值得探讨的问题。

4.2.3 冲突的效应

关于冲突效应的研究经历了三个发展阶段，由传统观点发展到人际关系观点，再发展到相互作用观点。传统观点认为：冲突具有严重的破坏作用，会给企业业绩带来负面影响，应该消灭冲突。持该观点的代表人主要是早期的人际关系学派学者（Lewicki，1992；Deutsch，1969；Lewin，1987；Van De Vliert，1990）。其人际关系核心观点认为：冲突是组织内人际交往过程中发生的自然现象，是不可避免的，并且冲突存在对绩效产生积极影响的潜在可能性，所以应该接纳冲突。相互作用观点提醒人们要从正反两个方面来看待冲突，并开始注重对冲突的管理进行研究。① 科塞（Coser，1957）最早认识到冲突的正向作用，后来许多学者也作了大量的实证研究证明了这个观点。

综合诸多学者对冲突效应的分析，冲突的消极影响和积极影响主要表现在以下几个方面。在消极方面，冲突会引起组织成员的心理紧张、焦虑，导致人际关系的不和谐；减弱成员的工作动机，使组织成员在工作上不愿意相互配合，不愿意服从指挥；破坏组织的协调统一，削弱团队的凝聚力，降低组织绩效，有可能使得组织内部分崩离析，面临解体危险。在积极方面，冲突有利于成员更加清楚地认识自己的不足，并且可能在冲突过程中发现对方的吸引力，使冲突双方形成友善的学习关系，增强团队的凝聚力，实现共同发展；冲突也有利于刺激竞争，在合理竞争中促进创新的产生；冲突还有利于内部管理和控制，能使组织注意到以前没有暴露的问题，促进更多有利的政策或者方案的产生，调节组织内部的不平衡，推动组织变革，提高个人和组织的绩效，促进组织的发展。刘炜（2007）通过实证研究，证明现在人们已经普遍接受了冲突效应中的相互作用观点，同时证明在中国企业组织中，整合策略和顺

---

① 王琦等：《组织冲突研究回顾与展望》，载于《预测》2004 年第 3 期。

从策略是个体最常用的两种策略，在集体文化取向下，个体更倾向于采用整合型策略。邱益中（1998）总结出冲突管理的任务包括三个方面：一是防范破坏性冲突，二是利用冲突的建设性作用，三是保持适度的良性冲突。冲突管理的目标是要尽量发挥冲突的积极效应，抑制和防范冲突的消极效应，在这二者平衡的情况下，组织就能保持适度的良性冲突。因此，冲突管理策略成为研究有效管理冲突的必要内容。

4.2.4　组织内部冲突管理的一般策略

最初的冲突管理策略只有竞争性冲突策略和合作性冲突策略之分，布莱克和穆顿（Blake & Mouton，1964）引入了冲突管理方式的二维模型。他们将横坐标定义为"关心人"，纵坐标定义为"关心生产"，将冲突管理分为五种：问题解决、安抚、强迫、退避和分享。之后，托马斯（Thomas，1976）在此基础上做了修正，从本方利益导向和他方利益导向这两个维度提出了五种不同的冲突管理策略，即合作、妥协、对抗、退让、回避，具体如图 4 - 7。

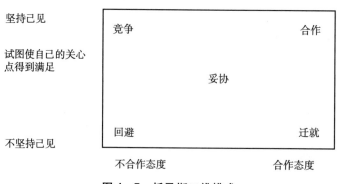

图 4 - 7　托马斯二维模式

后来有学者继续对冲突管理策略模型进行了研究，五个策略的基本含义几乎没有变化，只在横、纵坐标上发生了变化，本书总结如表 4 - 3 所示。

表 4 – 3　　　　　　　　　　冲突管理方式二维模型的总结

代表 学者	布莱克和穆顿 （Blake & Mouton，1964）	托马斯 （Thomas，1976）	伦威克 （Renwick，1975）	拉希姆 （Rahim，1983）	沃尔和卡利斯特 （Wall & Callister，1995）
横坐标	关心人 （Concern for People）	他方利益导向 （Attempting tosatisfy other's concerns）	关心人际关系 （Concern for Relationships）	关心他人 （Concern for others）	合作的 （Cooperative）
纵坐标	关心生产 （Concern for Production）	本方利益导向 （Attempting to satisfay own concern）	关心个人目标 （Concern for personal goals）	关心自己 （Concern for self）	自主的 （Assertive）

　　传统观点认为，合作策略是冲突双方对自己和他人的利益都高度关注的策略，不管是对于组织还是个人，合作策略都能使冲突双方的利益得到最大化，因而也将合作策略称为双赢策略。

　　对抗策略追求的是自身利益最大化，将对方的利益压制到最小化，形成本方单赢的模式。但是，伤敌一千，自损八百，对抗策略的结局被认为往往是损人不利己。

　　退让策略则是牺牲自己的利益，通过自己的让步使对方实现利益的最大化，形成了本方单败的模式。

　　妥协策略是居中策略，冲突的双方都做了一定让步，找到了相对满意的解决方案。关于妥协策略有两种观点：一种认为妥协是双赢策略；另一种则认为妥协是勉强能接受但不理想的策略。

　　回避策略则暂时将冲突搁置一边不进行处理，从短期来看，这一策略表面上有助于缓和冲突，但从长期来看，问题的积累和矛盾的激化最终可能导致双方利益受损，因此被认为是双败的策略。

　　总之，在传统观点看来，处理冲突的最佳策略是双赢的合作策略，其次是兼顾双方利益的妥协策略，而对抗策略、退让策略和回避策略都应避免。

然而，合作策略与妥协策略是否就是最有效的冲突管理策略？在此，本书提出与传统观点不同的看法，因为每一种冲突管理策略都有其自身的优缺点以及所适用的情境，根据权变管理的思想，在不同的情境下应该有不同的最佳冲突管理策略选择，即权变的冲突管理策略。例如，在我国改革开放初期，邓小平对"姓资、姓社"的问题采取了"不争论"的回避策略。再如，"卧薪尝胆""胯下之辱"等典故就是退让策略的典型范例。而毛泽东在原则问题上的"针锋相对""寸土必争、寸土不让"的态度则是对抗策略的最好阐释。但是，我们在不同情境下应该选择哪些相应的冲突策略呢？要回答这个问题，就需要对可能影响冲突管理策略选择的情境因素进行分析。

4.2.5　冲突管理策略的影响因素

权变的冲突管理策略就是要依据不同的情境选择不同的冲突管理策略，使得策略的选择有利于组织绩效和个人绩效的提升。在此，结合前人对冲突的研究，本书归纳出对选择冲突管理策略具有重要影响的因素，构成策略选择的情境，主要包括如下五个方面：冲突力量对比、冲突程度、冲突性质、冲突可控性、冲突紧迫性。

1. 冲突力量对比

冲突总是由两个或两个以上因素的不一致形成的，处理组织内部的冲突，首先就要清楚冲突主体的构成。组织内部的冲突主要包括上下级之间的冲突和同级员工之间的冲突。有学者对上下级之间的冲突进行研究，发现上级更倾向于使用对抗性的强迫策略，下级更倾向于使用妥协或者回避策略（Howat & London，1980）。该研究表明，如果冲突一方有明显优势，优势方较可能选择对抗策略，而弱势方则可能选择妥协、退让或回避的策略。如果冲突双方势均力敌，则双方都可能选择合作策略或妥协策略。

2. 冲突程度

沃尔顿（Walton，1969）最早提出了冲突与组织绩效呈倒"U"型关系的理论假设。杰恩（Jehn，1995）通过定量分析方法发现一定条件下组织冲突同绩效之间存在倒"U"形关系。这种关系可以描述如图 4 – 8 所示。

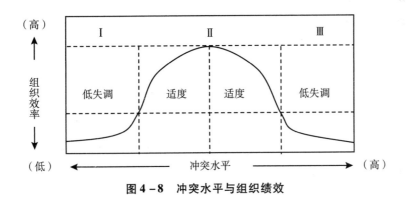

图 4 – 8　冲突水平与组织绩效

可见，组织内冲突程度过高和过低都不利于组织绩效的提高，应该保持适度冲突。从图 4 – 8 也可以看出，根据冲突程度的高低，可以将冲突区分为破坏性冲突和建设性冲突。过度冲突具有破坏性作用，而适度冲突则可能具有建设性作用。因此，应该根据具体情况选择不同的冲突管理方式，尽量消减破坏性冲突，增加建设性冲突。

在冲突不足的情况下，组织表现出一团和气，但可能出现僵化、反应迟钝，较少创新，不利于组织绩效的提高。此时，应该选择有助于刺激适当冲突的策略，提高组织内部的竞争性，激发创新，提高效率。

在冲突适度的情况下，组织在保持共同的目标下有思想交锋、竞争和创新，有利于适应环境变化不断发展，这是最佳的冲突状态，此时应该选择回避策略，保持这种冲突状态，维护组织成员的积极性和创造性。

在冲突过度的情况下，组织内部高度不合作，冲突剧烈，工作效率低，此时的状态是破坏性冲突，会严重阻碍组织的发展，此时冲突管理的主要任务是消减冲突，应该选择对抗策略，解决问题，消除冲突根源，增强团队意识，提高组织的协调性和工作效率。

3. 冲突性质

沃尔和诺兰（Wall & Nolan，1986）以及平克利（Pinkley，1990）按照冲突对象的不同，将冲突分为以任务为中心的任务冲突和以人为中心的关系冲突两类。任务冲突是由于组织成员对工作任务的观点和看法不一致而产生的冲突，是针对事的冲突；关系冲突是由于组织成员的价值观、个性等不一致而导致的紧张、愤怒情绪和对他人行为的敌对、抵触情绪，是针对人的冲突。大量学者研究了不同冲突类型对组织的作用效应。杰恩（1995）通过案例实证研究，发现任务冲突可以使组织成员从不同的角度来加深对问题的认识，从而有助于提高组织决策的质量；关系冲突给组织带来更多的不利影响，甚至会阻碍企业的正常运行。因此，处理任务冲突时应偏重于采取合作和妥协策略，处理关系冲突时则应偏重于采取对抗策略。

另外，冲突还可以根据其性质分为原则性冲突和非原则性冲突。原则性冲突是指影响组织核心利益的冲突，是在战略方向、目标等原则性问题上形成的冲突，对于原则性冲突，必须坚决采取对抗策略，才能坚持正确的方向。而对于无关大局的非原则性冲突，则有时可以采取回避策略、妥协策略或退让策略。

4. 冲突可控性

冲突可控性是冲突能够被掌控的程度。当冲突发生时，可能会因为冲突完全超出了人的预期、冲突关系错综复杂、冲突动因不明显等原因，导致冲突的可控性低，一时无法找到合适的解决方式，此时则可以采取回避或者退让的解决方式，等到对冲突有一个比较理性的认知以后再采取具体的策略解决冲突。如果对冲突的动因、影响、结果等都能进行比较清楚的分析，则冲突的可控性比较高，此时可以考虑影响冲突管理策略选择的其他因素，选择恰当的冲突管理策略。

5. 冲突紧迫性

冲突紧迫性也是影响冲突管理策略选择的重要因素。当冲突紧迫性高时，发生的冲突迫切需要得到解决，没有足够的时间去考虑冲突双方的利益，也没有足够的时间进行谈判协商，此时采取合作或者妥协的策略会比较困难，因而应选择对抗或者退让的策略。当冲突的迫切性较低时，时间比较充足，则可以考虑选择合作和妥协的策略。

4.2.6　权变冲突管理策略模型

根据前面分析，冲突力量对比、冲突程度、冲突性质、冲突可控性、冲突紧迫性是影响冲突管理策略选择的五大因素，冲突管理策略的选择影响冲突效应的发挥，最终将影响个人绩效和组织绩效，因此，可以构建权变冲突管理策略模型，如图 4 - 9 所示。

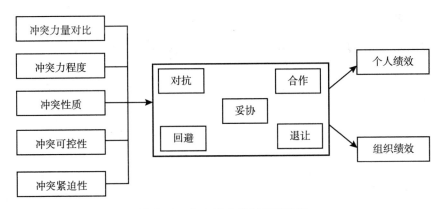

图 4 - 9　权变冲突管理策略模型

冲突管理的目的是要尽量发挥冲突的积极效应，抑制和防范冲突的消极效应。当选择了适当的冲突管理策略时，冲突的积极效应得到最大的发挥，有助于提高个人绩效，最终提高组织绩效。当选择的策略不恰当时，冲突的消极效应占主导，则会对个人绩效和组织绩效都产生相当大的负面影响。权变的冲突管理策略对传统的冲突管理策略观点提出了质疑。冲突力量对比、冲突程度、冲突性质、冲突可控性、冲突紧迫性等五个因素，构成了影响冲突管理策略选择的情境，在不同的情境下，应该选择不同的冲突管理策略。只有与相应的情境相匹配的策略，才是最佳的冲突管理策略。

4.3 交易型领导、变革型领导与组织氛围关系的比较研究①

4.3.1 引言

领导类型的有很多种划分，其中广为接受的分类是交易型领导、变革型领导、家长式领导和服务型领导。不同的领导风格会引导员工选择不同的冲突处理方式。在各类领导风格中，最具代表性的领导风格当属交易型领导与变革型领导，从已有的研究来看，学者们尽管没有明确提出，但是在其研究中暗含着"交易型领导是消极的领导方式，而变革型领导是积极的领导方式"的理论，本章认为无论是交易型领导还是变革型领导都能产生积极的领导效应，故本章分析了这两种领导方式与冲突管理策略之间的内在关系，并且认为员工惯用的冲突处理方式，对组织氛围的形成有很重要的作用。

4.3.2 交易型领导和变革型领导

巴斯（Bass，1985）提出交易型领导理论，其主要内容是领导者在

---

① 张泽梅，陈维政. 交易型领导、变革型领导与组织氛围关系的比较研究［J］. 经济导刊，2011，11：85-86.

实施一定激励措施的基础上通过及时的物质或精神激励来影响组织成员的行为。交易型领导行为主要体现在 3 个方面：即权变性的奖励、积极的例外管理、消极的例外管理。巴斯认为，变革型领导是让员工认识到工作任务的内在价值，激发下属的高层次需要，在领导和下属之间建立互相信任的氛围，促使下属能够为了组织的利益牺牲自己的利益，并达到超过原来期望的结果。李超平和时勘（2005）结合中国情境，提出了变革型领导行为四维度模型：德行垂范、领导魅力、愿景激励以及个性化关怀。大量研究表明，变革型领导能增强交易型领导的有效性，但并不意味着变革型领能取代交易型领导。巴斯（1985）指出，一个领导者可以同时具备变革型领导和交易型领导的特点，不同的情境下可以选择使用不同的领导方式。权变理论学派认为，不同领导行为都有其发挥作用的特定情境。还有学者将领导风格与双因素理论结合，交易型领导对应保健因素，变革型领导对应激励因素，认为交易型领导是变革型领导的前提，二者不能相互替代。

4.3.3　组织氛围的相关研究与冲突管理策略

勒温（Lewin，1939）最早开始从事"组织氛围"的研究。塔吉里（Tagiuri，1968）认为，组织氛围是组织内部环境相对持久的特性，是一系列可测量的工作环境属性之集合；组织中的成员对良好组织氛围的感受会引起满意度、生产率的增加和员工离职率的降低。斯特朗（Stringe，2002）开发了组织氛围的 6 个维度，分别是：结构、标准、责任、认知度、支持、承诺。王端旭和洪雁（2011）总结出组织氛围可分为两种性质：支持性组织氛围和控制性组织氛围。支持性组织氛围强调协作与自主；控制性组织氛围强调控制与监督。研究表明，控制性组织氛围很容易导致员工创造力下降，而支持性组织氛围利于刺激员工创新。同时，组织氛围对组织绩效也具有直接的影响作用。组织氛围的形成受到领导风格影响，在不同领导风格下，组织内部员工惯用的冲突管理策略不一致，导致组织氛围类型的不一致。

冲突虽然破坏组织的协调统一，降低组织绩效，但也有利于刺激竞争和创新的产生，提高个人和组织的绩效。处理冲突时要选择适当的冲突管理策略，发挥冲突的积极方面效应，抑制冲突的消极方面效应。最初的冲突管理策略只有竞争性冲突策略和合作性冲突策略之分，托马斯（Thomas，1976）从本方利益导向和他方利益导向这两个维度提出了五种不同的冲突管理策略，分别是：合作（collaboration）、妥协（compromise）、竞争（competition）、退让（accommodation）、回避（avoiding）。冲突管理策略受到诸多因素影响，如冲突力量对比、冲突程度、冲突性质、冲突可控性、冲突紧迫性等。领导者的领导风格也是重要的影响因素之一。本书将以冲突管理为基点，对变革型领导、交易型领导的各维度与组织氛围的关系进行比较分析，以期为研究领导和冲突理论提供新的启示。

4.3.4　交易型领导与员工冲突管理策略分析

交易型领导主要体现在领导与下属之间的交换关系上，交易型领导有3个主要行为因素：权变性的奖励、积极的例外管理、消极的例外管理。这3个因素对冲突管理的影响不尽相同，下面将做具体的分析。

首先，权变性的奖励与员工冲突管理策略。权变性的奖励是领导者事先告知下属需要完成的工作任务以及奖惩制度。领导者通过满足员工短期需求来激励员工；员工把完成工作作为获取报酬的条件，对工作本身并没有投入感情。此时，如果组织内的冲突影响到员工的工作完成情况，员工会倾向于采取竞争的策略，以确保自己能按时完成任务。如果冲突对员工工作的完成影响不大，则员工更愿意采用回避或退让的策略，避免花费过多的时间处理冲突。对于内部工作联系密切，冲突发生频繁的组织来讲，则很容易形成了内部恶性竞争氛围。

其次，积极的例外管理与员工冲突管理策略。积极的例外管理是领导者主动为员工提供资源、寻找路径、指正失误和偏差，帮助员工完成任务的行为。领导者注重给予员工正向的指导，能够增强员工对工作的认同感和完成任务的信心，提升了员工对领导的信任。此时，员工面临冲突时会倾向于从领导角度看问题，采用合作和妥协的策略，有利于员工内部良好学习氛围的形成。

最后，消极的例外管理与员工冲突管理策略。消极的例外管理是只有当下属的工作出现了重大失误的时候，领导者才会进行干涉，并实施惩罚措施，修正工作行为，维持已有的绩效标准。领导者充当的是监督者的角色。员工则过于谨慎，自我保护意识会增强，对冲突会比较敏感，并且倾向于采用竞争策略，竭力维护自己的利益。

4.3.5　变革型领导的员工冲突管理策略分析

变革型领导从员工的心理需求出发，帮助员工提高需求层次，增强员工的使命感，使得员工自愿为实现组织目标而努力奋斗。变革型领导有领导魅力、个性化关怀、愿景激励、德行垂范4个维度，它们对员工选择冲突管理策略的倾向有不同的影响，以下做具体分析。

首先，领导魅力与员工冲突管理策略。领导魅力是指领导者能够产生巨大的具体象征意义力量的能力，下属认同这种能力，并常对领导产生一种强烈的感情依附。在领导魅力的影响下，员工把领导当作一种信仰，对领导委派的任务都坚定不移地执行，在工作中充满了激情。当员工面临冲突的时候，基于员工对领导者的一种认同和维护，员工更倾向于选择竞争策略解决冲突。

其次，个性化关怀与员工冲突管理策略。个性化关怀是领导者经由授权下属以激发并创造其学习经验，尊重下属的人性化管理，有利于增强员工对组织的归属感，增进组织认同。同时，由于领导者重视对员工的指导，员工也注意在工作中提升自己的能力。另外，领导者对员工的关怀往往也会对员工形成模范效应，使员工学会换位思考。员工在面临冲突时，会努力减少不必要的冲突，合作、妥协、回避策略会成为他们的首选。

再其次，愿景激励与员工冲突管理策略。愿景激励是领导者提供能够得到员工认同的未来蓝图，并设定实现的途径，激发员工工作的责任感和使命感。在愿景激励作用下，员工对组织具有很强的归属感，完全把自己当作企业人，在面临冲突时员工会首先从组织的整体利益去考虑问题，比较理性地分析冲突的利弊，并且会倾向于选择合作策略。

最后，德行垂范与员工冲突管理策略。德行垂范是领导者廉洁奉公，以组织利益为首，公平公正对待员工，与员工同甘共苦，给员工提供一个学习榜样。德行垂范是结合中国文化提出的一个维度。德行垂范的领导者能够使员工信服，员工对于工作任务的认同感比较强。在德行垂范的领导下，员工受到领导者的行为影响比较大，以集体利益为重，尽量选择合作妥协的方式处理冲突。通过分析可知，在交易型领导下，员工受权变性的奖励和消极例外管理影响下，都倾向于选择竞争策略处理冲突，受积极例外管理影响则会更多考虑采用合作、妥协策略；在变革型领导下，员工受领导魅力影响会倾向于选择竞争策略处理冲突，在其他维度则更倾向于采用合作、妥协策略。可以看出，交易型领导强调管理与监督机制的建立，容易刺激的员工恶性竞争，组织内部很容易形成控制性组织氛围；变革型领导则更能促进员工共同合作、互相学习，更利于组织内部形成支持性组织氛围。

第 5 章

中国情景下领导成员互动关系的
影响效应研究

5.1 领导—下属交换关系感知匹配组合对管理者
行为方式感知的影响研究

5.1.1 前言

管理者的行为具有"复杂"性，其行为表现具有两面性或甚至多面性，同一管理者在不同情境下对同一下属既可能表现出积极的支持行为，也可能表现出消极的滥权行为，因此下属会同时感知到管理者的上述两种行为方式。下属对管理者的支持行为以及作为其对立面的滥权行为感知已成为近年来的研究热点，并取得了颇为丰富的研究成果。但是迄今为止，其研究主要是从管理者的积极支持行为感知或者消极滥权行为感知单一层面展开研究，主要关注支持行为或者是滥权行为感知的影响后果，缺乏对领导不同行为方式的原因分析。一个值得理论界深思的问题是：是什么情景因素导致下属对管理者的行为方式感知存有差异？

上下级之间的关系亲疏远近可能是影响管理者行为方式感知的重要情景因素。中国历来都有重视人际关系的传统，其文化价值观是以"群体导向性"的集体主义，血缘宗亲家族中心论的思想传统决定国人重视人际关系，注重人与人之间相互的责任义务以及"大我"概念的培养，强调在互惠的基础上彼此互信（Kwang-Kuo Hwang，2012）。在这种互动交换活动中，领导与下属基于不同的立场，可能形成不同的领导—下属交换（leader-member exchange）感知。已有研究表明：领导的领导—成员交换关系感知与下属的领导—成员交换关系感知之间的相关性不显著，不同视角的领导—下属交换关系感知并不一致（Gerstner & Day，1997）。因此，部分研究者主张进行领导—下属交换感知匹配类型研究，周妮娜（2010）探讨了领导—下属交换感知匹配类型对员工工作表现的影响；陈同扬、谭亮和曹国年（2013）从组织支持视角分析了领导—下属交换关系感知匹配的形成机制。但关于领导—下属交换感知组合如何影响下属对管理者行为方式的感知？目前，现有文献少有涉及。为此，本章旨在解决的核心问题是：通过克服由员工单向报告领导成员交换关系感知的不足，立足领导—下属双向视角，采用双盲配对的量表交叉测评法检验在不同领导—下属交换感知组合类型对管理者行为方式感知的影响作用，为提升下属对管理者的积极行为感知以及改善领导—下属交换关系提供理论指导。

5.1.2　相关文献综述与研究假设

1. 领导—下属交换与领导—下属交换感知组合

领导—下属交换理论认为，管理者对待下属并非一视同仁，而是与之建立亲疏各异的交换关系。管理者与圈内下属建立一种基于信任与义务的高质量交换关系，与圈外下属保持一种基于工作和契约的低质量交换关系。学术界主要从员工视角衡量领导—下属交换关系，但是越来多越多的研究表明，采用单向视角的研究并不能真实地反映领导—下属之间的交换关系，上下级对交换关系存有认知上的差异与区别。国外学者（Cogliser，Schriesheim & Scandura et al.，2009）最早从双向视角对领导下属交换关系展开研究，他们认为管理者感知到的交换关系（leader perceived 领导成员交换关系，简称 L - 领导成员交换关系）和下属感知到的交换关系（member perceived 领导成员交换关系，简称 M - 领导成员交换关系）会形成四种感知组合，具体如图 5 - 1 所示：

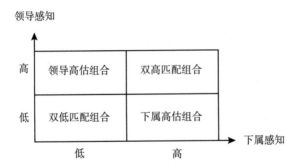

图 5 - 1　双向视角领导—下属交换关系感知匹配组合

　　如图 5 - 1 所示：在双高匹配组合与双低匹配组合中，领导和下属双方对领导成员交换关系关系质量的感知趋于一致，而在另外两种组合中，双方的感知存在明显的差异。

　　（1）双高匹配组合领导—下属交换关系

　　管理者与下属一致达成相互信任与尊重的合作共赢关系。管理者愿意为下属提供更多的自主与支持，下属能清晰地察觉到来自管理者的关怀与信任，并以承担更大的义务回报这种信任与尊重，由此双方建立高质量的社会交换质量。

　　（2）领导高估组合领导—下属交换关系

　　管理者对交换质量的感知水平较大，而下属对交换质量的感知水平较低。管理者自认将下属视为圈内人，积极主动为下属提供额外的信任与帮助，但下属似乎并不认可，还可能消极地理解甚至是曲解管理者所传达的信息。

（3）双低匹配组合领导—下属交换关系

管理者与下属均认为其社会交换是一种低质量的交易性或经济性的关系。管理者与下属之间缺乏深入互动与了解，管理者不会主动关怀与支持下属工作之外的事宜，同样也难以期许下属承担工作之外的责任与义务。

（4）下属高估组合领导—下属交换关系

下属认为与管理者的交换是高质量的，但管理者认为并非如此。下属自信与管理者之间相互尊重与认可，并付出角色外的努力与行为进行维护，但管理者并没有为下属付出额外的帮助与支持，反而将其视为一种单纯的经济契约关系。

2. 管理者的支持行为与滥权行为

支持行为与滥权行为是管理者正反两面的典型行为（凌文辁、柳士顺和谢衡晓等，2012）。其中支持行为是指管理者友好地对待下属，尊重下属、关心下属的情感与需要（Rafferty & Griffin，2006）。支持性领导行为具体表现为：一是真诚的关心下属及其生活；二是承认下属对企业做出的贡献；三是为下属的工作提供指导与帮助；四是向下属表明值得信赖；五是支持下属的职业发展并乐于维护其利益；六是与下属坦诚地沟通，并提供信息；七是公平、公正、合理地评价下属；八是鼓励下属自主决策。

与之相反，滥权行为是指管理者对下属持续表现出怀有敌意的言语和非言语行为，但不包括身体接触（Tepper，2000）。特珀、杜菲与霍布勒等（Tepper，Duffy & Hoobler et al.，2004）推测，在美国有10% ~16%员工遭遇管理者不同程度的滥权管理，由此给组织带来消极影响。管理者的滥权行为在西方相关文献中具体是指对下属的嘲笑、公开批评、大声训斥、发脾气、粗鲁无礼、漠不关心、强制要求、使用藐视性语言等，主要指管理者滥用职权的管理行为。

3. 研究假设

（1）领导—下属交换感知组合对管理者支持行为感知的影响

高质量领导—下属交换的突出特点表现在管理者对下属的广泛支持与关心。管理者支持下属工作、与员工坦诚沟通、鼓励自主决策、为工作提供指导和帮助等；同时支持人际交往，关心、尊重、重视员工的利益，承认员工为企业所做贡献等（Rooney & Gottlieb，2007）。在高质量融洽的双高组合领导—下属交换关系中，管理者与下属之间建立超越工作界限的互助互信的对等交换关系，管理者与下属都能感受到对方的付出与真诚，并能建立良好的互惠互利循环反馈（周妮娜，2010），因此下属更倾向于对管理者行为方式进行积极归因，认为管理者主要采取的是支持行为。对于低质量均衡的双低组合领导—下属交换关系，管理者可能倾向于认为下属是不可靠的，自觉或不自觉地减少给予下属的支持与帮助，故下属对管理者的支持行为表现感知也就越低。在员工高估组合领导—下属交换中，下属单方面认定自己作为管理者的圈内人，受到管理者的青睐，认为其给予自己更多的帮助与信任，能获取更多的资源，即使管理者并非如此认定，在下属尚未做出认知调整之前，仍能对管理者报以积极的期望，故对管理者支持行为感受相对较多；对于领导高估组合，管理者虽然自诩将给予下属更多的支持与关爱，但是员工并不买账，认为管理者心存私心，并非将自己划分为圈内人，因此对管理者的支持行为感知并不深刻。根据以上分析，提出如下的研究假设：

研究假设 5a - 1：领导—下属交换感知组合对管理者支持行为感知产生显著影响，不同领导下属交换匹配类型下的下属对感知到管理者支持行为水平存在显著差异。具体而言：

研究假设 5a - 1（a）：在双高匹配组合领导—下属交换关系中，下属感知到管理者支持行为水平最高；

研究假设 5a - 1（b）：在下属高估组合领导—下属交换关系中，下属感知到管理者支持行为水平较高；

研究假设 5a - 1（c）：在领导高估组合领导—下属交换关系中，下

属感知到管理者支持行为水平较低;

研究假设 5a-1(d):在双低匹配组合领导—下属交换关系中,下属感知到管理者支持行为水平最低。

(2)领导—下属交换组合对管理者滥权行为感知的影响

马汀柯、西科拉和哈维(Martinko,Sikora & Harvey,2012)认为下属感知到的管理者滥权行为受到下属自尊、个性等稳定因素的影响,同时也受制于领导成员交换质量等情景因素的影响。双高匹配组合型领导—下属交换活动是一种稳定的、持续的积极互惠关系,双方心理距离感知小,都付出了大量的努力与心力,作为管理者会极大地约束自身滥权管理行为对下属的消极影响,因此下属很少知觉到管理者的滥权行为。反之在双低匹配组合领导—下属交换关系中,领导者主要关注下属的工作成效,为了促进达成令人满意的工作绩效,可能常采用"威权式""家长式"领导行为,较多地表现出集权、专断、强制、粗暴等官僚主义作风,由此导致下属将管理者的行为主要归于滥权管理。在员工高估组合中,员工对来自管理者的滥权行为更倾向于宽容与包容,并对此进行积极归因,这些内在的推理与认知过程将会削减下属对滥权行为的感知;对于领导高估组合,管理者虽然片面认为自己很少对下属实施滥权行为,但是由于信息传达方式的选择不当,或者由于下属对管理者的偏见与误解,可能导致下属高估管理者的滥权行为发生频率。根据以上分析,提出如下的研究假设:

研究假设 5a-2:领导—下属交换匹配类型对管理者滥权行为感知产生显著影响,不同领导下属交换匹配类型下的下属对感知到管理者滥权行为水平存在显著差异。具体而言:

研究假设 5a-2(a):在双高匹配组合领导—下属交换关系中,下属感知到管理者滥权行为水平最低;

研究假设 5a-2(b):在下属高估组合领导—下属交换关系中,下属感知到管理者滥权行为水平较低;

研究假设 5a-2(c):在领导高估组合领导—下属交换关系中,下属感知到管理者滥权行为水平较高；

　　研究假设 5a - 2（d）：在双低匹配组合领导—下属交换关系中，下属感知到管理者滥权行为水平最高。

　　根据领导与下属分别评估领导—下属交换关系，以及上述理论分析与研究假设，研究变量关系如图 5 - 2 所示：

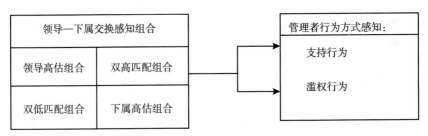

图 5 - 2　研究变量关系

5.1.3　研究方法

1. 研究对象与程序

　　为避免共同方法偏差问题对研究结果的影响，采用一对一配对问卷调查。通过在 MBA 和人力资源管理培训班调查、企业实地调查、委托发放三种方式收集问卷，将事先配对编码的一套问卷发给调查对象，请他们完成主管调查问卷，并将员工问卷交由相应的下属，各自独立评价后分别密封回邮给调查小组。回收问卷后，根据编码确定配对调查问卷，剔除未成功配对问卷与废卷。

2. 样本概况

　　总计发放 768 套配对调查问卷，回收 412 套，剔除 32 份无效废卷，获得 380 套有效问卷，有效回收率为 49.48%。380 套有效问卷中，225套来自 MBA 和人力资源管理培训班调查，112 套来自企业实地调查，43套来自委托代发，分别占总有效配对调查样本的 59.21%，29.47% 与11.32%。

人口统计学变量中，性别、年龄、学历、职务层次等由直接主管与员工分别报告，公司性质、行业类别由直接主管报告，主管样本以男性居多（64.47%），平均年龄为 36.38 岁，平均司龄为 9.48 年；学历层次以大专（30.53%）与本科（45.79%）为主（高中或中专 13.42%，硕士及以上 10.26%）；职务层级以基层主管（31.32%）与中层主管（56.58%）为主（高层 12.10%）。员工样本以男性员工居多（55.3%），平均年龄为 30.89 岁，平均司龄为 5.98 年；学历层次以大专（35.26%）与本科（37.63%）为主（高中或中专 23.16%，硕士及以上 3.95%）；职务层级以普通员工（54.21%）为主（基层 29.21%，中层 14.47%，高层 2.11%）。公司性质分布以民营/民营控股公司（44.47%）为主（国有或国有控股公司 39.21%，外资或外资控股公司 16.32%）；行业类别分布以服务业（33.25%）为主（IT/通信/高新技术行业 31.58%，传统制造业/建筑业/房地产 19.04%，其他 16.13%）。

3. 研究工具与测量

领导成员交换关系。员工评估直接采用国外学者（Graen & Uhlbien，1995）发展的 7 个题项的单维度量表，量表包含"直接主管充分了解我在工作上的难题与个人需要"等题项。主管评估对原表达方式进行微调整，包括"我充分了解他/她在工作上的难题与个人需要"等题项。

领导—下属交换关系感知组合。参考国外学者（Tsui, Egan & O'Reilly，1991；Cogliser, Schriesheim & Scandura et al.，2009）的分类方法，将分别测量管理者和下属的领导—成员交换关系得分值以中位数为界限划分为两半。两者均大于中位数的配对样本视为"双高匹配组合"；得分均小于或等于中位数的配对样本视为"双低匹配组合"；管理者评估分数大于中位数、且下属评估分数小于中位数的配对样本称为"领导高估组合"；管理者评估分数小于、等于中位数、且下属评估分数大于中位数的配对样本称为"员工高估组合"。由此，形成四种领导—下属交换感知组合：双高匹配组合（110 套，28.90%），双低匹配组合（111 套，29.20%），领导高估组合（83 套，21.80%）与下属高估组合（76 套，20.00%）。

管理者的支持行为感知。采用奥尔德姆和卡明斯（Oldham & Cummings，1996）发展的单维度量表。包括"我的直接上级帮助我解决与工作相关的问题"等 8 道题项。由员工根据实际情况报告。

管理者的滥权行为感知。采用米切尔和安布罗斯（Mitchell & Ambrose，2007）在特铂 Tepper（2000）调查问卷基础上，发展的短型单维度量表，包含"我的直接上司常常说下属的想法和感受是愚蠢"等 5 道题项。由员工根据实际情况报告。

控制变量。将组织公平感作为本章研究的控制变量。既往文献表明领导感知的组织公平感是导致其采取不同行为方式的重要因素。当领导感觉到组织强烈的不公时，极容易产生愤怒、怨恨情绪，依据"转嫁式侵犯"理论，倾向会采用滥权行为将消极情绪转嫁给下属（Tepper & Taylor，2003；Aryee，Chen，Sun & Debrah，2007）。采用樊景立，波达科夫和奥根（Farh，Podsakoff & Organ1990）开发的组织公平感量表，包含程序公平感与分配公平感两个维度。本部分测量题项由主管报告。

5.1.4　研究结果

1. 研究变量的信效度检验

采用 Cronbach's α 系数衡量量表的一致性信度，见表 5 - 2 对角线括号数值；验证性因子分析检验量表的结构效度，见表 5 - 1。

表 5 - 1　　　　　　　　测量工具的信效度检验（N = 380）

量表名称	χ^2/df	RMSEA	AGFI	GFI	IFI	CFI	NFI	NNFI
领导成员交换关系—下属	2.273	0.058	0.951	0.977	0.984	0.984	0.972	0.974
领导成员交换关系—主管	3.205	0.076	0.936	0.982	0.978	0.978	0.969	0.943

续表

量表名称	χ^2/df	RMSEA	AGFI	GFI	IFI	CFI	NFI	NNFI
组织公平感	2.212	0.057	0.932	0.962	0.979	0.979	0.962	0.968
管理者支持行为感知	2.443	0.062	0.947	0.979	0.987	0.987	0.978	0.975
管理者滥权行为感知	1.539	0.038	0.977	0.995	0.999	0.999	0.997	0.997

结果表明：Cronbach's α 值均高于或接近 0.80 的判断标准，说明所选用的量表均具有较好的内部一致性信度；验证性因子分析结果的 $\chi2/df$ 值均小于 5，RMSEA 值均小于 0.08，其余各指标值（AGFI，GFI，IFI，CFI，NFI 和 NNFI）均在 0.90 的判断标准之上，说明所选用的量表均具有良好的结构效度（吴明隆，2010）。

2. 研究变量的相关分析

研究变量的均值、标准差与相关系数见表 5 - 2。

表 5 - 2　　　　　　　均值、标准差与相关系数（N = 380）

领导—成员交换关系——下属	3.544	0.693	(0.839)				
领导—成员交换关系——主管	3.606	0.614	0.173**	(0.798)			
组织公平感	3.360	0.724	0.082	0.237**	(0.897)		
管理者支持行为感知	3.766	0.806	0.601**	0.214**	0.151**	(0.878)	
管理者滥权行为感知	1.369	0.713	-0.314**	-0.126*	-0.063	-0.453**	(0.934)

注：*$p < 0.05$，**$p < 0.01$，下同；括号中为 Cronbach's α 值。

结果表明：下属与主管的领导成员交换关系感知的相关系数较低（$r = 0.173^{**}$，$p < 0.01$）。另外无论是下属感知的领导成员交换关系还是主管感知的领导成员交换关系与管理者支持行为、滥权行为感知之间均存在显著相关。初步支持本章的研究假设。

3. 领导—下属交换关系感知组合对管理者行为方式感知的影响

采用通过一元方差分析（ANOVA）以及多元方差分析（MULITIVA-RIATE）进行在管理者行为方式感知在领导—下属交换匹配类型上的差异分析，前者未包括控制变量，后者包括控制变量。结果如表 5 - 3 所示：

表 5 - 3　　领导—下属交换感知组合对管理者行为方式感知的影响（N = 380）

管理者行为方式感知	领导—下属交换感知组合				领导—下属交换	ANOVA		MANOVA	
	双高匹配组合	员工高估组合	双低匹配组合	领导高估组合		F 值	P 值	F 值	P 值
支持行为									
均值（M）	4.217	4.028	3.292	3.563	3.766	36.797**	0.000	34.431**	0.000
标准差（SD）	0.6167	0.808	0.8052	0.5921	0.806				
滥权行为									
均值（M）	1.104	1.190	1.628	1.537	1.369	14.494**	0.000	13.987**	0.000
标准差（SD）	0.5721	0.6879	0.7146	0.7432	0.7128				

表 5 - 3 表明：无论是否考虑组织公平感对结果变量的影响，管理者支持行为感知在不同领导—下属交换感知组合上均存在显著差异（ANOVA F 值 = 36.797**；MANOVA F 值 = 34.431**）；同时管理者滥权行为感知在不同领导下属交换感知组合下亦存在显著差异（ANOVA F 值 = 14.494**；MANOVA F 值 = 13.987**），即在不同领导下属交换感知组合情景下，下属感知到的管理者支持、滥权行为水平存在差异。采用多重比较比较这种差异是否具有显著性，结果如表 5 - 4。

如表 5 - 4 所示：管理者支持行为感知在双高匹配组合与员工高估组合之间不存在显著差异，而在其余各感知组合的两两比较之间存在显著差异。管理者滥权行为感知在双高匹配组合与员工高估组合之间、双低匹配组合与领导高估组合之间不存在显著差异，而在其余各感知组合的两两比较之间存在显著差异。

表 5 - 4　　　　　　管理者行为方式感知在领导—下属交换感知

组合上的多重比较结果（LSD）

因变量	（I）领导成员交换关系感知组合	（J）领导成员交换关系感知组合	均值（I－J）	标准误	显著性
管理者支持行为感知	双高匹配组合	员工高估组合	0.189	0.106	0.076
	双高匹配组合	双低匹配组合	0.925**	0.096	0.000
	双高匹配组合	领导高估组合	0.654**	0.103	0.000
	员工高估组合	双低匹配组合	0.736**	0.106	0.000
	员工高估组合	领导高估组合	0.465**	0.113	0.000
	双低匹配组合	领导高估组合	-0.271**	0.103	0.009
管理者滥权行为感知	双高匹配组合	员工高估组合	-0.086	0.101	0.396
	双高匹配组合	双低匹配组合	-0.524**	0.091	0.000
	双高匹配组合	领导高估组合	-0.433**	0.099	0.000
	员工高估组合	双低匹配组合	-0.438**	0.101	0.000
	员工高估组合	领导高估组合	-0.347**	0.108	0.001
	双低匹配组合	领导高估组合	0.091	0.098	0.355

5.1.5　结果讨论、研究启示与展望

1. 结果讨论

实证研究发现，下属与主管的领导—成员交换关系感知的相关系数较低（$r = 0.173**$，$**p < 0.01$），一方面说明对于领导—成员交换关系感知确实存在较大的差异；另一方面说明现有关于领导—下属交换关系研究仅从单一视角展开存在一定的局限性，可能有失偏颇。领导—下属交换关系作为领导—下属双向互动活动质量的反映指标，应兼顾双向的研究视角，领导与下属由于个性特征、成长背景、工作经历乃至认知风格等原因均有造成对领导—下属交换关系质量感知存在差异，这种差异亦会导致不同的影响后果（任孝鹏和王辉，2005；吴继红和陈维政，2010）。

从描述性统计来看，下属感知到的管理者支持行为平均分数 M = 3.766，高于中位数（Median = 3）分界线。这说明在管理实践中，管理者在对待下属时，主要采取的是正面的、积极的支持式行为。下属感知到的管理者滥权行为平均分数 M = 1.369，低于中位数（Median = 3）分界线，反映了绝大部分管理者能够严以律己，克制自己滥权行为以及由此给下属造成的伤害，但同时也说明了滥权行为确实存在，仍然存在较大的改进空间，应给予充分的重视，切不可放任自流，应该未雨绸缪，做好事前的干预，防止管理者的滥权。

一元以及多元方差分析检验结果表明，领导—下属交换感知组合显著影响对管理者行为方式感知。员工感知管理者支持行为由高到低排序为：双高匹配组合（M = 4.217）＞员工高估组合（M = 4.028）＞领导高估组合（M = 3.563）＞双低匹配组合（M = 3.292）。在双高匹配组合与员工高估组合的情景下，下属感知到管理者的支持行为高于平均水平（M = 3.766）；而在领导高估组合与双低匹配组合的情景下，下属感知到的管理者支持行为低于平均水平。显示双高匹配组合与员工高估组合对管理者支持行为感知具有积极影响，领导高估组合与双低匹配组合则具有消极的影响。另外，员工感知管理者滥权行为由高到低排序为：双低匹配组合（M = 1.628）＞领导高估组合（M = 1.537）＞员工高估组合（M = 1.190）＞双高匹配组合（M = 1.104）。在双高匹配组合与员工高估组合的情景下，下属感知到管理者的滥权行为低于平均水平（M = 1.369）；而在领导高估组合与双低匹配组合的情景下，下属感知到的管理者的滥权行为高于平均水平。说明双高匹配组合与员工高估组合对管理者的滥权行为感知具有积极的抑制作用，领导高估组合与双低匹配组合则可能成为诱发情景因素。

2. 管理启示

本章证实了领导—下属交换感知组合对管理者行为方式感知存在显著的影响，也说明了领导和下属对于领导—下属交换活动在认知上存在很大的差异。因此减少、缓解下属对管理者的滥权行为感知，同时增强、促进下属对管理者的支持行为感知，应区别地对待与管理不同的领导—下属交换感知组合：

（1）对于双低匹配组合领导—下属交换，管理者与下属应对自身行为进行内省，管理者应选择积极的、阳光的支持行为，同时诟病、抛弃消极的、破坏性的滥权行为，制止使用具有敌意性的言语和行为攻击下属；管理者应主动关注员工的成长，为其提供支持与帮助，注重言传身教的影响，秉承"仁者爱人""将心比心"，寄予下属无微不至的关怀，肯定其价值和贡献，以求"己所不欲，勿施于人"。作为下属则应付出更多的工作努力以提升工作绩效，使管理者充分意识到自身的价值与贡献，从而成为"圈内人"。

（2）对于领导高估组合领导—下属交换，应重视对管理者移情思考、换位思考能力的培养。深受中国儒家文化影响，管理者传承"大家长"式强制管理手段，采用"威权式""家长式"领导行为，较多地表现出集权、专断、强制、粗暴等官僚主义作风（邓志华、陈维政和黄丽等，2012）。这种单向强调绝对服从的管理方式，下属可能并不领情，也不一定带来好的效果（Tsai，Spain & Wang，2013；Huai & Zhang，2013）。管理者应采用权变管理方式对待下属，从下属立场了解其内在的真实需求，有的放矢地提供契合员工内心需要的理解支持行为。另外，管理者应注重传达信息的沟通手段与方式，警惕并及时消除彼此的误会与误解。

（3）对于员工高估组合领导—下属交换，虽然在短时期内下属可能对管理者保持积极、正面的归因倾向，并可能夸大管理者的支持行为，但是如果管理者不及时调整与改善滥权式的消极行为，主动增加对下属的关注与重视、支持与了解，下属就会在持续不断的社会比较活动中，直接感受到管理者的冷漠，发现自己是"剃头挑子一头热"，进而滋生怨恨与愤怒的情绪，届时员工高估型领导—下属交换极有可能发展为双低匹配型的关系形态。此时管理者采用"亡羊补牢"式的事后补救措施可能已经晚矣，注重人际交往"投之以桃，报之以李"的互惠互利原则。

　　综上所述，在管理实践中建立双高匹配组合领导—下属交换关系、达成双向的认同才更有价值，任何单方面的付出而对方不认可的非平衡感知交换关系并不可取，即使短期受益，但缺乏持久性，应及时重视、调整与修复双低匹配组合领导—下属交换关系以及由此导致的恶性循环。

3. 研究局限与未来展望

　　本章存在以下不足：第一，本章采用横断研究，难以真正推断变量之间的因果关系，例如本章认为不同的领导—下属交换匹配类型是导致下属对管理者行为方式存在差异的情景因素，但在现实情境下其反向影响过程同样成立，未来可以采用纵向研究设计来弥补这种不足。第二，本章的数据主要来源于西部地区数家企业，在代表性方面略显不足，在数据分析时采用多层线性建模的方法应该是更为理想的选择，故有必要在未来研究中扩大样本数量，在不同地域进行抽样，提高研究结论的可靠性与适用性。第三，本章采用配对调查问卷虽然能克服同源误差对研究结论的影响，但由于部分敏感性题项可能受到社会赞许效应的影响，研究结果可能受到影响，未来研究时可以增设检验社会赞许效应的题项。

5.2　双向视角领导下属交换质量对员工工作绩效的影响研究

——以工作疏离感作为中介变量

5.2.1　引言

　　工作疏离感（work alienation）正成为无可避免的社会现象以及员工无法逃脱的命运。如何减轻、抑制员工工作疏离感，激发下属工作激情

117

以提升工作绩效已成为当前急需解决的问题。但是正如一些国外学者（Bratton，Callinan & Forshaw et al.，2007）指出，目前大多组织行为的教程都显示出对工作疏离感概念的一无所知。说明在理论研究上存在一定滞后，这必然造成管理实践对此关注不够。

对工作疏离感相关文献检索发现，其相关研究成果很少，且多数研究仅局限于对西方文献的介绍和评述。企业员工工作疏离感的形成因素与表现形式因东西方文化不同而存在显著差异。在"个人导向性"的西方社会，注重个人的自由、权利、独立与自主，体现一种"以己为中心"的特征。工作是否能满足个人的成就需要以及是否受到组织公平对待是解释西方企业员工工作疏离感的重要变量（Kanungo，1990）。而中国文化价值观是以"群体本位"的集体主义，血缘宗亲家族中心论的思想传统决定国人重视人际取向，注重人与人之间相互的责任和义务，强调内团体成员，在互惠的基础上彼此互信（Kwang-Kuo Hwang，2012）。

因此，上下级之间的关系亲疏远近可能是影响企业员工工作疏离感的重要变量。在领导下属互动交换活动中，领导与下属基于不同的立场，可能形成不同的领导—下属交换（Leader-Member Exchange，领导成员交换关系）感知，领导的领导成员交换关系感知与下属的领导成员交换关系感知之间的相关较弱（Gerstner & Day，1997）。这种不同感知如何影响其工作疏离感体验以及下属的工作绩效？本章认为领导与下属基于不同立场所形成的领导—下属交换关系感知直接影响各自的工作疏离感情绪体验，并进而影响下属的工作绩效表现。本章的目的之一将从双向视角探讨领导成员交换关系与工作疏离感、任务绩效之间的关系。本章的目的之二将探讨工作疏离感的中介作用。

5.2.2　相关文献综述与研究假设

1. 双向视角领导—下属交换关系感知

领导—下属交换理论认为，管理者对待下属并非一视同仁，而是与之建立亲疏各异的交换关系。管理者与圈内下属建立一种基于信任与义务的高质量交换关系，与圈外下属保持一种基于工作和契约的低质量交换关系。学术界主要从员工视角衡量领导—下属交换关系，但是越来越多的研究表明，采用单向视角的研究并不能真实地反映领导—下属之间的交换关系，上下级对交换关系存有认知上的差异与区别，因此对于领导—下属交换关系的影响作用有必要从双向视角展开（Cogliser，Schriesheim，Scandura & Gardner，2009；周妮娜，2010；陈同扬、谭亮和曹国年，2013）。

2. 领导—下属交换感知对下属工作绩效的影响分析

如何提升下属工作绩效一直是组织管理理论研究的热点，随着研究的深入，工作绩效囊括的范畴不断发生变化。博曼和莫托维多（Borman & Motowidlo，1997）认为工作绩效包括任务绩效与关系绩效，并把绩效行为分为角色内行为（组织规定任务的工作行为）与角色外行为（超出组织规定要求所表现的行为），研究者倾向于用组织公民行为衡量关系绩效。

任务绩效高低主要取决于个人能力水平和资源及权力的获取程度，而资源与权力往往是领导授权的结果。鲍尔和格林（Bauer & Green，1997）以及斯堪杜拉和佩莱格里尼（Scandura & Pellegrini，2008）认为领导与成员之间通过持续的感情积累、不断的绩效评价和授权，建立高质量社会交换。与低质量领导—下属交换相比，领导更倾向于赋予圈内下属信任与授权。领导通过对下属寄予更多的机会、信任、关照、行动自由度和支持以换取下属的忠诚、努力和责任感，从而提升任务绩效，高水平任务绩效反之会促使领导进一步授权与信任，形成积极的正反馈社会交换。部分研究结果表明：高质量领导成员交换与下属的任务绩效表现之间呈显著正相关（Kamdar & Dyne，2007；Burton，Sablynski & Sekiguchi，2008；Harris，Wheeler & Kacmar，2009；Joo，2012）。基于以上分析，提出如下研究假设：

研究假设 5b－1：主管感知的领导成员交换关系对员工任务绩效具

有显著正向影响。

研究假设 5b - 2：下属感知的领导成员交换关系对员工任务绩效具有显著的正向影响。

在高质量领导—下属交换中，圈内人与领导之间的交换包括超越正式工作职责之外的物质（经济性）与非物质（社会性）交换，领导寄予下属更高要求，赋予某种角色，积极期望并引导下属将集体利益置于个人短期利益之上，提供有形或无形的补偿，使下属得到工作满足；员工承担领导赋的角色，按照领导的积极期望付出额外努力，成为组织的好"公民"。拉比尔和哈克特（Lapierre & Hackett，2007）指出高质量领导—成员交换对下属体验到的工作满意度与组织公民行为有显著正向影响。基于互惠社会交换原则，下属倾向以组织公民行为回报高质量领导—成员交换（Wayne，Shore & Bommer，2002；Kamdar & Dyne，2007）。伊利斯、纳尔冈和摩格森（Ilies，Nahrgang & Morgeson，2007）进行元分析指出：领导—成员交换质量与组织公民行为之间呈中等程度正相关（$r = 0.37^{**}$，$** p < 0.01$）。曾垂凯（2012）研究表明高质量领导—成员交换对知识型员工的组织公民行为表现出更高的正向预测力。基于以上分析，提出如下研究假设：

研究假设 5b - 3：主管感知的领导—成员交换关系对员工组织公民行为具有显著的正向影响。

研究假设 5b - 4：下属感知的领导—成员交换关系对员工组织公民行为具有显著的正向影响。

3. 领导—下属交换感知对工作疏离感的影响分析

工作疏离感（Work Alienation，WA）的最早研究可追溯到马克思的劳动异化理论，相关文献常见于神学、哲学、社会学、心理学和精神病学等领域。从组织视角探讨工作疏离感并未受到太大关注（Kohn，1976）。组织理论认为工作疏离感是指由于知觉到工作不能满足自身的需要与期望，产生一种孤立无助和被工作束缚的心理状态，是工作动机下降的征兆（Banai & Reisel，2004）；反映员工普遍性对工作漠不关心，对工作投入精力较少，缺乏热情与参与度（Hirschfeld，2002），仅为了获取外在报酬的工作态度和行为（Moch，1980），强调员工与工作情景的分离（Banai & Weisberg，2003；Hirschfeld & Hubert，2000）。本章认为工作疏离感指员工在工作中强烈地感到不是自己在支配和控制工作，而是被工作所支配和控制。因此，员工在工作情景中深感无助和空虚，自己成了工作的奴隶和附庸，认为工作毫无意义，甚至人生也没有价值，工作疏离感轻者产生工作倦怠，重者使人厌倦人生，甚至精神崩溃。

在集体主义文化背景下，个体不习惯将工作和生活分开而论，工作是生活的一部分，工作是生活的拓展，工作中渗透着人际互动关系的影响。尤其是上下级互动关系被认为是最重要、最复杂的影响下属工作积极性的因素。有关人际互动关系与工作疏离感的实证研究，奈尔和沃拉（Nair & Vohra，2010）对印度六个信息技术部门知识型员工进行调查，结果表明：积极人际关系（同事、上下级）与工作疏离感之间存在显著的负向相关。领导—下属交换关系作为双向互动活动反映指标，其不同视角的感知对其工作疏离感的影响必然有所差异，但是鲜有研究从双向视角检验领导—下属交换关系与工作疏离感之间的关系。基于上述分析，提出如下的研究假设：

研究假设 5b－5：主管感知的领导—成员交换关系对主管感知的工作疏离感具有显著的负向影响。

研究假设 5b－6：员工感知的领导—成员交换关系对员工感知的工作疏离感具有显著的负向影响。

4. 工作疏离感在领导—下属交换感知与下属工作绩效之间的中介作用分析

对于领导感知高度的工作疏离感之后，在互动关系中，管理者会疏于对下属在工作上的指导与沟通，同时管理者对工作的消极、冷漠的态度与情绪具有相当强的"传染性"，尤其负面情绪"负回圈"效应会阻碍领导成员之间的情感互动与分享；减弱相互间的合作和信任，这样就会干扰影响下属的工作积极性，影响下属的任务绩效表现，而对于组织公民行为这类下属能自主控制的角色外行为，一旦下属感知到支持与帮助的减少，也必然会主动减少组织公民行为。对于员工而言，工作疏离感是工作场所的一种特定情感反映，个人的情感情绪与工作业绩之间的存在强相关（Lee & Allen，2002）。部分研究者探讨了工作疏离感与员工绩效之间的关系，并认为工作疏离感在一定程度上会降低员工的任务绩效，并抑制其组织公民行为（Cummings & Manring，1977；Mendoza & Lara，2007；Mulford & Waldner，1993；Huang，2007；林钲棽和陈威菖，2003）。

本章认为在高质量领导成员中，容易形成和谐、亲密上下级关系，可以实现双向的多元信息沟通与分享，有效地减少彼此间的情感摩擦与冲突，有效提升下属信息处理能力，增进领导—成员间频繁的信息与情感沟通，必然减少了各自的疏远、冷漠情绪，获得领导有效的心理支持与实际援助，从而有助于下属提升任务绩效。基于以上分析，提出如下研究假设：

研究假设5b-7：主管的工作疏离感感知在主管的领导—成员交换关系感知与员工任务绩效之间起中介作用。

研究假设5b-8：下属的工作疏离感感知在员工的领导—成员交换关系感知与员工任务绩效之间起中介作用。

另外，本章认为领导—成员之间相互信任与了解、支持与帮助，能促使领导赋予下属更多的信任、情感关注等，从而建立高质量领导—下属交换。高质量领导—成员交换感知能降低或者抑制各自的工作疏离感体验，进而促使员工与组织之间形成"利益共同体"，自觉履行维护组织成员以及组织的义务与责任，并表现为组织公民行为，以进一步加强领导—成员之间的情感联系。基于以上分析，提出如下研究假设：

研究假设5b-9：主管的工作疏离感感知在主管的领导成员交换关系感知与员工组织公民行为之间起中介作用。

研究假设5b-10：下属的工作疏离感感知在员工的领导成员交换关

系感知与员工组织公民行为之间起中介作用。

另外，既往的研究被广泛地证明，一般自我效能感能作为个体工作绩效优劣的预测指标（Raub & Liao，2012；Parker，Jimmieson & Johnson，2013）。为了更好地解释领导—下属交换质量与工作疏离感对下属工作绩效的影响作用，本章将其作为控制变量。根据以上的理论分析与研究假设，本章的变量关系如图 5 - 3 所示：

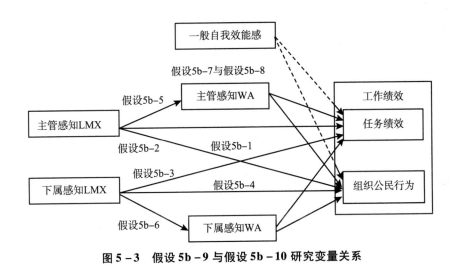

图 5 - 3　假设 5b - 9 与假设 5b - 10 研究变量关系

5.2.3　研究方法

1. 研究对象与程序

为避免共同方法偏差问题对研究结果的影响，采用一对一配对问卷调查。通过在 MBA 和人力资源管理培训班调查、企业实地调查、委托发放三种方式收集问卷，将事先配对编码的一套问卷发给调查对象，请他们完成主管调查问卷，并将员工问卷交由相应的下属，各自独立评价后分别密封回邮给调查小组。回收问卷后，根据编码确定配对调查问卷，剔除未成功配对问卷与废卷。

2. 样本概况

总计发放 768 套配对调查问卷，回收 412 套，剔除 32 份无效废卷，获得 380 套有效问卷，有效回收率为 49.48%。380 套有效问卷中，225 套来自 MBA 和人力资源管理培训班调查，112 套来自企业实地调查，43 套来自委托代发，分别占总有效配对调查样本的 59.21%，29.47% 与 11.32%。

人口统计学变量中，性别、年龄、学历、职务层次等由直接主管与员工分别报告，公司性质、行业类别由直接主管报告，主管样本以男性居多（64.47%），平均年龄为 36.38 岁，平均司龄为 9.48 年；学历层次以大专（30.53%）与本科（45.79%）为主（高中或中专 13.42%，硕士及以上 10.26%）；职务层级以基层主管（31.32%）与中层主管（56.58%）为主（高层 12.10%）。员工样本以男性员工居多（55.3%），平均年龄为 30.89 岁，平均司龄为 5.98 年；学历层次以大专（35.26%）与本科（37.63%）为主（高中或中专 23.16%，硕士及以上 3.95%）；职务层级以普通员工（54.21%）为主（基层 29.21%，中层 14.47%，高层 2.11%）。公司性质分布以民营/民营控股公司（44.47%）为主（国有或国有控股公司 39.21%，外资或外资控股公司 16.32%）；行业类别分布以服务业（33.25%）为主（IT/通信/高新技术行业 31.58%，传统制造业/建筑业/房地产 19.04%，其他 16.13%）。

3. 研究工具与测量

员工感知的领导—下属交换（领导成员交换关系）。员工评估直接采用国外学者（Graen & Uhl-bien，1995）发展的包括 7 个题项的单维度量表，量表包含"直接主管充分了解我在工作上的难题与个人需要"等题项。

主管感知的领导—下属交换（领导成员交换关系）。主管评估量表对上述量表的原表达方式进行微调整，包括"我充分了解他/她在工作上的难题与个人需要"等题项。

员工/主管感知的工作疏离感。采用黄丽和陈维政（2016）自主开发的中国本土化三维度结构量表。三个维度分别是工作任务疏离感、工作人际疏离感与工作环境疏离感，每个维度下包括 6 道题项，总计 18 道题项。

任务绩效。采用徐淑英（Tsui，1997）开发的单维度的任务绩效量表，包括"完成工作数量"等 6 个方面。量表采用李克特 5 点计分。本部分的测量题项，由直接主管根据该员工在工作中实际表现对其进行评价。

组织公民行为。采用李与艾伦（Lee & Allen，2002）开发的两维度量表，以投射法的方式对表述稍加调整。人际指向组织公民行为包括"我的同事会调整工作计划以配合其他人的时间安排"等 8 道题项；组织指向组织公民行为包括"我的同事常提出改善组织运作的积极建议"等 8 道题项。量表采用李克特 5 点计分。本部分测量题项，由员工根据工作中实际情况进行报告。

控制变量。将一般自我效能感作为本章的控制变量。采用施瓦泽和博恩（Schwarzer & Born，1997）编制的整体构念量表，包括"如果我尽力去做的话，我总是能解决问题"等 10 道题项。本部分测量题项由员工报告。

5.2.4　研究结果

1. 研究变量的信效度检验

采用 Cronbach's α 系数衡量量表的一致性信度，见表 5-2 对角线括号数值；验证性因子分析检验量表的结构效度，如表 5-5 所示。

表 5-5　　　　　　测量工具的信效度检验（N = 380）

量表名称	χ^2/df	RMSEA	AGFI	GFI	IFI	CFI	NFI	NNFI
领导成员交换关系—主管	3.205	0.076	0.936	0.982	0.978	0.978	0.969	0.943
领导成员交换关系—下属	2.273	0.058	0.951	0.977	0.984	0.984	0.972	0.974

量表名称	χ^2/df	RMSEA	AGFI	GFI	IFI	CFI	NFI	NNFI
WA—主管	2.454	0.062	0.887	0.920	0.956	0.956	0.928	0.944
WA—下属	1.836	0.047	0.914	0.936	0.972	0.972	0.942	0.966
一般自我效能感	3.091	0.074	0.913	0.951	0.961	0.961	0.944	0.943
任务绩效	2.303	0.059	0.961	0.987	0.992	0.992	0.987	0.983
组织公民行为	2.965	0.076	0.906	0.936	0.979	0.989	0.934	0.937

结果表明：Cronbach's α 值均高于或接近于 0.80 的判断标准，说明所选用的量表均具有较好的内部一致性信度；验证性因子分析结果的 χ^2/df 值均小于 5，RMSEA 值均小于 0.08，除主管评估工作疏离感的 AGFI 值接近 0.90，其余各指标（GFI，IFI，CFI，NFI 和 NNFI）值均在 0.90 的判断标准之上，说明所选用的量表均具有良好的结构效度（吴明隆，2010）。

2. 研究变量的相关分析

研究变量的均值、标准差与相关系数如表 5-6 所示。

结果表明：下属与主管的领导成员交换关系感知的相关系数较低（$r = 0.173^{**}$，$**p < 0.01$），证明双向评估的必要性。另外无论是下属感知的领导—成员交换关系还是主管感知的领导—成员交换关系都与各自的工作疏离感感知之间呈显著性负向相关，而与下属任务绩效、组织公民行为之间呈显著正向相关；无论是下属感知的工作疏离感还是主管感知的工作疏离感均与下属的任务绩效、组织公民行为之间呈显著负向相关，初步支持本研究的研究假设。另外，研究发现一般自我效能感与任务绩效、组织公民行为之间相关较强，有必要将其作为控制变量。

表 5-6　均值、标准差与相关系数（N=380）

量表名称	平均数	标准差	1	2	3	4	5	6	7
领导成员交换关系—主管	3.606	0.614	(0.839)						
领导成员交换关系—下属	3.544	0.693	0.173**	(0.798)					
WA—主管	2.355	0.788	-0.113*	-0.281**	(0.934)				
WA—下属	2.254	0.821	-0.400**	-0.170**	0.272**	(0.939)			
一般自我效能感	3.417	0.685	0.311**	0.178**	-0.209**	-0.115*	(0.880)		
任务绩效	3.458	0.765	0.172**	0.449**	-0.131*	-0.203**	0.149**	(0.886)	
组织公民行为	3.870	0.608	0.450**	0.142**	-0.459**	-0.124**	0.398**	0.092	(0.903)

注：$*p<0.05$，$**p<0.01$，括号中为 Cronbach's α 值。

3. 双向视角领导—下属交换关系质量对下属工作绩效的影响

第一，从主管视角分析领导成员交换关系质量对下属工作绩效的影响作用，结果如图 5 - 4 所示。

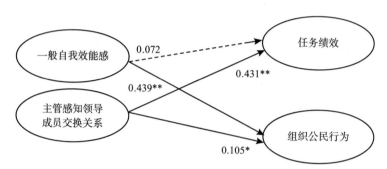

图 5 - 4　主管视角领导—下属交换关系质量对工作绩效的影响作用 （N = 380）

注：$\chi^2/df = 1.333$；RMSEA = 0.030；AGFI = 0.979；GFI = 0.996；IFI = 0.997；CFI = 0.997；NFI = 0.988；NNFI = 0.990；* p < 0.05，** p < 0.01。

图 5 - 4 显示：在控制了一般自我效能感影响作用的前提下，主管感知的领导—下属交换关系质量对任务绩效、组织公民行为的标准化回归系数分别为 $\beta = -0.431^{**}$，** p < 0.01；$\beta = 0.105^*$，* p < 0.05，下属感知的领导下属交换质量对任务绩效、组织公民行为有显著正向影响，支持研究假设 5b - 1 与假设 5b - 3。

第二，采用同样的方法分析下属视角领导下属交换质量的影响作用，结果如下图 5 - 5 所示。

图 5 - 5 显示：在控制了一般自我效能感影响作用的前提下，下属感知的领导—下属交换关系质量对任务绩效、组织公民行为的标准化回归系数分别为 $\beta = -0.331^{**}$，** p < 0.01；$\beta = 0.415^{**}$，** p < 0.01，下属感知的领导—下属交换质量对任务绩效、组织公民行为有显著正向影响，支持研究假设 5b - 2 与 5b - 4。

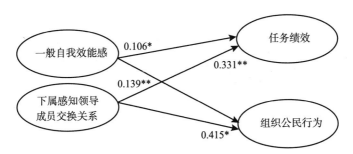

图 5 - 5　员工视角领导—下属交换关系质量对工作绩效的影响作用（N = 380）

注：$\chi^2/df = 3.185$；RMSEA = 0.078；AGFI = 0.938；GFI = 0.979；IFI = 0.975；CFI = 0.974；NFI = 0.965；NNFI = 0.944；* $p < 0.05$，** $p < 0.01$。

4. 工作疏离感在双向视角领导—下属交换质量与下属工作绩效之间的中介作用分析

由于采用一对一配对调查研究，样本收集难度较大，容量小，故采用 Bootstrapping 法检验领导—成员交换质量的中介作用。分析中介作用检验的三大前提条件，表 5 - 6 的皮尔逊相关结果表明，自变量、中介变量与结果变量之间呈显著相关。在 Bootstrapping 程序中，将样本数设为 1000，区间的置信区间水平设定为 0.95。结构方程拟合结果如图 5 - 6 与图 5 - 7 所示：

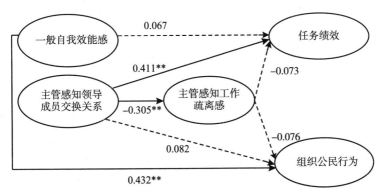

图 5 - 6　主管感知工作疏离感在主管感知领导成员交换关系与

下属工作绩效之间的中介作用分析（N = 380）

注：$\chi^2/df = 2.752$；RMSEA = 0.068；AGFI = 0.940；GFI = 0.975；IFI = 0.970；CFI = 0.970；NFI = 0.954；NNFI = 0.944；* $p < 0.05$，** $p < 0.01$，——→代表回归系数显著；---▶ 代表回归系数不显著。

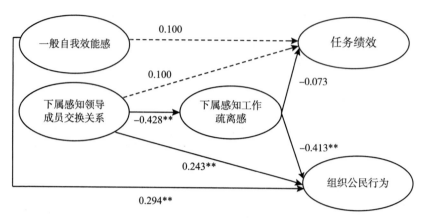

图5-7 下属感知工作疏离感在下属感知领导成员交换关系与

下属工作绩效之间的中介作用分析（N=380）

注：$\chi^2/df = 1.775$；RMSEA = 0.045；AGFI = 0.958；GFI = 0.982；IFI = 0.989；CFI = 0.988；NFI = 0.974；NNFI = 0.978；$*p < 0.05$，$**p < 0.01$，——代表回归系数显著；---▶ 代表回归系数不显著。

图5-6显示：主管感知领导—成员交换关系对主管感知工作疏离感具有显著的负向影响（$\beta = -0.305^{**}$，$**p = 0.00$），支持研究假设5b-5。图5-3与图5-5对比分析发现：加入主管感知工作疏离感这一中介变量之后，主管感知领导—成员交换关系与组织公民行为之间相关不再显著（$\beta = 0.082$，$p = 0.155$），说明主管感知工作疏离感在上述关系之间起完全中介作用；而主管感知领导—成员交换关系与任务绩效之间相关程度减弱，但仍然显著，说明主管感知工作疏离感在上述关系中起部分中介作用。分别支持研究假设5b-7与假设5b-9。

图5-7显示：下属感知领导成员交换关系对下属感知工作疏离感具有显著的负向影响（$\beta = -0.428^{**}$，$**p = 0.00$），支持研究假设5b-6。图5-5与图5-7对比分析发现：加入下属感知工作疏离感这一中介变量之后，下属感知领导—成员交换关系与任务绩效之间的相关不再显著（$\beta = 0.110$，$**p = 0.063$），说明下属感知工作疏离感在上述关系之间起完全中介作用；而下属感知领导—成员交换关系与组织公民行为之间的相关程度减弱，但仍然显著（$\beta = 0.243^{**}$，$**p < 0.01$），说明下属感知工

作疏离感在上述关系之间起部分中介作用，分别支持研究假设 5b - 8 与假设 5b - 10。

从主管和员工双向视角，构建整合性全模型，结果如图 5 - 8 所示：

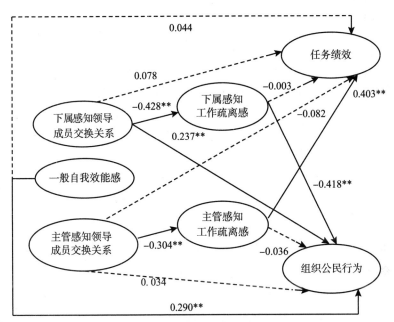

图 5 - 8 双向视角工作疏离感在领导下属交换与下属工作绩效之间的中介作用分析（N = 380）

注：$\chi^2/df = 2.833$；RMSEA = 0.070；AGFI = 0.909；GFI = 0.950；IFI = 0.953；CFI = 0.953；NFI = 0.930；NNFI = 0.927；* $p < 0.05$，** $p < 0.01$，——代表回归系数显著；---▶代表回归系数不显著。

构建双向视角领导下属交换质量影响下属工作绩效的全模型，其分析结果再次支持图 5 - 5、图 5 - 6 的分析结果。

5.2.5 结果讨论、研究启示与展望

1. 结果讨论

本章从双向视角分析了领导下属交换质量对下属工作绩效的影响，

结果表明无论是主管感知的领导—成员交换关系还是下属感知的领导—成员交换关系对下属任务绩效、组织公民行为均有显著正向影响。

说明工作场所人际关系质量的重要性，社会交换理论的互惠性"投桃报李"原则上能很好地解释下属工作绩效表现。图 5 - 7 的竞争性全模型表明，采用下属报告的领导下属交换质量对下属工作绩效具有更稳定的预测作用，结合表 5 - 6 下属与主管的领导—成员交换关系感知的相关系数呈现弱相关，说明领导—下属交换关系作为领导—下属双向互动活动质量的反映指标，应兼顾双向的研究视角，同时也说明在管理实践中，主管与下属就领导下属交换质量在感知上存在较大的差异，一方面可能的原因在于领导与下属在个性特征、成长背景、工作经历乃至认知风格存在较大区别，同时也可能是由于双方缺乏理解式的"换位思考"所导致。

表 5 - 6 显示，下属感知的工作疏离感平均程度 M = 2.254，而主管感知的工作疏离感平均强度 M = 2.355，后者略高于前者。这说明工作疏离感现象已经日渐普遍，而非工作疏离感传统研究所表明的那样，工作疏离感高危群体集中在蓝领工人、新移民、短缺雇员等（DiPietro & Pizam，2008；Halbesleben & Clark，2010）。新近研究者奈尔和沃拉（Nair & Vohra，2010）对印度六个信息技术部门知识型员工进行调查，结果表明超过 20% 的员工有较强的工作疏离感体验。工作疏离感不断蔓延与发展，单纯以工作单调乏味、缺乏自主权解释工作疏离感成因有着明显的缺陷与不足。造成主管感知的工作疏离感强度较大的原因在于：与普通员工相比，管理者对工作寄予更高程度的期望，一旦组织不能满足，将带来更大的失望与负面情绪，从而导致疏离、疏远感，也可能由于承受的工作压力过大引发焦虑、紧张所致。

本章探讨了领导—下属交换质量影响下属工作绩效的内在黑箱与作用机制，分析下属感知的工作疏离感与主管感知的工作疏离感在两者间的中介作用。在中国文化情景下，通过构建和谐、融洽的高质量领导—下属关系质量能满足个人在关心、温情、安全感、归属感等情感方面的需要，而冷漠、紧张与冲突的低质量领导—下属交换质量则可能导致下属产生孤立无援的感觉，滋生工作情境下的人际疏离感。个体受到这种负面情绪的影响以及中国传统的"将心比心""以牙还牙"行为准则，低质量领导—下属交换作为一种负向的"互惠"，下属由于在工作中缺乏上级有效的资源与心理援助，必然导致任务绩效的降低，同时下属也会主动减少助人行为，甚至还导致潜在的破坏性行为与负向偏离行为回馈这种低质量的人际互动。

2. 管理启示

构建和谐互惠的领导—下属交换质量。在管理实践中，应重视移情思考、换位思考能力的培养。深受中国儒家文化影响，管理者传承"大家长"式强制管理手段，采用"威权式""家长式"领导行为，较多地表现出集权、专断、强制、粗暴等官僚主义作风（邓志华、陈维政和黄丽，2012）。这种单向强调绝对服从的管理方式，下属可能并不领情，也不一定带来好的效果。管理者应采用权变管理方式对待下属，从下属立场、了解其内在的真实需求，有的放矢地提供契合员工内心需要的理解支持行为。另外，管理者应注重传达信息的沟通手段与方式，警惕并及时消除彼此的误会与误解，注重言传身教的影响，秉承"仁者爱人""将心比心"，寄予下属无微不至的关怀，肯定其价值和贡献，以求"己所不欲，勿施于人"。作为下属则应付出更多的工作努力以提升工作绩效，使管理者充分意识到自身的价值与贡献，从而成为"圈内人"，建立和谐、融洽的互惠互利领导—下属交换质量。

重视对工作疏离感的管控与干预。企业应注重对员工的工作疏离感的管理。实证研究表明工作疏离感可以作为下属工作绩效有效的负面预测指标，因此提升下属任务绩效、增加下属组织公民行为的有效策略在于管理、控制与干预工作疏离感。管理者应审视自身的领导行为，诟病、抛弃压制下属与不利于下属与组织的领导行为，应主动关注下属的发展，合理授权，增强下属的工作主动性与自主性。在工作设计应体现人性化、系统性、丰富性和扩大化，满足员工在工作中的多种需求，提高工作本身的内在激励性，从而减少无能为力、无足轻重的感受（Banai & Reisel，2007）。组织内应构建良好的工作氛围，形成团结互助、关怀友爱的融洽和谐的情感性人际关系，彼此相互体谅、体贴，工作上互相配合、激发个体的工作积极性，从而提高工作效率，和谐的人际互动能有效地缓解个体孤立无援的感受，减少由于人际关系紧张导致的相互猜疑、提防与扯皮对工作情绪与效率的消极影响。企业应重视环境因素对个体的影响，科学地设计员工的工作负荷和劳动强度，改善工作条件和环境，实现人与环境的和谐，完善内部的员工援助计划，帮助员工预防和解决工作生活中的各种问题，使其能以健康的身心投入工作，减少心理压力大导致的工作压抑感和自我分裂感。

3. 研究局限与未来展望

本章研究还存在一些不足：第一，在研究设计方面，采用的横断研究，因而并不能真正推断变量与变量之间的因果关系，例如本章认为不同的领导—下属交换质量感知影响了其工作疏离感体验，在现实情境下其反向影响过程同样成立，极有可能是由于各自的工作疏离感体验影响了对其领导—下属交换质量的感知，未来应该更多地采用纵向研究设计来弥补这种不足。第二，本书主要是基于个体层面，从领导、下属双向视角研究领导—成员互动关系质量影响下属工作绩效的作用机制，暂未考虑到组织层面的变量（如组织层面的文化价值观等）在这一过程中的作用。对于结果变量仍然采用主管或者报告，这在一定程度上可能产生同源误差。未来应该从不同层面综合考虑影响工作绩效的影响，多渠道获取数据以克服同源误差的影响。第三，由于本章的数据主要来源于西部地区数家企业中的 380 套下属与直接主管的一对一配对调查，因此在数据分析时采用多层线性建模的方法应该是更为理想的选择，同时在样本多集中在中国西部地区，在代表性方面略显不足，故有必要在未来研究中扩大样本数量，在不同地域进行抽样，提高研究结论的可靠性与适用性。以上不足，我们将在后续的研究中加以改进。

第6章

企业管理者对员工工作疏离感的
整合性管理研究

6.1 两种典型管理者行为对员工工作
疏离感的整合影响机制研究

6.1.1 前言

奈尔和沃拉（Nair & Vohra，2010）指出工作疏离现象在企业员工中日益普遍，高工作疏离感人群不断泛化。国外相关研究表明：工作疏离感会导致员工消极的工作态度，产生职业倦怠，降低员工的工作满意感、组织认同与组织承诺，同时也会诱发一系列的消极行为反应：减少组织公民行为，导致工作违规、人际冲突、酗酒行为、滥用药物等。不过，国外学者的研究主要集中于探讨工作疏离感的影响后果，而对形成工作疏离感的影响因素的分析相对薄弱。此外，西方学者对工作疏离感的研究主要基于以个体主义导向的西方文化背景，比较注重个人的独立、自主及成就，因此自主权、控制权以及自我实现的成就感是西方社会普遍看重的需求，而这些需要一旦在工作中被剥夺，就容易形成对工作的疏离感，故西方研究者往往从单一的工作特征模型分析工作疏离感的形成原因（Michaels, Cron, Dubinsky & Joachimsthaler, 1988; Michaels, Dubinsky, Kotabe & Lim, 1996; Banai & Reisel, 2004; Banai & Reisel, 2007; Nair & Vohra, 2010）。

坎努戈（Kanungo, 1990）指出工作疏离感不仅是一种心理现象，更是一种社会现象，对工作疏离感的分析和解释应植根于特定的社会背景。巴奈和雷塞尔（Banai & Reisel, 2007）对古巴、德国、匈牙利、以色列、俄罗斯和美国1933名普通员工及其管理者展开调查，发现在集体主义导向和个体主义导向文化背景下，工作疏离感的解释变量存在较大差异，遗憾的是该研究并未涉及中国员工。从现实来看，中国正处于转型时期，企业面对二元化社会结构和社会支持体系不完善的外部环境，官僚式组织结构、简单甚至有时是粗暴的管理方式、不公平对待员工、不健康和不安全的工作环境以及单调乏味和超负荷的工作等，都成为滋生中国企业员工工作疏离感的土壤。以工作疏离感为关键词检索国内相关文献发现，相关研究主要集中对国外文献研究的介绍与述评（周浩和龙立荣，2011；黄丽和陈维政，2012），中国情景下工作疏离感的实证研究相对不足。基于对现实状况和对已有理论研究的分析发现，有必要针对中国企业员工工作疏离感展开深入系统的专题研究。故从已经的研究来看，缺乏深入系统分析领导因素对员工工作疏离感形成的影响，更缺乏对两者关系作用机制的分析、检验与研究。

由于既往研究主要关注工作疏离感后果，相对缺乏对内在形成机制的探讨，以及在对工作疏离感形成原因分析上相对零散、单一的特点，本章主要关注了两种截然相反领导行为对员工工作疏离感的影响，并且认为在不同的领导行为下，会导致不同的组织管理氛围（例如，维持还是破坏组织公平制度，是否会产生不同的组织管理氛围，组织管理的集权化程度），进而影响员工工作疏离感的产生。组织管理因素进行全面、系统梳理，通过整合研究探寻引发企业员工工作工作疏离感的主要诱因，揭示工作疏离感的形成机制。在此基础上提出相关的干预策略，指导企业改善内部管理，消解和防范员工工作疏离感，这对于构建积极健康组织乃至和谐社会都有着重要意义。

6.1.2 文献回顾与研究假设

1. 工作疏离感的定义

工作疏离感（work alienation）的最早研究可追溯到马克思的劳动异化理论，相关文献常见于神学、哲学、社会学、心理学和精神病学等领域，基于组织管理视角探讨工作疏离感相对较少。从已有的组织管理视角研究看，工作疏离感是指由于感觉到工作不能满足自身的需要与期望，产生一种孤立无助和被工作束缚的心理状态，是个体工作动机下降的征兆（Banai & JianXin Hu，2003）；反映员工普遍存在地对工作漠不关心，对工作投入精力较少，缺乏热情与参与度（Hirschfeld，2002），强调工作仅仅为了获取外在报酬的工作态度和行为（Moch，1980），强调员工与工作情景的分离（Banai & Weisberg，2003；Hirschfeld & Hubert，2000）。通过对有关工作疏离感内涵的文献进行梳理，大体可以划分为三大类：第一类定义主要关注工作疏离感的形成原因，强调工作不能满足员工的典型需要；第二类定义关注工作疏离感的具体表现，强调工作疏离感的外显表现；第三类定义则整合上述两个方面的内容。整理的结果如表6-1所示：

表 6-1 工作疏离感内涵总结

研究角度	内涵
1）形成原因	因工作不能满足自身的需要与期望，产生一种孤立和受制于工作的心理状态，是工作动机下降的征兆（Banai & Reisel，2003）
2）具体表现	反映员工普遍对工作漠不关心，对工作投入减少，缺乏热情与参与度，仅为了获取外在报酬的工作态度和行为（Moch，1980）
3）形成原因及具体表现	工作不能提供员工内在满足感，是员工与工作、工作场所以及自我相分离的感觉（Ashforth，1989），在心理上对工作角色的参与和认同程度低（Hirschfeld & Hubert，2000），并具体表现为无力感、无规范感、自我分离感以及无意义感等消极情绪（Seeman，1983）

资料来源：根据相关文献整理。

综合西方学者的研究，本章将工作疏离感界定为：员工在工作中强烈地感到不是自己在支配和控制工作，而是被工作所支配和控制，难以获得同情和帮助，容易陷入孤立无援的困境，与工作环境不相融洽。因此，员工在工作中深感无助和空虚，自己成了工作的奴隶和附庸，认为工作毫无意义，甚至人生也没有价值，工作疏离感轻者产生工作倦怠，重者使人厌倦人生，甚至精神崩溃。

2. 工作疏离感的维度

西方对工作疏离感维度的探讨按时间可大致分为三个阶段：

早期研究主要围绕马克思的劳动异化论展开。马克思（1875）认为，劳动异化包含社会分离和个性丧失（depersonalization）两方面的基本含义，个性丧失是工人主观上的无力感和自我分离感的体现。因此，国外研究者（Miller，1967；Josephson & Josephson，1962）在此基础上形成工作疏离感的两个维度：个人疏离感（personal alienation），指个人日常行为不是出自真正的自我而是被动驱使的感觉，是对自我高度焦虑的情感；社会疏离感（social alienation），指个人与社会生活相分离时的感觉，是对社会高度焦虑的情感。

20世纪70~90年代，西方学者主要以塞曼（Seeman，1983）经典的疏离感五维度结构为基础进行探讨。这五个维度包括：一是无力感（powerlessness），员工感觉受内部或外部的诸多限制，不能有效自行控制工作的过程和结果，对未来的工作发展缺乏控制力；二是无意义感（meaninglessness），指员工仅完成整个工作的一小部分，因而感觉不到工作的价值和意义；三是无规范感（normlessness），指组织缺乏清晰明确的规则来指导员工行为以完成工作和实现个人目标；或是指在工作场所以不为社会所赞许的手段来达成个人的目标；四是自我隔离感（self-estrangement），指工作对于员工而言仅仅是谋生的手段，满足其外部需要，没有其他价值，不能展现员工的潜能；五是社会孤立感（social isolation），指员工不能有效的融入员工群体之中，感觉没有办法与其他员工建立良好的关系，进而产生的人际孤独感。

世纪之交及进入 21 世纪后，工作疏离感的维度研究与工作情景研究进行了整合。麦迪（Maddi，1979）测量了五种疏离情景（工作、社会机构、家庭、人际氛围、自我）中的四种疏离感类型（无力感、冒险性、空虚感以及单调感）。然而，另外一位研究者希斯菲尔德（Hirschfeld，2002）认为冒险性与其他三种疏离感类型有较大的异质性，其实证研究仅保留了无力感，空虚感和单调感三个维度，并且认为这三个维度之间具有高度的相关性，可视为统一的整体。奈尔和沃拉（Nair & Vohra，2009，2010）在他们的研究中，都将工作疏离感视为是一维结构的整体。

综上所述，西方学者在西方文化背景下对工作疏离感维度结构的研究主要探讨的是人与工作本身之间的关系，即个人与工作相疏离，带有明显的西方情景嵌入。关于中国企业员工的工作疏离感内涵及维度结构，需要结合本土化情景，借助质化和量化相结合的实证方法进行开拓性研究。本书作者对中国企业员工进行调查的结果表明，中国企业员工工作疏离感主要表现为工作任务疏离感、工作人际疏离感与工作环境疏离感三个方面（黄丽和陈维政，2016）。

3. 管理者行为对工作疏离感的影响

管理者跟其他所有人一样都是"复杂"的个体，人的行为常常具有两面性甚至多面性，同一管理者在不同情境下既可能表现出积极的支持行为，也可能表现出消极的滥权行为。支持行为与滥权行为是管理者正反两面的典型行为（凌文辁、柳士顺和谢衡晓等，2012）。支持式管理行为指友好对待下属、尊重下属、关心下属的情感与需要（Rafferty & Griffin，2006），具体表现为：对员工的工作支持，与员工坦诚沟通、鼓励自主决策、为其工作提供指导和帮助，重视员工的利益，承认员工为企业所做贡献等（Rooney & Gottlieb，2007）。与之相反，滥权式管理行为（abusive supervision）指对下属持续表现出怀有敌意的言语和行为（Tepper，2000）。

当支持式与滥权式这两种迥异的管理行为被下属感知时，势必对其工作态度产生不同的影响。管理者的支持行为容易获得员工的认同和信赖,员工不会感到求助无门,故有利于消除或减轻疏离感。巴奈和雷塞尔(2007)的研究表明,上司的支持行为有利于降低员工的工作疏离感,而上级持续表现出来有敌意的言语和行为,会引起下属心理上的不安全感与紧张感,甚至产生被组织抛弃的绝望感与无能为力感。据此,本书提出如下研究假设:

研究假设 6a - 1:管理者的支持行为与员工工作疏离感显著负相关。

研究假设 6a - 2:管理者的滥权行为与员工工作疏离感显著正相关。

4. 组织管控集权化对工作疏离感的影响

组织管控集权化(Centralization)是划分机械组织与有机组织的重要依据(Burns & Stalker, 1961;吴万益、钟振辉和江正信, 1999)。机械组织是一种集权化、高度正规化、管理层级较多的刚性组织,这类组织比较关注标准化工作规则与条例,强调管理决策权力的集中,强调员工照章办事;而有机组织则是一种分权化、扁平化、灵活性较高的柔性组织,这类组织比较关注管理的人性化和团队合作,集权化程度较低,强调员工对决策的参与,注重弹性管理。

关于组织管控集权化特点与工作疏离感之间关系,部分研究者认为权力集中程度过高是导致员工产生高工作疏离感的直接原因(Hoy, Blazovsky & Newland, 1983;Kakabadse, 1986),马尔福德和瓦尔德纳 - 豪格鲁德(Mulford & Waldner-Haugrud, 1993)指出对科研人员而言,高集权化、程式化管理会导致其产生高工作疏离感。另外,部分研究者认为组织管控的集权化特点对工作疏离感有显著的间接影响(Sarros Tanewski & Winter, 2002;Nair & Vohra, 2010)。迈克尔斯、克伦、杜宾斯基和约阿希姆萨勒(Michaels, Cron, Dubinsky & Joachimsthaler, 1988)以美国的企业营销和采购人员为研究对象,发现组织管控集权化特点对角色模糊、角色冲突以及组织承诺有着显著影响,而这三者与工作疏离感之间存在显著相关,从而推论组织管控集权化与工作疏离感之间存在间接关系。迈克尔斯、杜宾斯基、科塔贝和利姆(Michaels, Dubinsky，Kotabe & Lim，1996）将上述研究扩展到美国、日本、韩国的跨文化比较，进一步支持了组织管控集权化对工作疏离感的间接影响作用。

综合上述研究，高度集权化的组织管理会导致员工感觉置身于严密的监控、束缚之中，参与组织内部决策和工作自主的机会较少，进而使其产生无能为力、无足轻重的感受。本书据此提出如下研究假设：

研究假设6a-3：组织管控集权化与员工的工作疏离感显著正相关。

5. 组织公平对工作疏离感的影响

在企业组织内部，员工主要关注两类公平：分配公平（distributive justice）与程序公平（procedural justice），前者是对所获得组织报酬的分配结果是否公平的感受，后者是对确定结果的程序和方法的公平性感知。既有研究表明组织公平与组织承诺正向相关（Cohen-Charash，2001；Colquitt，Conlon，Wesson，Porter & Ng，2001）；与离职倾向负向相关（Loi，Hang-yue & Foley，2006）。组织公平能缓解员工的消极情绪体验（Fox，Spector & Miles，2001），提升员工的工作满意感（Lam，Schaubroeck & Aryee，2002；Judge & Colquitt，2004）。苏鲁、锡兰和凯纳克（Sulu，Ceylan & Kaynak，2010）以388名土耳其医护人员为研究对象，探讨分配公平、程序公平与工作疏离感之间的关系，结果表明组织公平的两个维度均对工作疏离感有显著的影响，并且程序公平的影响更强。

个体的社会属性决定了人与人之间的相互比较性，在公平的组织环境下，员工的工作成效受到公正对待，更容易形成对组织的认同感；反之，在不公平的组织环境下，员工的努力和贡献得不到相应的回报，个体经历容易产生紧张或焦虑，滋生沮丧和挫折感。据此，本书提出如下的研究假设：

研究假设6a-4：组织公平与员工的工作疏离感显著负相关。

6. 组织氛围对工作疏离感的影响

构建和谐的人际取向、营造宽松的工作氛围，容易使个体保持积极、健康、充沛的精神状态，获得归属和满足感，进而产生积极的情绪体验。国外学者（Kwan，Bond & Singelis，1997）在一项跨文化研究发现，"和谐氛围"和"自尊"都是影响生活满意感的变量，对集体主义倾向的华人（以香港人为被试）而言，"和谐氛围"的影响作用更大。然而，不容忽视的是，组织内部同时存在的、持续的人际摩擦与冲突会导致一种紧张焦虑的氛围，造成个体心理与生理压力。既有研究表明冲突的组织氛围与各种消极情绪反应紧密相关，包括焦虑、抑郁、沮丧以及情绪衰竭等，并且可能导致身体症状（Fox，Spector & Miles，2001；Young & Corsun，2010；Liu，Spector & Shi 2007；Jaramillo，Mulki & Boles，2011）。另外的学者（Prone，2000）认为冲突的组织氛围导致工作满意感降低、组织承诺下降、高水平的离职意愿。由此可见，紧张与冲突的组织氛围会让人感到孤立无援，更容易滋生工作情境下的疏离感，和谐与亲密的组织氛围则会对工作疏离感起到与之相反的抑制作用，故本书提出如下研究假设：

研究假设 6a - 5：和谐的组织氛围与员工的工作疏离感显著负相关。

研究假设 6a - 6：冲突的组织氛围与员工的工作疏离感显著正相关。

7. 组织管控集权化在两种领导行为与工作疏离感之间的中介作用分析

支持领导行为以及滥权领导行为在组织管理上会呈现不同的特点，支持领导行为更注重员工的心理感受，采用更为宽松、自由的管理方式，员工在工作中拥有更多的自主权限，从而抑制员工工作疏离感的产生。反之，滥权领导行为则会在组织管理上体现出规章制度繁冗、控制幅度窄、单向沟通等特点，注重对任务进行高度的劳动分工和职能分工，这使得员工在履行工作任务必须严格遵循繁杂的规程，其行动受到严密的监管，员工容易感到并非是自主控制与主导工作，而是受工作驱使与管控，滋生工作情景的疏离、倦怠之感。据此，本书提出如下的研究假设：

研究假设 6a - 7：在组织集权化在两种领导行为与工作疏离感之间起中介作用。

研究假设 6a – 7（a）：在组织集权化在支持领导行为与工作疏离感之间起中介作用。

研究假设 6a – 7（b）：在组织集权化在滥权领导行为与工作疏离感之间起中介作用。

8. 组织公平在两种领导行为与工作疏离感之间的中介作用分析

支持性领导由于比较关心员工福利，满足员工需要，注重工作组织中创造友好气氛，因此在涉及员工个体利益、员工职业发展方面都十分重视，在绩效评估等决定资源分配的人力资源活动过程和结果方面，都力求体现公平公正。反之，滥权行为在管理上更为随意，不重视对规则的遵守，甚至任意破坏制度与规则，这会践踏组织的公平制度，同时员工对组织公平的感知会影响其内在的情绪体验。当员工感知到组织的不公平时，心理上产生紧张和不安（Keller & Dansereau，1995；Konovsky，1991；Cohen-Charash & Spectory，2001；汪新艳和廖建桥，2009）。

本书根据上述研究认为，在支持领导行为下，员工对管理制度的公平感知会致使员工对组织做出积极评价，感受到组织对其工作的认可，对其贡献的承认，努力工作就能获得与之匹配的报酬，而组织在程序决策上的公开、透明则会增加员工的积极心理感受与情绪反应，并减弱员工的消极心理感受与情绪反应。据此提出如下研究假设：

研究假设 6a – 8：组织公平在两种领导行为与工作疏离感之间起中介作用。

研究假设 6a – 8（a）：组织公平在支持领导行为与工作疏离感之间起中介作用。

研究假设 6a – 8（b）：组织公平在滥权领导行为与工作疏离感之间起中介作用。

9. 工作疏离感在组织氛围与工作绩效之间的中介作用分析

员工存在于特定的组织内，必然受到组织氛围的影响，而组织氛围构建的主要来源在于领导的管理方式。在支持领导行为下，组织会体现出一种和谐、亲密与融洽的氛围时，员工彼此之间相互理解与支持，容易形成互助互信的关系，有利于个体保持轻松、愉悦的情绪，增强组织归属感，缓解压抑感与无助感。反之，滥权领导由于不重视对自身行为的审视，经常出现权力的乱用、越权，这就会导致组织呈现出一种冲突、矛盾与纠葛的氛围，容易形成彼此猜忌与防范的关系，造成组织成员在情绪上的紧张，滋生疏离、无力等负面情绪，破坏组织成员之间的和睦与协作，使员工产生消极情绪，心态变得焦虑紧张。据此，本书提出如下研究假设：

研究假设6a-9：组织氛围在两种领导行为与工作疏离感之间起中介作用。

研究假设6a-9（a）：组织氛围在支持领导行为与工作疏离感之间起中介作用。

研究假设6a-9（b）：组织氛围在滥权领导行为与工作疏离感之间起中介作用。

基于以上理论分析和研究假设，研究变量关系如图6-1所示：

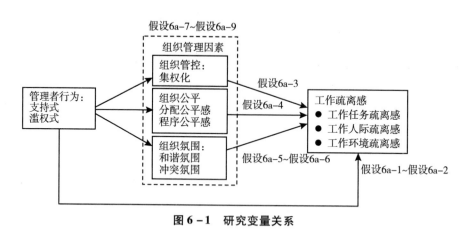

图6-1　研究变量关系

6.1.3　研究方法

1. 研究对象与程序

为避免共同方法偏差问题对研究结果的影响，采用员工和其直接上级主管一对一配对问卷调查，通过在 MBA 和人力资源管理培训班调查、企业实地调查、委托发放三种方式收集问卷。调查时，将事先配对编码的一套问卷发给调查对象，请他们完成主管调查问卷，并将员工问卷交由相应的下属，各自独立评价后分别密封回邮给调查小组。回收问卷后，根据编码确定配对调查问卷，剔除未成功配对问卷与废卷。

2. 样本概况

总计发放 768 套配对调查问卷，回收 412 套，剔除 32 份无效废卷，获得 380 套有效问卷，有效回收率为 49.48%。在 380 套有效问卷中，225 套来自 MBA 和人力资源管理培训班调查，112 套来自企业实地调查，43 套来自委托代发，分别占总有效配对调查样本的 59.21%，29.47% 与 11.32%。

人口统计学变量中，性别、年龄、学历、职务层次等由直接主管与员工分别报告，公司性质、行业类别由直接主管报告。主管样本与员工样本概况如表 6-2、表 6-3 所示：

表 6-2　　　　　　　　　　主管调查问卷的人口统计学概况

变量	分类	所占（%）	变量	分类/数值	所占（%）
性别	男	64.47	平均年龄	36.38	
	女	35.53	平均司龄	9.48	
学历层次	高中或中专	13.42	职务层次	高层管理者	12.10
	大专	30.53		中层管理者	56.58
	大学本科	45.79		基层管理者	31.32
	硕士及以上	10.26			
公司性质	民营/民营控股	44.47	行业类别	服务业	33.25
	国有/国有控股	39.21		IT/通信/高新技术行业	31.58
	外资/外资控股	16.32		传统制造业/建筑业/房地产	19.04
				其他	16.13

表 6-3 员工调查问卷的人口统计学概况

变量	分类	所占（%）	变量	分类/数值	所占（%）
性别	男	55.3	平均年龄	30.89	
	女	44.70	平均司龄	5.98	
学历层次	高中或中专	23.16	职务层次	高层管理者	2.11
	大专	35.26		中层管理者	14.47
	大学本科	37.63		基层管理者	29.21
	硕士及以上	3.95		普通员工	54.21

3. 研究工具与测量

管理者行为。支持式管理行为采用国外学者（Oldham & Cummings，1996）发展的单维度量表。包括"我的直接上级帮助我解决与工作相关的问题"等 8 道题项。

滥权式管理行为采用西方学者（Mitchell & Ambrose，2007）开发的单维度量表，包含"我的直接上司常常说下属的想法和感受是愚蠢"等 5 道题项。

组织集权化。采用伯恩斯和斯托克（Burns & Stalker，1961）的量表，包括"公司对各部门严密的监督与控制的程度"等 4 道题项。

组织公平。采用樊景立，波德卡夫和奥根（Farh，Podsakoff & Organ，1990）发展的两维度量表。程序公平包括"公司在做决策时，遵循公开、透明、无偏见的原则"等 5 道题项；分配公平包括"公司给予各类人员的回报时，充分考虑其努力程度"等 6 道题项。

组织氛围。和谐组织氛围采用陈晓萍和彭泗清（Xiao-Ping Chen & Siqing Peng，2008）开发的单维度亲密关系（Guanxi Closeness Scale）量表作为研究工具。包括"同事们在工作中互相支持、配合"等 8 道题项。冲突组织氛围采用斯佩克特与史提夫（Spector & Steve，1998）开发的单维度工作场所冲突氛围量表作为研究工具，包括"在工作中，你与其他人发生争吵的频率"等 4 道题项。

工作疏离感。采用黄丽和陈维政（2016）自己开发的中国本土化三维度结构量表。三个维度分别是工作任务疏离感、工作人际疏离感与工作环境疏离感，其中工作任务疏离感包括"我的大部分时间都浪费在毫无意义的工作上了"等；工作人际疏离感包括"同事之间的关系不如想象中融洽、友好"等；工作环境疏离感包括"当前的工作环境让人体验到一种紧张压抑感"等，每个维度有 6 道题项，总计 18 道题项。

所有量表均采用李克特 5 点计分。组织氛围、管理者行为与工作疏离感由员工报告；组织集权化程度以及组织公平由直接主管根据所在企业的实际情况进行报告。

6.1.4　研究结果

1. 研究变量的信效度检验

采用 Cronbach's α 系数衡量量表的一致性信度，验证性因子分析检验结构效度，结果如表 6 - 4 所示。

表 6 - 4　　　　　　　　　测量工具的信效度检验

量表名称	α 系数	χ^2/df	RMSEA	AGFI	GFI	IFI	CFI	NFI	NNFI
管理者支持行为	0.878	2.443	0.062	0.947	0.979	0.987	0.987	0.978	0.975
管理者滥权行为	0.934	1.539	0.038	0.977	0.995	0.999	0.999	0.997	0.997
组织集权化	0.784	2.298	0.059	0.971	0.994	0.988	0.987	0.978	0.962
组织公平	0.897	2.212	0.057	0.932	0.962	0.979	0.979	0.962	0.968
和谐组织氛围	0.820	2.540	0.064	0.940	0.977	0.985	0.984	0.975	0.969
冲突组织氛围	0.854	2.266	0.061	0.963	0.996	0.997	0.997	0.995	0.987
工作疏离感	0.934	2.111	0.054	0.904	0.928	0.966	0.965	0.937	0.958

结果表明：Cronbach's α 值均高于 0.70 的判断标准，说明所选用的量表均具有较好的内部一致性信度；验证性因子分析结果的 χ^2/df 值均小于 5，RMSEA 值均小于 0.08，其余各指标值（AGFI，GFI，IFI，

CFI，NFI 和 NNFI）均在 0.90 的判断标准之上，说明所选用的量表均具有良好的结构效度（吴明隆，2010）。

2. 研究变量的相关分析

研究变量的均值、标准差与相关系数如表 6 - 5 所示。

表 6 - 5　　　　　研究变量的均值、标准差与相关系数

变量名称	平均数	标准差	1	2	3	4	5	6	7
管理者支持行为	3.766	0.806	1						
管理者滥权行为	1.369	0.713	-0.453**	1					
组织集权化	3.232	0.573	-0.110*	-0.002	1				
组织公平	3.360	0.724	0.151**	-0.063	-0.493**	1			
和谐组织氛围	3.660	0.717	0.461**	-0.247**	-0.103*	0.192**	1		
冲突组织氛围	2.348	0.858	-0.192**	0.420**	0.040	-0.042	-0.368**	1	
工作疏离感	2.254	0.821	-0.397**	0.576**	0.105*	-0.156**	-0.389**	0.489**	1

注：$*p < 0.05$，$**p < 0.01$，下同。

表 6 - 5 显示：领导支持行为与工作疏离感之间存在显著负向相关关系，领导滥权持行为与工作疏离感之间存在显著正向相关关系，与研究假设 6a - 1、假设 6a - 2 相符；组织集权化、冲突组织氛围与工作疏离感之间存在显著正向相关关系，与研究假设 6a - 3、假设 6a - 5 相符，组织公平、和谐组织氛围与工作疏离感之间存在显著负向相关关系，与研究假设 6a - 4、假设 6a - 6 相符。

下面运用结构方程对上述研究假设进行进一步验证。

3. 管理者行为对工作疏离感的影响

采用结构方程分析管理者两种迥异的行为对下属的工作疏离感所产生的

影响，结果表明支持式管理行为与工作疏离感显著负相关（$\beta = -0.182^{**}$，$^{**}p < 0.01$），支持假设6a－1，而滥权式管理行为与工作疏离感显著正相关（$\beta = 0.541^{**}$，$^{**}p < 0.01$），支持假设6a－2。结果如图6－2所示：

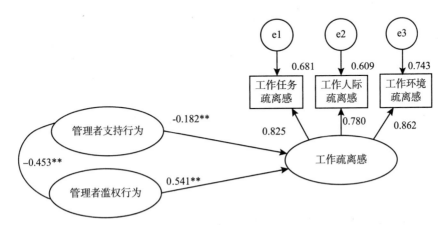

图6－2　管理者支持行为与滥权行为对工作疏离感的影响（N＝380）

注：$\chi^2/df = 3.432$；$RMSEA = 0.078$；$AGFI = 0.912$；$GFI = 0.956$；$IFI = 0.971$；$CFI = 0.972$；$NFI = 0.959$；$NNFI = 0.951$。

4. 组织集权化特点对工作疏离感的影响

首先分析组织集权化对工作疏离感的影响，结果如图6－3所示：

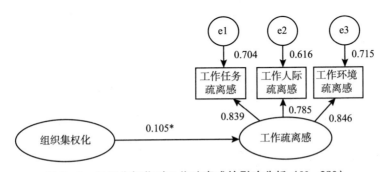

图6－3　组织集权化对工作疏离感的影响分析（N＝380）

注：$\chi^2/df = 3.458$；$RMSEA = 0.0743$；$AGFI = 0.945$；$GFI = 0.968$；$IFI = 0.981$；$CFI = 0.981$；$NFI = 0.974$；$NNFI = 0.956$。

结果表明，组织集权化与工作疏离感显著正相关（β = 0.105**，$*$p < 0.05），支持本章的假设6a - 3。

5. 组织公平对工作疏离感的影响

结构方程分析结果显示组织公平与工作疏离感显著负相关（β = - 0.169**，$**$p < 0.01），支持本章的假设6a - 4。结果如图6 - 4所示：

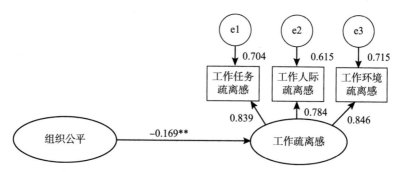

图 6 - 4　组织公平对工作疏离感的影响分析（N = 380）

注：$\chi^2/df = 2.479$；RMSEA = 0.0523；AGFI = 0.963；GFI = 0.976；IFI = 0.992；CFI = 0.992；NFI = 0.987；NNFI = 0.986。

6. 组织氛围对工作疏离感的影响

运用结构方程分析两种不同的组织氛围对工作疏离感的影响，结果如图6 - 5所示：

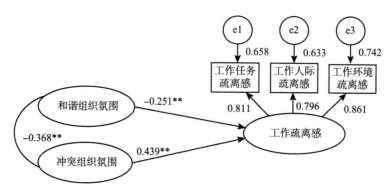

图 6 - 5　组织氛围对工作疏离感的影响（N = 380）

注：$\chi^2/df = 2.281$；RMSEA = 0.061；AGFI = 0.943；GFI = 0.974；IFI = 0.987；CFI = 0.987；NFI = 0.976；NNFI = 0.976。

图6-5表明，两种不同组织氛围对工作疏离感均具有显著的影响，其中和谐的组织氛围与工作疏离感显著负相关（β = - 0.251**，** p < 0.01），支持假设6a - 5，而冲突的组织氛围与工作疏离感显著正相关（β = 0.439**，** p < 0.01），支持假设6a - 6。

7. 组织管理因素对工作疏离感的整合性影响分析

在上述组织管理因素中，那些因素对员工工作疏离感的影响最大？为此，本章将上面涉及的所有组织管理因素放进同一结构方程模型，分析各管理因素之间的相互关系及其对工作疏离感的竞争性影响，如图6 - 6所示：

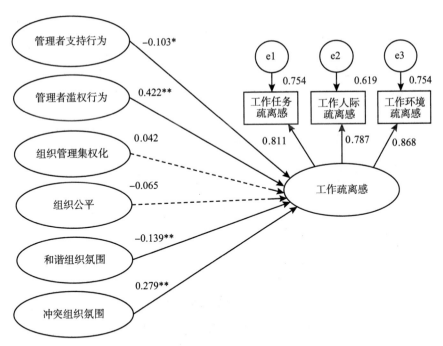

图6 -6　工作疏离感影响因素的整合性分析（N = 380）

注：$\chi^2/df = 1.933$；RMSEA = 0.050；AGFI = 0.955；GFI = 0.988；IFI = 0.991；CFI = 0.991；NFI = 0.982；NNFI = 0.976；——→代表系数显著；---▶代表回归系数不显著。

结果显示：对工作疏离感的最大解释变量集中在冲突组织氛围与滥

权式管理行为，说明在中国企业里，紧张冲突的人际关系和简单粗暴的管理方式是导致员工产生工作疏离感最主要的原因。

8. 组织管控集权化在两种领导行为与工作疏离感之间的中介作用分析

由于采用一对一配对调查，样本收集难度较大，容量小，故适合采用 Bootstrapping 法检验中介作用。由于滥权领导行为与组织管控集权化之间的相关不显著，不满足进行中介分析的前提条件，假设 6 - 7b 没有被验证。故主要分析组织管控集权化在支持领导行为与工作疏离感之间的中介作用，分析结果如图 6 - 7 所示：

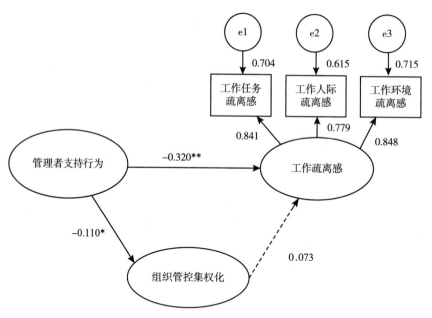

图 6 - 7　组织管控集权化在管理者支持行为与工作

疏离感之间的中介作用分析（N = 380）

注：$\chi^2/df = 4.535$；RMSEA = 0.063；AGFI = 0.946；GFI = 0.963；IFI = 0.964；CFI = 0.963；NFI = 0.952；NNFI = 0.951。

表 6 - 4 与图 6 - 7 对比分析发现：加入组织管控集权化后，管理者支持行为与工作疏离感之间的相关程度减弱，但仍然显著（$\beta = -0.320^{**}$，

**p < 0.01），说明组织管控集权化在上述关系之间起部分中介作用，支持假设6a-7（a）。

9. 组织公平在两种领导行为与工作疏离感之间的中介作用分析

由于滥权领导行为与组织公平之间的相关不显著，不满足进行中介分析的前提条件，假设6-8b没有被验证。故主要分析组织公平在管理者支持行为与工作疏离感之间的中介作用，分析结果如图6-8所示。

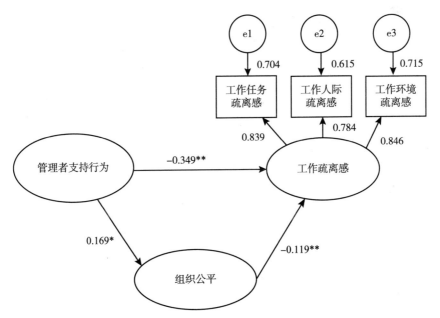

图6-8　组织公平在管理者支持行为与工作疏离感之间的中介作用分析（N=380）

注：$\chi^2/df = 4.642$；RMSEA = 0.075；AGFI = 0.928；GFI = 0.953；IFI = 0.954；CFI = 0.953；NFI = 0.942；NNFI = 0.938；——代表系数显著；---▶代表回归系数不显著。

表6-4与图6-8对比分析发现：加入组织公平后，管理者支持行为与工作疏离感之间的相关程度减弱，但仍然显著（β = -0.349**，**p < 0.01），说明组织公平在上述关系之间起部分中介作用，支持假设6a-8（a）。

10. 组织氛围在两种管理者行为与工作疏离感之间的中介作用分析

采用相同的程序检验在两种不同的管理者行为在不同组织氛围与工

作疏离感之间的中介作用，按照逻辑推断，首先检验支持领导行为在和谐组织氛围与工作疏离感之间的中介作用，结果如图 6－9 所示。

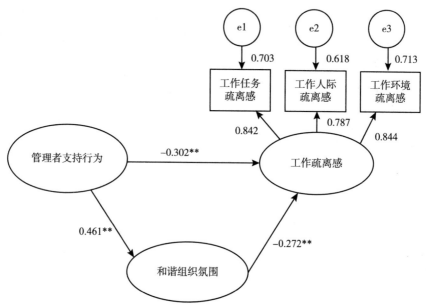

图 6－9　和谐组织氛围在管理者支持行为与工作
疏离感之间的中介作用分析（N ＝380）

注：$\chi^2/df = 4.460$；RMSEA ＝ 0.086；AGFI ＝ 0.931；GFI ＝ 0.982；IFI ＝ 0.981；CFI ＝ 0.981；NFI ＝ 0.976；NNFI ＝ 0.952。

表 6－4 与图 6－9 对比分析发现：加入和谐组织氛围后，管理者支持行为与工作疏离感之间的相关程度减弱，但仍然显著（β ＝ －0.302 ＊＊，＊＊ p ＜ 0.01），说明工作疏离感在上述关系之间起部分中介作用。

然后，采用相同的程序检验冲突组织氛围在管理者滥权行为与工作疏离感之间的中介作用，结果如图 6－10 所示。

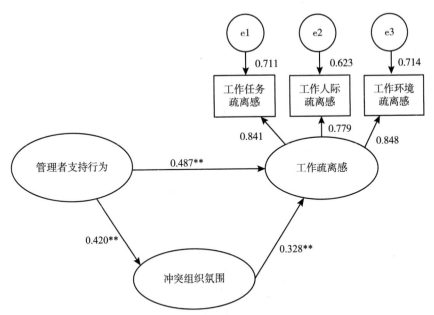

图6-10 冲突组织氛围在管理者滥权行为与工作疏离感之间的

中介作用分析（N=380）

注：$\chi^2/df = 3.384$；$RMSEA = 0.079$；$AGFI = 0.949$；$GFI = 0.986$；$IFI = 0.988$；$CFI = 0.988$；$NFI = 0.984$；$NNFI = 0.971$。

表6-4与图6-10对比分析发现：加入冲突组织氛围后，管理者滥权行为与工作疏离感之间的相关程度减弱，但仍然显著（$\beta = 0.487^{**}$，$**p < 0.01$），说明工作疏离感在上述关系之间起部分中介作用。

将研究全部纳入一个整体的模型进行检验，其全模型的检验结果进一步证明了和谐组织氛围、冲突组织氛围在两种管理者行为与工作疏离感之间起到部分中介作用，支持假设6a-9。同时也说明两种管理者行为影响工作疏离感主要是基于两条不同的路径：管理者支持行为管理者支持行为主要是通过创建和促进和谐组织氛围从而达到减缓工作疏离感体验，但是对削减冲突组织氛围的作用并不显著；对比而言，管理者滥权行为则主要是导致和加剧冲突组织氛围从而使个体的工作疏离感体验增强，但是对和谐组织氛围的负向影响作用并不显著。

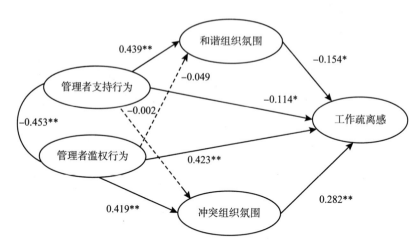

图 6 - 11　组织氛围在两种典型管理者行为与工作疏离感之间的

中介作用分析（N = 380）

注：$\chi^2/df = 4.187$；RMSEA = 0.076；AGFI = 0.937；GFI = 0.936；IFI = 0.932；CFI = 0.935；NFI = 0.935；NNFI = 0.935；——代表系数显著；---▶代表回归系数不显著。

6.1.5　结果讨论、研究启示与展望

1. 结果讨论与研究启示

本章发现，管理者的不同行为会影响下属的工作疏离感程度。管理者的支持行为有助于形成下属对管理者的信赖与认同（Yoon, Beatty & Suh, 2001），缓解或消除下属的工作疏离感。反之，管理者的滥权行为则可能使下属在工作中形成疏隔，感觉受到了不合理、不公平的对待，其必然加剧其工作疏离感体验。在中国传统文化的影响下，企业管理者常采用"威权式""家长式"管理行为，较多地表现出集权、专断、强制、粗暴等官僚主义作风，这在一定程度上伤害了员工的自主性与能动性，也会导致员工在工作场所中的消极情绪体验。

因此在管理实践中，企业管理者需选择恰当的行为方式，与下属建立一种平等、相互尊重的上下级关系，采用积极的、富有建设性作用的"支持式""服务式"与"真诚式"管理行为，为下属排忧解难，引导、

支持、关心、帮助下属开展工作，为员工发展提供机会。一方面，古人云"以铜为镜，可以正衣冠；以古为镜，可以知兴衰；以人为镜，可以明得失"。管理者应该充分意识滥权行为对下属情绪体验以及身心健康的危害性，经常对自身的工作行为进行全面审视与反省。另一方面，企业则应采取系列措施提升管理者的基本素质与管理技能，建立良好的监督机制与奖惩机制，限制和减轻组织内的滥权式管理行为。

本章还表明组织集权化与员工的工作疏离感显著正相关。在中国，企业在不同程度上受到了"君君臣臣，父父子子"的传统儒家文化洗礼以及数千年封建制度的影响，形成了等级森严、权力集中的治理方式，致使员工参与决策和工作自主的机会较少，高度规范化、流程化、制度化的管控特点使得员工容易陷入官僚主义的桎梏之中，难以发挥本身的创造性与能动性，导致员工在工作中产生无能为力感与不可控制感，降低工作热情，滋生工作疏离感。

在知识经济时代，难以替代或难以模仿的知识要素已成为企业的主要竞争优势，人力资本是知识经济时代最重要的资源。企业在组织管理设计时，必须体现出"以人为本"的特点。为了充分调动员工的工作热情和主动创造精神，应该让员工有更大的自主权和决策权，实行员工广泛参与的民主化管理，而不能将员工仅作为劳动异化了的工具。

"不犯寡而犯不均不犯贫而犯不公"的古训彰显国人对公平的高度重视，既往的研究比较强调分配公平的作用，但本章显示与之相比，程序公平对员工的工作疏离感和工作绩效有更强的影响作用。这说明员工在企业不仅关注自己在工作中的收益，更加关注决定其收益的程序和规则。随着我国市场化机能的进一步扩大，法律体系和信用制度的不断完善，员工愈发重视"自己是否被公平地对待"。

因此，企业首先应建立并完善责、权、利相匹配的绩效考核与薪酬管理方案，坚持绩效与奖酬挂钩的分配制度，构建"以贡献分配为主体，兼顾其他分配依据"的公平标准体系。其次，企业管理者应意识到公平是个体的主观感受，容易受个人偏见的影响，应及时体察员工的不公平心理，引导员工正确对待自己和他人的投入与产出。最后，企业应让员工充分了解各项制度与政策制定的原则与利弊，使其更好地配合企业制度的执行；建立多渠道、多形式的申诉机制，确保员工在感受到组织不公平时，能通过正常途径加以解决，而不是产生消极的疏离情绪，甚至做出不利于企业的偏离行为。

本章发现在中国情景下，组织氛围与管理者行为是对员工工作疏离感影响作用最强的因素。中国文化价值观是以"群体导向性"的集体主义，注重"大我"观念的培养。这一文化传统决定了国人注重群体成员之间相互的责任和义务，强调成员之间的情感性联系，倡导企业内部的和谐关系。反之，企业内部冷漠的人际关系甚至紧张冲突的氛围，必然导致员工的不适应，产生疏离性焦虑，这一研究也表明在中国文化情景下，"人治"（主要是指同事或者是上下级之间人际关系亲疏远近、领导是否提供关心、支持等）的影响作用远远大于"法治"（主要是指组织程序、流程、制度等方面的规范化等）。

因此，管理者应注重组织氛围的营造与管理，意识到人情交往是维持中国人亲密社群团结性的必要基础（费孝通，1947），提倡组织成员之间平等、互信、互助、合作与关爱，通过真诚的理解与交流，形成民主的、"以人为本"的管理氛围，从而减少员工游离于组织之外的"边缘感"与"外围感"。此外，管理者应注重分析组织内的各种冲突的性质与表现，并慎重处理人与人之间的冲突，消除或者限制组织冲突的负面效应，避免相互争吵、彼此刁难、粗鲁无礼。企业应秉承以"和解"处理组织冲突，以沟通实现组织和谐，实现组织与员工共赢。

2. 研究局限与未来展望

本章存在以下不足：一是本章采用一对一配对调查收集数据，从个体层面探讨影响下属工作行为的作用机制，暂未考虑到对组织层面的影响作用（如企业绩效、组织凝聚力等）。未来可以采用跨层次方法进行综合分析。二是本章的数据主要来源于西部地区的企业，在代表性方面略显不足，故有必要在未来研究中扩大样本数量，在不同地域进行抽样，提高研究结论的可靠性与适用性。三是本章采用配对调查问卷虽然能克服同源误差对研究结论的影响，但由于部分敏感性题项可能受到社会赞许效应的影响，未来研究时可以增加能避免社会赞许效应的研究方法。

6.2　工作特征模型对工作疏离感与组织公民行为的影响研究
——领导成员交换与组织公平的不同作用

6.2.1　引言

在知识经济时代，研究者发现工作疏离感高危群体从传统的蓝领工作者不断向都市白领管理者、高科技行业从业者蔓延（Nair，Lamond & Vohra，2010），并且高工作疏离感会直接导致员工组织承诺下降、降低工作投入、增加离职倾向以及更多感受到工作—家庭冲突等消极后果（Tuna & Yessİltasş，2014；Abdolhossein，Masoumeh & Marzieh，2013）。因此如何缓解、消除、防范员工的高工作疏离感，正成为组织管理领域探讨的重要话题。

但是既有研究主要是基于西方文化背景，西方文化是以个体主义为核心价值导向和突出特点的，比较注重个体的独立、自主及成就感（Hofstede，1980；Kanungo，1983），故研究者认为当工作自主性一旦被剥夺，就容易形成工作疏离感（Banai & Reisel，2007）。那么在崇尚集体主义价值的中国文化传统背景下，工作自主性是否是影响员工工作疏离感的主要变量？从现实来看，中国大多数企业员工的工作往往体现出劳动强度大、单调枯燥、高度流水线等特征，这可能导致滋生中国企业员工工作疏离感不单是自主决策控制权的匮乏与缺失。故需对比分析工作特征对中西方企业员工工作疏离感的影响差异。

此外，工作疏离感作为工作中一种特定的负面情绪，是否对组织公民行为产生抑制、降低效应，研究者在此方面展开的研究并不多见（Mendoza & Lara，2007），工作疏离感是否解释工作特征影响组织公民行为的内在变量？也尚未有文献研究的支持，在以往的研究中，研究者主要基于工作态度（例如：工作满意度、工作投入）等阐述两者之间的关系，缺乏从工作情绪视角的探讨（周红云，2012；Mansoor，Aslam & Javad et al.，2012），当组织按照工作特征模型五方面的积极属性进行工作设计，员工必然会在工作中体会到自在感，作为人的多样化需求才能得以满足，削减工作中的被控感以及无力感，从而促进更高意愿的组织公民行为表现。与此同时，李和艾伦（Lee & Allen，2002）考察了情绪体验（例如：恐惧、敌意、内疚和悲伤等）与认知评价对组织公民行为的影响，结果发现工作情绪体验比认知评价更能预测人际指向的组织公民行为，但工作认知评价对组织指向组织公民行为的影响更强。高日光和李胜兰（2015）认为亲社会动机对指向同事的组织公民行为和指向组织的组织公民行为均有显著的影响；但印象管理动机仅对指向组织的组织公民行为有显著的影响。

上述研究将组织公民行为进行了更为具体、细化的分析，其研究结论可能暗示两类不同组织公民行为（人际指向组织公民行为与组织指向组织公民行为）的影响因素存在差异，也反映出研究者对组织公民行为的探讨不再是概括化的，而是采用分类的、具体的研究。综上所述，工作疏离感作为特定的情绪，也会对个体的工作行为产生影响，尽管在先前的研究中，工作疏离感负向影响组织公民行为的直接效应已经被少量的研究检验，但是这些研究同样都是基于西方情景，将工作疏离感作为解释工作特征模型与组织公民行为之间内在影响机制的研究还不多见。更为重要的是，通过上述研究可以推测工作疏离感与两类迥异的组织公民行为之间"内在黑箱"与"边界条件"也可能存在影响差异。故展开内在机制的研究能较好地拓展和深化工作疏离感、组织公民行为的理论探讨，同时在实证研究的基础上，总结提炼相关的管理策略，这对管控员工的工作疏离感、提升组织公民行为也具有较好的现实意义。

6.2.2　研究假设

1. 工作疏离感的定义

在管理学领域，研究者倾向于认为工作疏离感（work alienation）是指个体知觉到工作不能满足自身的需要与期望，从而滋生一种孤立无助和被工作束缚的心理状态，并降低个体的积极工作动机（Banai & JianXin Hu, 2003；Banai, Reisel & Probst, 2004）。从外在表现看，工作疏离感反映员工普遍存在的对工作漠不关心、对工作投入精力较少、缺乏热情和参与（Hirschfeld, 2002），强调工作仅是为了获取外在报酬的工具和手段（Moch, 1980），是一种普遍存在的员工与工作情景相分离的状态（Banai & Weisberg, 2003；Hirschfeld & Hubert, 2000）。

2. 工作特征对工作疏离感的影响

早期研究认为当工作是机械单调并且严格监督时，员工容易产生疏离感（Weissenberg & Gruenfeld, 1968；Lawler & Hall, 1970；Shepard, 1970；Lawler, 1973；Kohn, 1976）。科尔曼（Korman, 1981）指出与工作疏离感密切相关的因素：不确切的期望、矛盾的角色要求、外部控制感以及工作满意感的丧失。另外，部分研究者认为角色压力（角色模糊、角色冲突与角色混淆）与工作疏离感呈显著正相关（Michaels, Cron, Dubinsky & Joachimsthaler, 1988；Michaels, Dubinsky, Kotabe & Lim, 1996）。

近期，研究者主要基于哈克曼和奥尔德姆（Hackman & Oldham, 1975）工作特征模型探讨其对工作疏离感的影响，巴奈和雷塞尔（2004）对匈牙利 395 名企业员工的研究表明：工作反馈性、自主性及多样性对工作疏离感有显著的负向影响。巴奈和雷塞尔（2007）采用霍夫斯泰德的社会文化分类框架，跨文化比较研究了工作特征影响工作疏离感的差异，结果表明在高个人主义—低权力距离国家，工作自主性与反馈性的影响较大，而对于集体主义—高权力距离国家，工作多样化与完整性的影响较大。奈尔和沃拉（2010）对印度企业员工进行抽样调查，研究表明，工作意义感、自我表达与工作疏离感显著负相关，但工作多样性、自主性与工作疏离感的负相关不显著。

基于上述分析，本章认为工作特征模型包括的工作多样性、完整性、重要性、自主性以及反馈性积极属性，能激发员工内在的工作动机，使其体会到工作的意义感与责任意识，从而缓解工作疏离感。因此，研究假设 6b-1 认为：

研究假设 6b-1：工作特征模型对工作疏离感有显著的负向影响。

3. 工作疏离感对组织公民行为的影响

组织公民行为是指超越组织规章规定要求、员工自发表现的正向积极行为，譬如与同事保持良好的工作关系；坦然面对逆境、主动加班工作等，这些行为在本质上有利于提升组织的绩效。当个体滋生满意感、幸福感等积极情绪体验时，其愉悦的情感情绪使员工倾向于正向、积极评价周围的环境与人际，唤醒其"与人为善""助人为乐"的动机，故表现出更多的积极有利于组织与同事的亲社会行为；同时亲社会行为在本质上是受到赞许的行为，其外界的称赞使员工内心容易产生高尚感和自豪感，组织公民行为与积极情绪体验互相促进并形成良好的循环。然而，当个体滋生对工作缺乏控制与主导感；人际的冷漠与孤立感；环境的压抑和约束感，这就会制约员工的主动性与自主性，束缚能动性与创造性，降低对他人需要的关注度与敏感性，这本身就会减少个体的助人行为；同时组织公民行为作为一种角色外行为，具有内隐、难以洞察、自身可以充分控制、不行为亦不受处罚等特性，这都促使员工极其可能采取此类行为宣泄内心的消极情绪。此外，已有的部分研究表明，工作疏离感会抑制员工组织公民行为（Mendoza & Lara, 2007），降低员工的工作满足与组织承诺（林钲棽和陈威菖，2003）。据此，提出如下的研究假设：

研究假设 6b-2：工作疏离感对员工人际指向组织公民行为具有显

著的负向影响。

研究假设 6b - 3：工作疏离感对员工组织指向组织公民行为具有显著的负向影响。

4. 工作疏离感在工作特征模型与员工组织公民行为之间的中介作用分析

波达克夫（Podsakoff，2000）指出，工作特征模型是影响组织公民行为的重要因素，工作满意度在两者之间起中介作用。刘德鹏、汪丽和易志高（2011）探讨了工作自主权对激发组织公民行为的内在机制，结果发现个体与组织联系（Links to organization）分别在两者之间起完全中介作用。周红云（2012）探讨了工作特征、组织公民行为与公务员工作满意度之间的关系，结果表明工作特征模型五个维度通过工作满意度间接地影响员工的组织公民行为。

以上研究表明，工作特征会透过员工的情绪、态度间接影响其角色外行为。当员工能从工作进程中丰富知识与技能，意识到工作成果的价值与意义，自主地决定工作过程与内容、方式与方法，就会感到工作的意义感、成就感、控制感与价值感，降低个体对工作无能为力感、压抑感与紧张感，体会到工作的乐趣与满足，从而促进更高意愿的组织公民行为表现。据此，提出如下的研究假设：

研究假设 6b - 4：工作疏离感在工作特征模型与人际指向组织公民行为之间起中介作用。

研究假设 6b - 5：工作疏离感在工作特征模型与组织指向组织公民行为之间起中介作用。

5. 领导—成员交换在工作疏离感与人际指向组织公民行为的调节作用分析

人际指向组织公民行为主要指员工在工作中愿意帮助周边同事的积极主动行为。此类助人行为的产生与个体的情绪状态密不可分，同时在以伦理、关系为导向的中国社会，人际互动关系对个体的工作行为也有着显著的影响。领导—成员交换关系衡量上下级之间的人际关系质量，其人际关系的亲疏远近状况会影响、干扰个体的情绪情感，也为员工行为提供了隐含的规则和评价的标准（梁漱溟，2005；Cropanzano & Mitchell，2005）。当个体与领导建立高水平的交换关系时，基于信任支持的人际互动，开放诚实的交流沟通会改善、缓解、疏导个体在工作情景中的压抑、疏离、游离等负面情绪，同时高质量领导成员交换对行为双方起到"互惠规范"制约，这种互惠式规范约束下属消极行为倾向并促进积极行为（Dulebohn，Bommer & Liden et al.，2012）。已有的实证研究也表明，获得来自领导的工作资源和社会支持，是下属应对情绪枯竭的重要途径（Campbell，Perry & Maertz et al.，2013；陆欣欣和孙嘉卿，2014）。故在高质量领导成员交换情景下，会降低负面情绪对与人交往、助人与合作等人际指向组织公民行为的抑制、负面作用，反之，则会增强负面情绪对个体行为的消极影响。据此，提出如下的研究假设：

研究假设 6b - 6：领导成员交换在工作疏离感与人际指向组织公民行为之间起调节作用，工作疏离感与组织指向公民行为之间的负向关系随着领导成员交换不同程度呈现显著的差异，相比低质量领导成员交换，在高质量领导成员交换中，随着工作疏离感程度的降低，人际指向组织公民行为的发生频率增加更为显著。

6. 组织公平在工作疏离感与组织指向组织公民行为的调节作用分析

组织指向组织公民行为主要指员工愿意维护、关心组织发展的正向积极行为。程建君和贺丹（2015）进行组织公民行为研究综述时指出，当个体感到高组织承诺和公平感时，就会优先考虑组织的利益，引发更多的有利于组织的组织公民行为。吕晓俊（2012）认为情绪与公平之间存在相互影响，个体对组织内部规章规则、管理方式知觉评价会影响和作用于个体的情绪状态和反应方式。这也即是说当个体倾向于一种消极的方式评价周围环境（不公平或者缺乏公平）会导致或者强化消极的情绪体验，进而更不易产生自发的、主动的维护组织利益等正向行为；但当个体处于一种相对合理、公正的评价环境中，会削减、降低个体对工作的无意义感、无价值感等负面情绪，这在一定程度上会压制工作疏离感对组织指向公民行为的负向作用。据此，提出如下的研究假设：

研究假设6b-7：组织公平在工作疏离感与组织指向组织公民行为之间起调节作用，工作疏离感与组织指向公民行为之间的负向关系随着组织公平不同程度呈现显著的差异，在相比低组织公平环境，在高组织公平环境中，随着工作疏离感程度的降低，组织指向组织公民行为的发生频率增加更为显著。

基于以上理论分析和研究假设，本章变量关系如图6-12所示：

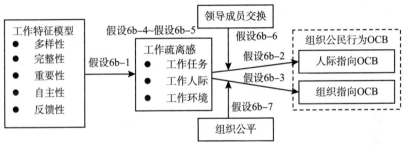

图6-12 研究变量关系

6.2.3 研究方法

1. 研究对象与程序

为避免共同方法偏差问题对研究结果的影响，采用员工和其直接上级主管一对一配对问卷调查，通过在 MBA 和人力资源管理培训班调查、企业实地调查、委托发放三种方式收集问卷。调查时，将事先配对编码的一套问卷发给调查对象，请他们完成主管调查问卷，并将员工问卷交由相应的下属，各自独立评价后分别密封回邮给调查小组。回收问卷后，根据编码确定配对调查问卷，剔除未成功配对问卷与废卷。

2. 样本概况

总计发放768套配对调查问卷，回收412套，剔除32份无效废卷，获得 380 套有效问卷，有效回收率为 49.48%。在 380 套有效问卷中，225 套来自 MBA 和人力资源管理培训班调查，112 套来自企业实地调查，43 套来自委托代发，分别占总有效配对调查样本的 59.21%，29.47% 与 11.32%。

人口统计学变量中，性别、年龄、学历、职务层次等由直接主管与员工分别报告，公司性质、行业类别由直接主管报告。主管样本与员工样本概况如表 6-6、表 6-7 所示：

表 6-6　　主管调查问卷的人口统计学概况（N=380）

变量	分类	比例（%）	变量	分类/数值	比例（%）
性别	男	64.47	平均年龄	36.38	
	女	35.53	平均司龄	9.48	
学历层次	高中或中专	13.42	职务层次	高层管理者	12.10
	大专	30.53		中层管理者	56.58
	大学本科	45.79		基层管理者	31.32
	硕士及以上	10.26			
公司性质	民营/民营控股	44.47	行业类别	服务业	33.25
	国有/国有控股	39.21		IT/通信/高新技术行业	31.58
	外资/外资控股	16.32		传统制造业/建筑业/房地产	35.17

表 6-7　　员工调查问卷的人口统计学概况（N=380）

变量	分类	比例（%）	变量	分类/数值	比例（%）
性别	男	55.3	平均年龄	30.89	
	女	44.7	平均司龄	5.98	
学历层次	高中或中专	23.16	职务层次	高层管理者	2.11
	大专	35.26		中层管理者	14.47
	大学本科	37.63		基层管理者	29.21
	硕士及以上	3.95		普通员工	54.21

3. 研究工具与测量

工作特征模型。采用哈克曼与奥尔德姆（1975）提出、伊达扎克、杰奎琳和德拉斯戈（Idaszak，Jacqueline & Drasgow，1987）修订的简化量表，包括工作多样性、重要性、自主性、反馈性与完整性五个维度，每个维度下包括 2 道正面描述题项与 1 道反面描述题项。典型的描述包括"我有机会运用不同的知识技能去完成不同的任务"（多样性）；"我的工作做得怎样会影响其他人"（重要性）；"我几乎可以完全决定我的工作怎么做以及如何做"（自主性）；"我的直接上级与同事经常反馈工作意见"（反馈性）以及"我从头至尾执行任务，其结果清晰可辨"（完整性）等。

工作疏离感。采用黄丽，陈维政（2016）开发的中国企业员工本土化三维度结构工作疏离感量表。三个维度分别是工作任务疏离感、工作人际疏离感与工作环境疏离感，其中工作任务疏离感包括"我的大部分时间都浪费在毫无意义的工作上了"等；工作人际疏离感包括"同事之间的关系不如想象中融洽、友好"等；工作环境疏离感包括"当前的工作环境让人体验到一种紧张压抑感"等，每个维度均包含 6 道题项，总计 18 道题项。

领导成员交换。采用国外学者（Graen & Uhl-bien，1995）发展的单维度量表。该量表被广泛地使用，且显示出较高的信度，包含"直接上司能意识到我的潜力"等 7 道题项。

组织公平。采用樊景立，波德卡夫和奥根（1990）发展的两维度（分配与程序公平感）量表衡量组织内部管理制度是否公平。程序公平采用"公司在做决策时，遵循公开、透明、无偏见的原则"等 5 方面的测量指标；分配公平采用"公司给予各类人员的回报时，充分考虑其努力程度"等 6 方面的测量指标。

组织公民行为。采用李和艾伦（2002）开发的两维度量表。其中人际指向组织公民行为包括"调整工作计划以配合其他同事的时间安排"等 8 道题项；组织指向组织公民行为包括"提出改善组织运作的积极建议"等 8 道题项。

以上所有量表均采用李克特 5 点计分。工作特征模型、工作疏离感、领导成员交换与组织公平由员工根据自身的真实感受与认知进行评价报告；组织公民行为由直接主管根据下属的实际情况进行报告。

6.2.4　研究结果

1. 研究变量的信效度检验

采用 Cronbach's α 系数衡量量表的一致性信度，见表 6 – 9 对角线括号数值所示；采用验证性因子分析检验量表的结构效度，见表 6 – 8。

表 6 – 8　　　　　测量工具的信效度检验（N = 380）

量表名称	χ^2/df	RMSEA	AGFI	GFI	IFI	CFI	NFI	NNFI
工作特征模型	2.910	0.071	0.941	0.964	0.957	0.957	0.956	0.953
工作疏离感	2.111	0.054	0.904	0.928	0.966	0.965	0.937	0.958
领导成员交换	2.303	0.059	0.961	0.987	0.992	0.992	0.987	0.983
组织公平	2.435	0.076	0.906	0.947	0.964	0.963	0.941	0.946
组织公民行为	2.964	0.075	0.905	0.935	0.978	0.988	0.934	0.936

表 6 – 8 表明：Cronbach's α 值均高于或接近 070 的判断标准，说明所选用的量表均具有较好的内部一致性信度；验证性因子分析结果表明：χ^2/df 值均小于 5，RMSEA 值均小于 0.08，其余各指标值（AGFI、GFI、IFI、CFI、NFI 和 NNFI）均在 0.90 的判断标准之上，说明所选用的量表均具有良好的结构效度（吴明隆，2010）。

2. 研究变量的相关分析

研究变量的均值、标准差与相关系数见表 6 – 9。

表 6 – 9　　　　　　　　均值、标准差与相关系数（N = 380）

变量名称	平均数（M）	标准差（SD）	1	2	3	4	5
工作特征模型	3.406	0.477	(0.785)				
工作疏离感	2.254	0.855	− 0.399 **	(0.927)			
领导成员交换	3.562	0.723	0.428 **	− 0.385 **	(0.852)		
组织公平	3.442	0.701	0.397 **	− 0.159 **	0.300 **	(0.885)	
组织公民行为	3.872	0.626	0.478 **	− 0.457 **	0.418 **	0.388 **	(0.903)

注：* p < 0.05，** p < 0.01，下同；括号中为 Cronbach's α 值。

表 6 – 9 表明：工作特征模型与工作疏离感显著负相关，初步支持研究假设 6b – 1；工作疏离感与组织公民行为显著负相关，初步支持研究假设 6b – 2 与假设 6b – 3。

3. 工作特征模型对工作疏离感的影响分析

采用结构方程分析工作特征模型整体对工作疏离感的影响，结果如图 6 – 13 所示：

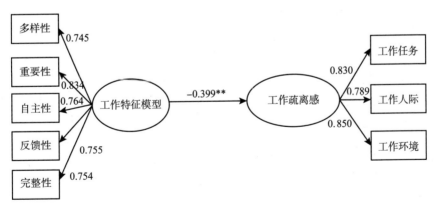

图 6 – 13　工作特征模型对工作疏离感的影响分析（N = 380）

注：$\chi^2/df = 2.466$；RMSEA = 0.062；AGFI = 0.944；GFI = 0.970；IFI = 0.970；CFI = 0.969；NFI = 0.950；NNFI = 0.955。

图 6-13 显示，工作特征模型对工作疏离感有显著的负向影响（β = -0.399**，**p < 0.01），支持研究假设 6b-1。为了与西方文化下的类似研究进行对比，采用皮尔逊相关分析探讨工作特征模型五维度与工作疏离感之间的关系，结果见表 6-10：

表 6-10 工作特征模型五维度与工作疏离感之间的相关系数

项目	工作多样性	工作重要性	工作自主性	工作反馈性	工作完整性
工作重要性	0.238**				
工作自主性	0.181**	0.175**			
工作反馈性	0.230**	0.432**	0.205**		
工作完整性	0.291**	0.318**	0.322**	0.523**	
工作疏离感	-0.317**	-0.241**	-0.143**	-0.341**	-0.323**

在管理实际中，这五种积极工作属性之间存在相互竞争与干扰作用，故有必要将五维度纳入同一结构方程进行分析，结果如图 6-14 所示：

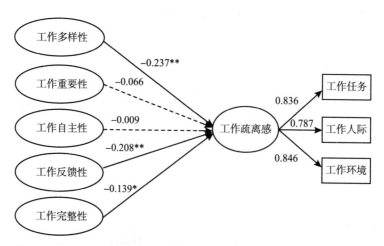

图 6-14 工作特征模型五维度对工作疏离感的影响分析（N = 380）

注：$\chi^2/df = 1.806$；RMSEA = 0.046；AGFI = 0.958；GFI = 0.988；IFI = 0.991；CFI = 0.991；NFI = 0.981；NNFI = 0.975；——▶代表回归系数显著，---▶代表回归系数不显著，* p < 0.05，** p < 0.01。

表6－10说明工作特征模型五维度与工作疏离感之间存在显著的负向相关（＊＊p＜0.01）。图7－14竞争模型的分析结果表明：工作特征模型五维度对工作疏离感的影响存在明显差异，在中国企业，对下属工作疏离感负向影响较大的是工作多样性、工作反馈性与工作完整性；相比较而言工作自主性与工作重要性的负向影响较小。

4. 工作疏离感在工作特征模型与组织公民行为之间的中介作用

由于采用一对一配对调查，样本收集难度较大，容量小，适合采用Bootstrapping法检验工作疏离感的中介作用。表6－9相关分析表明，自变量、中介变量与结果变量之间呈显著相关，满足进行中介作用检验的前提条件。在Bootstrapping程序中，将样本数设为1000，置信区间水平设定为0.95。结构方程拟合结果如图6－15所示：

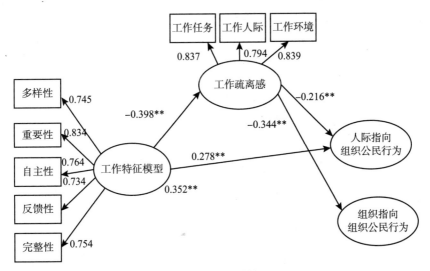

图6－15　工作疏离感在工作特征模型与下属组织公民行为

之间的中介作用分析（N＝380）

注：$\chi^2/df = 2.041$；RMSEA ＝ 0.052；AGFI ＝ 0.936；GFI ＝ 0.961；IFI ＝ 0.967；CFI ＝ 0.967；NFI ＝ 0.937；NNFI ＝ 0.954，＊p＜0.05，＊＊p＜0.01。

图6－15显示，工作疏离感对人际指向组织公民行为具有显著的负向

影响（$\beta = -0.216^{**}$，$^{**}p < 0.01$），这支持了研究假设 6b－2；同时工作疏离感对组织指向组织公民行为具有显著的负向影响（$\beta = -0.344^{**}$，$^{**}p < 0.01$），这支持了研究假设 6b－3。

另外，表6－8与图6－14对比分析发现，加入工作疏离感这一中介变量之后，工作特征模型与人际指向组织公民行为、组织指向组织公民行为之间的相关程度减弱，但仍然显著，说明工作疏离感在上述关系之间起部分中介作用，支持研究假设 6b－4 与 6b－5。

5. 领导成员交换、组织公平在工作特征模型与工作疏离感之间的调节作用

依据方杰，温忠麟和梁东梅等（2015）的观点，中心化能通过减少非本质的共线性来减少数据收敛问题，提高收敛速度。故本章在通过层次回归分析来检验领导成员交换、组织公平的调节作用时，对自变量（工作疏离感）与调节变量（领导成员交换、组织公平）分别进行了均值中心化处理，结果如表6－11 和表6－12 所示。

表6－11　　　　领导成员交换在工作疏离感与人际指向组织
公民行为之间的调节作用分析

自变量 \ 因变量	人际指向组织公民行为					
	M1 回归方程		M2 回归方程		M3 回归方程	
	β	p	β	p	β	p
控制变量：						
性别	0.035	0.584	0.029	0.591	0.039	0.472
年龄	0.028	0.756	0.027	0.729	0.027	0.729
司龄	0.155	0.073	0.083	0.259	0.087	0.233
学历水平	0.134	0.051	0.163	0.005	0.164**	0.005
职务层次	0.137*	0.046	0.124*	0.032	0.100	0.061
主效应：						
工作疏离感			-0.357^{**}	0.000	-0.364	0.000

续表

因变量 自变量	人际指向组织公民行为					
	M1 回归方程		M2 回归方程		M3 回归方程	
	β	p	β	p	β	p
领导成员交换			0.274 **	0.000	0.267	0.000
调节效应：						
工作疏离感×领导成员交换					-0.135 *	0.0200
ΔF	2.770		49.318 **		2.906 *	
R²	0.033		0.312		0.335	
ΔR²	0.033		0.279 **		0.023 *	

注：* p < 0.05 , ** p < 0.01；所有回归系数均经过标准化；自变量进行了中心化处理。

表 6 - 12　组织公平在工作疏离感与组织指向组织公民行为之间的调节作用分析

因变量 自变量	组织指向组织公民行为					
	M1 回归方程		M2 回归方程		M3 回归方程	
	β	p	β	p	β	p
控制变量：						
性别	0.052	0.421	0.047	0.387	0.045	0.405
年龄	0.028	0.761	0.052	0.497	0.041	0.587
司龄	0.094	0.279	0.002	0.976	0.009	0.901
学历水平	0.051	0.464	0.084	0.144	0.084	0.143
职务层次	0.139 *	0.043	0.072	0.208	0.072	0.207
主效应：						
工作疏离感			-0.444 **	0.000	-0.447	0.000
组织公平			0.276 **	0.000	0.307	0.000
调节效应：						
工作疏离感×组织公平					-0.113 *	0.040
ΔF	1.978		55.057 **		4.282 *	
R²	0.039		0.340		0.351	
ΔR²	0.039		0.301 **		0.012 **	

注：* p < 0.05 , ** p < 0.01；所有回归系数均经过标准化；自变量进行了中心化处理。

以人际指向组织公民行为为因变量的层次回归分析表明，加入工作疏离感、领导成员交换以及两者的交互效应对人际指向组织公民行为的影响均显著（$\beta = -0.135^*$，$^* p = 0.020$），说明领导成员交换显著负向调节工作疏离感与人际指向组织公民行为之间的关系，支持研究假设6b－6。

采用 Split-Plot 绘图分析方法进一步分析在高低不同领导成员交换状态下，工作疏离感与人际指向组织公民行为之间关系的变化，结果如图6－16所示。

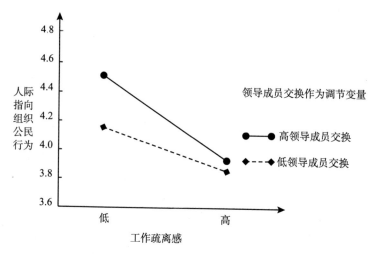

图6－16　领导成员交换对工作疏离感和人际指向组织公民行为之间关系的调节作用

图6－16显示：总体而言，当工作疏离感较低时，人际指向组织公民行为的发生概率较高；同时两者之间的负向关系随着领导成员交换程度的不同呈现显著的差异，即在高领导成员交换时，随着工作疏离感程度的降低，人际指向组织公民行为的发生频率增加较显著；在低领导成员交换时，随着工作疏离感程度的降低，人际指向组织公民行为的发生频率增加较缓慢。

以组织指向组织公民行为为因变量的层次回归分析表明，加入工作疏离感、组织公平以及两者的交互效应对组织指向组织公民行为的影响均显著显著（$\beta = 0.113^*$，$* p = 0.040$）（见表 6 – 11），说明组织公平显著负向调节工作疏离感与组织指向组织公民行为之间的关系，支持研究假设 6 – G。

采用 Split-Plot 绘图分析方法进一步分析在高低不同组织公平状态下，工作疏离感与组织指向组织公民行为之间关系的变化，结果见图 6 – 17。

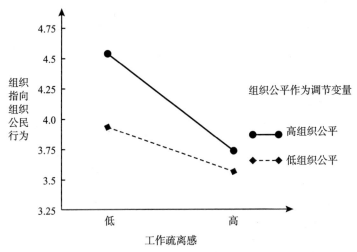

图 6 – 17   组织公平对工作疏离感和组织指向组织公民行为之间关系的调节作用

图 6 – 17 显示：总体而言，当工作疏离感较低时，组织指向组织公民行为的发生概率较高；同时两者之间的负向关系随着组织公平不同程度呈现显著的差异，在高组织公平时，随着工作疏离感程度的降低，组织指向组织公民行为的发生频率增加较显著；在低组织公平时，随着工作疏离感程度的降低，组织指向组织公民行为的发生频率增加较缓慢。

6.2.5   结果讨论、研究启示与展望

1. 结果讨论

本章发现，工作特征模型对下属的工作疏离感有显著的负向影响，

影响较大的是工作多样性、反馈性与完整性，较小的是工作自主性与重要性。这说明由于文化背景因素不同，中西方企业员工对工作积极属性的诉求存在差异，区别于西方学者对工作自主性的强调，反而突出了员工对工作多样性、反馈性与完整性的重视，是本章的理论贡献之一。这在一定程度上揭示了中国企业员工的工作现实，大量低附加值的劳动密集型企业片面追求高效率、高产量、效益优先、成本控制的管理目标。因此，在管理方面侧重关心产量和效益，而把员工视为生产工具的"经济人"，过分强调劳动分工和专业化，造成生产一线的岗位工作具有高度重复性、标准化的刚性特征，工作缺乏对员工多样化技能的展示，无法使其施展自身的才能；同时员工由于仅完成工作流程的某个单一的环节，故感受不到对其当前工作对于工作整体乃至组织的价值与意义；组织内部金字塔形管理结构迫使基层员工受到严格的管理和监控，阻止了不同层级间员工的沟通和交流，反映了管理沟通的欠缺，员工难以直接获得工作的反馈。这些都容易使员工感到机械枯燥、节奏紧张、劳动强度较大，丧失对工作的意义感和目的感，也限制了个体的发展。

工作自主性与重要性对工作疏离感的缓解作用较小，这符合高权力距离的中国文化特征。从古代的"三纲五常"到现代的"领导等级制""金字塔组织结构"，高权力距离是中国文化传统的重要组成部分（杨国枢，1993）。故个体已经习惯于权力分配的不均，习惯于权力的高度集中，习惯于被权力所支配，"不在其位不谋其事"更是反映了员工对权力范围"责"与"利"清晰意识。故中国企业虽然注重加强基层管理和班组建设，提倡参与管理和提供合理化建议活动，但个体更关心自身的薪酬福利；同时中国人认为自己的工作在多大程度上影响其他人的工作或生活主要取决于"权力""职位"而非源自工作成果的价值与贡献，这种对自主性与重要性诉求的弱化，必然会减少对工作疏离感的抑制作用。

工作疏离感在工作特征模型与两类组织公民行为之间均起到部分中介作用，这说明积极工作属性工作设计有利于增进个体的积极情绪与认知，同时降低、缓解工作疏离感，从而间接影响个体组织公民行为。也说明工作疏离感无论是对人际指向组织公民行为还是组织指向组织公民行为都有直接的负向作用，这主要源自工作疏离感这种情绪所具有的渲染性、弥散性以及持久性特点，首先，情绪作为个体应对外界的资源，积极情绪反映出"溢出"效应，反之个体对消极情绪的抑制则会导致自我损耗（ego depletion）状态，由于自我损耗，会导致作为个体自发的、主动控制行为所需资源处于短缺状态，个体再难以执行自控任务（谭树华、许燕、王芳等，2012）。其次，工作疏离感降低了个体对他人需求的感知、并且个体容易保持高度的人际敏感，研究发现对个体会产生消极的影响，由此可以推测这可能也会导致人际指向组织公民行为的降低（刘艳、谷传华，2015）。

调节作用的结果表明：工作疏离感影响人际指向组织公民行为主要是受到人际关系质量、亲疏远近的制约，这说明人际指向组织公民行为的发生既与行为当事人的情绪状态有着密切关联，但同时反映了人际指向组织公民行为的产生符合人际交往的"互惠互利"法则。具体来说，领导成员关系抑制了个体工作疏离感对人际指向组织公民行为的消极影响。其原因在于根据组织行为研究的多焦点（multifoci）视角（Lavelle, Rupp & Brockner, 2007），人际指向公民行为是员工做出的有利于他人的角色外行为，它更多的受人际交换关系的影响，即使当个体产生了工作疏离感，高领导—成员交换关系无疑是一剂良方，它不仅可以干预个体本身的工作疏离感，而且也会在基于互惠的法则下，抑制工作疏离感的"扩散性"消极效应。这源于高领导—成员交换关系是长时间双向互动、选择的结果，员工的组织公民行为在某种程度上是拉近双方距离的"润滑剂"，是决定领导成员交换差异的重要基础（Chen, He & Weng, 2018），因此，即使员工在内心滋生了工作疏离感，也不会轻易通过降低人际指向组织公民行为来损害双方的关系。

工作疏离感影响组织指向组织公民行为则主要是受到组织管理制度的公平有否的影响，说明组织指向组织公民行为的发生既与行为当事人的心态心境相关，但同时也受到行为当事人对组织制度公平性评价的影响。组织指向组织行为是员工与组织之间互动的结果，在这种互动中，个体会对组织管理产生评价，如果组织能在制度设计、管理流程等方面恪守公平、公正、公开，任人唯贤的原则，员工必然会在心理认同其所在的组织，真心将其自身视为组织的一员，这种心理上的认同能够化解个体的疏离与疏远情绪，在行为表现上更为积极、主动，回馈于组织譬如维护组织荣誉等行为。尽管研究者一致倾向于认为组织公民行为从获益的对象来说，分为人际指向组织公民行为与组织指向组织公民行为，但是通过上述研究证实了这两类典型利他行为影响与发生机制可能是存在差异的。从当前研究来看，大部分研究者仍然将组织公民行为视为整体来展开研究，仅少量研究揭示了其存在的差异，如耐斯（lies，2009）在其研究中指出，个性特征中宜人性主要影响个体的人际指向组织公民行为，而责任心则主要影响个体的组织指向组织公民行为。故在后续研究中应着力揭示两者形成的不同。

2. 理论与实践意义

本书的理论贡献在于：第一，本章探讨了工作特征五维度对工作疏离感的影响差异，并与西方研究进行对比分析，说明在理解工作疏离感的前因变量上，应注重社会文化的差异及其企业现实环境的不同，不能完全照搬西方学者的研究结果。第二，本章丰富了工作特征模型与员工组织公民行为之间的中介机制。过去学者多关注于工作态度视角阐述其中介机制，而本书则从员工情绪的视角，关注消极情绪在工作特征模型与员工组织公民行为的中介作用，拓展了工作特征模型影响下属组织公民行为的解释。第三，本章也丰富了工作疏离感对两类员工组织公民行为作用的调节机制，领导成员交换关系是调节工作疏离感与人际指向组织公民行为之间关系的重要变量，而组织公平是调节工作疏离感与组织指向组织公民行为之间关系的重要变量。进一步而言，本书发现尽管个体的工作疏离感均会对两类组织公民行为带来消极影响，但是在内在影响机制在可能存在不同的边界，社会交换理论解释工作疏离感与人际指向组织公民行为之间的内在机制，而组织公平理论则阐述工作疏离感影响组织指向组织公民行为的边界。本章扩展了工作疏离感影响两类组织公民行为的解释边界。

　　本书也有一定实践意义：第一，企业应改变传统的、刚性的工作设计模式。按照工作特征模型的五个维度进行人性化的现代岗位分析与设计，尤其要体现工作多样性、反馈性与完整性，将员工视为情感、有需求、有理想的"社会人"。根据职业生涯发展的不同阶段，科学地实行工作轮换制度，克服由于社会分工过细导致工作高度重复性、单调化，长期从事这种工作极其容易产生的厌烦感与枯燥感，注重增加工作的多样化、新鲜感、趣味性与挑战性。特别要注意针对一线员工设计合理的工时制度和作业时间，切实保证其身心健康。增加对员工的人文关怀与改善沟通方式，为其提供有关工作进程、成效的反馈意见，激发员工的成长性需要，而不能将员工仅仅作为劳动异化了的工具。

　　第二，调节机制的探讨为实践者提供了缓解工作疏离感压制、约束组织公民行为的具体做法。管理实践者需要对组织公民行为实行分类管理，不同的策略其作用效果会有所不同，包括建立平等合作的信息沟通、互相信任与相互尊重的良好互动人际关系、给予更多工作自主权和工作发展机会等措施降低工作疏离感对人际指向公民行为的限制作用；也包括在组织制度设计层面上提高员工的参与度、建立科学的绩效考核体系和薪酬体系、在制度执行上要一视同仁不能差别对待，保障分配制度的稳定性等缓解工作疏离感对组织指向公民行为的约束作用。

3. 研究局限与未来展望

　　本章存在以下不足：第一，本章采用一对一配对调查收集数据，探讨工作疏离感影响下属组织公民行为的内在作用机制，暂未考虑到对个体层面（如任务绩效等）其他方面的影响作用和对组织层面（如企业绩效等）的影响作用。未来可以采用跨层次方法进行综合分析。第二，本章的数据主要来源于西部地区的企业，在代表性方面略显不足，故有必要在未来研究中扩大样本数量，在不同地域进行抽样，提高研究结论的可靠性与适用性。第三，本章采用配对调查问卷虽然能克服同源误差对研究结论的影响，但由于部分敏感性题项可能受到社会赞许效应的影响，未来研究可以增加能避免社会赞许效应的方法。

6.3 赋权与工作疏离感管理

6.3.1 问题的提出

工作疏离感理论在学界受到越来越多的关注，已经发展成组织行为理论近期的研究重点与热点，工作疏离感研究至今已经取得了丰硕的研究成果，总的来看，目前的研究主要集中于寻找影响工作疏离感的个体层面与组织层面前因变量，即工作疏离感的成因分析，主要包括组织结构、工作特性、积极领导风格、个性特征等（Nair & Vohra，2010；Su-lu，Ceylan & Kaynak，2010），以及由此导致的消极后果，如消极工作态度，负向偏离行为等（Mendoza，2007；David & Tonatiuhb，2009；Cheung & Ngai，2010）。而目前善待解决也是最为重要的问题是如何缓解与管理员工的工作疏离感。但这部分的研究甚少，尚缺乏完整的理论框架，这影响了在实践中组织对工作疏离感的重视与管理。

6.3.2 赋权理论

在牛津词典中"empowerment"一词有两层含义：第一层含义是授权给某人权力（formal give the power or authority to do sth）；另一层含义是增加（某人的）自主权，使控制局势（to give sb more control over their own life or the situation）。"Empowerment"的第一层含义与"delegation"的含义相似，在牛津词典中，delegation 被解释为授权，把（工作、权力

等）授予下级（to give part of your work，power or authority to sb in a lower position than you）（Oxford Advanced Leaner's English-Chinese Dictionary (7th Edition)，2010）。国内研究者将"empowerment"与"delegation"都翻译为授权，且在学术研究中相互混用，这无疑忽视了"empowerment"的第二层含义，也忽视了"delegation"还有选派、代表某人做某事的含义。因此有台湾学者建议将其翻译为赋能，但这种翻译也没有被广泛地接受，赋能虽侧重了"empowerment"的第二层含义但未囊括第一层含义。

有关 empowerment 的西方文献资料中，研究者主要从两种不同视角进行界定：一种是结构视角的定义（construct empowerment），强调上级将各类权力（包括决策权、信息以及资源）授予下属（give decision making，information and resources to act），主要探讨组织内权力应如何转移与实现分享，强调通过改变组织政策、实践以及自上而下的控制系统以提高个体参与管理的重要性（Bowen & Lawler，1995），在这种定义中，授权和决策权下放的思想是其核心，即实际授予下属正式权力，包括决策权、组织权、指挥权、人事权、奖惩权等，与下属的个人因素无关。另一种视角主要是从心理视角的定义（psychological empowerment），强调赋予下级心理能量与活力，调动员工自主性，涉及个体对工作内在动力的感知，主要包含工作自主、胜任、意义、影响等感知，从而激发工作动机（increased intrinsic task motivation），属于内在激励的构念，不一定涉及实际权力的分割与分享（Conger & Kanungo，1988）。

结合牛津词典对"empowerment"释义以及西方文献资料的两者研究视角，笔者认为将"empowerment"译为赋权较为妥当，能较好体现如前所述的两层含义，其中结构赋权强调组织权力系统分享下放的，但这类研究者在很大程度上忽视了下属的素质及其影响，并不能说明员工体验到的赋权属性。在某些情形下，权力、知识、信息和奖酬已与员工分享，但员工仍有无力（权）感。因此，部分研究者认为相对于强调权力与权威转移的结构赋权而言，旨在帮助个体发展自我管理所必须具备的能力，强调员工赋权体验的心理赋权研究更具有现实意义（Conger & Kanungo，1988；Spreitzer，1995）。

心理赋权理论认为要使员工体验到的赋权属性，需增强组织成员对其工作角色的积极态度，激发其内在的工作动机，主要涉及四个方面的内容：工作意义（Meaning），指根据个体自己的理念和标准来判断工作目标或目的的价值；自我效能（Self-efficacy），即胜任力，指的是个体对运用技能完成工作活动能力的信念；自我决定（Self-determination），亦称自主性，是指个人对工作程序、工作行为等的控制感；工作影响（Impact），是指个人影响组织战略、管理策略以及组织环境的程度（Spreitzer，1995）。后续研究者对心理赋权的前因及结果变量进行了广泛地研究，前因变量包括控制幅度、工作特征、领导成员交换、工作单位氛围等；而结果变量则主要集中在工作满意感、组织承诺、工作绩效等方面（王国猛和郑全全，2008；凌俐和陆昌勤，2007）。

6.3.3　工作疏离感的起源与发展

工作疏离感起源于马克思的劳动异化理论，马克思运用其揭示资本社会，劳工被剥削的命运。随后这一概念在哲学、社会学、心理学界不断地演化与发展。管理学对工作疏离感的探讨则兴起于近代，其内涵主要是指工作情境不能满足员工的典型需要或与期望不符，从而导致的员工与工作分离的心理状态，是工作动机下降的先兆（Banai & Reisel，2007）。西曼（Seeman，1976；1983）的研究奠定工作疏离感经典维度，主要包含四个要素：无力感（powerlessness），员工感觉不能控制和影响工作的过程和结果；无意义感（meaninglessness），员工感觉不到工作的的价值和意义；自我分离感（self-estrangement），员工认为工作仅是谋生的手段，满足其外部需要，而不能展现其潜能，也指员工对理想自我的消极评价；社会孤立感（social isolation），员工感觉被排挤在群体之外，产生的人际孤独感和无归属感。其中，无力感是工作疏离感的核心成分，无意义感、自我分离感与社会孤立感是无力感的外在表现，四种成分之间具有逻辑上的因果联系（Seeman，1976；1983）。

后续的工作疏离感研究者主要基于动机理论来对其发生机制进行论述与探讨，主要强调工作以及工作环境缺乏内在补偿性，牺牲其需要与兴趣，剥夺其自主与控制，不能展示人的个性与创造性是工作疏离感产生的必要充分条件。

6.3.4　心理赋权与工作疏离感

心理赋权与工作疏离感都关注个体的内在工作动机，心理赋权强调员工的赋权体验，被视为组织内的一种隐性激励措施，员工通过对工作意义、胜任力、自主决策权、影响力四方面的积极评价，满足了其内在成长需要，从而形成的内在工作动机（Spreitzer，1996），属于认识领域的研究课题；工作疏离感理论则强调个体与工作分离时的情感状态，其产生的直接根源在于工作或工作环境不能满足个体的自主、控制以及成就需要，是内在工作动机下降的情感征兆（Hirschfeld，2002）。而自主、控制以及成就需要均属成长需要的重要成分，心理赋权与工作疏离感两者逻辑上存在相互联系。

因此，降低个人的工作疏离感可通过增强个人的心理赋权体验来实现，根据心理赋权理论，缓解个人的工作疏离感，提高其工作内在动机要满足个人在工作方面的需要。

1. 工作意义（Meaning）——精神性需要

工作意义是指对员工工作和工作目标所具有的主观评价和感受。受工业革命和科学管理思想影响，工作被切割成无数细小单位，因工作丧失完整性，个体极易失去工作意义感，继而迷失自我，引发精神空虚和意义失落等问题，这反映了现代人的精神需求缺失。精神需求是个体努力超越现状、追求心灵提升的内在需求，在此动力的驱使下，个体开始自省工作的内在意义如"我在为谁工作""工作是什么"及"工作价值何在"等。研究表明工作意义会影响个人的工作态度、行为表现以及组织绩效。李超平（2006）指出工作意义显著影响员工满意度及组织承诺。工作意义主要受到工作角色压力与工作价值观的影响，角色模糊与角色冲突会干扰个体对工作意义的感知，工具性工作价值观（视工作为达到目的的手段）削弱个体对工作意义的感受。

2. 自我效能（Self-efficacy）——胜任需要

自我效能总是和特定领域相联系，此处的自我效能感主要指职业自我效能感，是自我效能感在职业领域的具体体现，是个体对自己能否胜任和职业有关的任务或活动所具有的信念自我，主要包括两方面内容：第一，与职业内容有关的自我效能，即自身完成职业规定的有关内容能力的信念，主要指知识、技能、经验等。第二，有关职业行为过程的自我效能，即个体对自身完成有关职业行为过程，实现行为目标能力的信念，主要指职业决策、职业搜寻等。自我效能感直接影响个体努力程度和行为持久性。依据班杜拉（Bandura，1996）的观点，自我效能感形成与发展主要依赖于个人先前的经验：即个体亲身经历的与职业活动有关的成败经验；他人替代性经验：与自己相似的人在某种职业活动上的成败经历；同时也会受到他人评价和口头劝说与个人生理或情绪唤醒状态的影响。

3. 自我决定（Self-determination）——自主需要

自我决定亦称自主性，是指在了解和估计自己的基础上，自由选择和确定选择来驾驭自己的工作，自主性被视为内在动机的最基本条件。受组织等级制度和家长式领导风格影响，大部分工作以执行为主，自主性较差，这种缺乏主动性和创造性的"惯性"工作，继而成为引发工作疏离感与职业倦怠最重要的原因。研究表明自主性动机会导致更高的工作绩效、工作满意度、积极的工作态度、组织承诺和心理健康。加涅和德西（Gagne & Deci，2005）指出自主性受到组织环境与个体差异的双重影响，组织环境涉及工作环境和内容，如工作特征等；而在个体差异方面则涉及对自主性的归因倾向。组织内自主性支持型的工作环境和管理方法，如合理工作设计：挑战性、挑战性等；个体主动搜寻、选择信息并进行自我调节以达到自身的既定目标，或当环境难以改变时，会迁就环境并与之选择性迁就融合的归因倾向使其保持更多的自我决定性。

4. 工作影响力（Impact）——成就需要

工作影响力最主要指个体对组织内的战略、运营、管理以及行政等方面的结果具有影响，其内在动力机制主要涉及个体的成就需要，即个体争取成功、追求优越感，希望做得最好的需要。麦克利兰认为成就需要的高低对人的成长和发展起到特别重要的作用。高成就动机与低成就动机的个体差异主要体现在：能否主动设定难度适中但有挑战性目标、同时个体持续努力解决问题倾向等，以及在外部环境方面工作结果能否及时反馈、是否对个体报以高期望等。麦克利兰指出成就需要并非与生俱来，而是源于后天的培养（Weiner，1985）。根据以上分析，工作疏离感与心理赋权之间的关系如图6-18所示：四大需要的满足，会增强了个体的赋权体验，反之则会导致个人的无能为力感，继而产生工作疏离感。

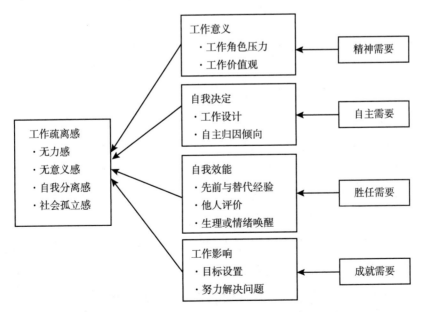

图6-18 工作疏离感与心理赋权之间的关系

需指出的是，个体情感是环境特征与个体特征相互作用的函数，以上的分析指出了赋权体验与工作疏离感之间的关系，心理赋权体验有利于提升个体的内在工作动机，但忽略了外部环境对个体情感的影响；与之相对的是结构授权则只考虑到了环境对个体情感的影响，但忽略了个体认知对自身情感的影响。因此行之有效的赋权管理策略应联合考虑两者对个体情感的共同影响，宜将结构授权导致外在激励与心理赋权导致内在激励完美地结合起来，一方面，实际地赋予个体权力并使之承担相应的责任（结构赋权）；另一方面，要释放个体本身所具有但未被利用的知识、经验和能力（心理赋权），从而实现个体自主管理和自主决策，激发员工最大潜能以获得个人成就感，从而缓解个体因消极自我价值与自我效能意识而衍生的工作疏离感。

康格和坎努戈（Conger & Kanungo，1992）提出了缓解工作疏离感的五阶段授权管理模型，第一阶段：应对组织环境进行诊断分析，搜索组织内妨碍授权管理的环境因素并加以改善，如组织等级制度是否过于森严等；第二阶段：采用结构授权管理以实现资源与权力在组织内共享，主要策略包括：一是实施目标参与管理，采取征询、启发、诱导等方式，让员工参与目标制定；并可自行决定完成任务的方式、方法、步骤。二是设置量化与切实可行目标，组织应制定明确无误的任务目标，向被授权者说明授权范围和限度，任务截止日期和验收标准以及预期成果。三是提倡自主与协作的企业文化，通过团队协作实现优势资源的整合与发展，通过给予个性发展空间以实现其主观能动性的充分发挥。四是创建开放式沟通系统，实现信息共享与心灵交流，员工可直接、有效地获得信息与反映建议、意见，开放式沟通系统构筑了员工参与管理的迅捷桥梁。五是授权宜因人而异，量其能，授其权。组织根据员工能力、知识大小（成熟度）采用阶梯式授权方式，可依次采用限制式授权、弹性授权、不充分授权以及充分授权方式。

第三阶段：采用心理赋权管理以增强个人的自我价值感，主要策略包括：一是对员工的高绩效期望。皮格马利翁效指出人们的行为有与他们的期望保持一致的趋势。对个体怀赞美、信任和期待之情，就使其获得社会支持，增强其自信自尊，积极性与工作表现也会更高。二是提升工作意义。澄清工作中的角色模糊与角色冲突，明晰个人的职责与权限以增加个人对工作意义的感知并引导个人工作价值观由"工具性"的工作观（视工作为达到目的的手段）向"精神性"的工作观（寻求工作的内在价值）转变，努力挖掘平凡工作的社会价值。三是提倡自我决定（自主性）。一方面，可进行合理工作设计，通过工作多样性、挑战性、完整性以及反馈性来增加工作自主性；另一方面，则要培养个体的自主归因倾向，鼓励其利用环境信息进行自行选择和自我调节以达到自己的既定目标，或是环境难以改变，鼓励其进行自我调节以适应环境，并表现出较强的韧性。四是增强个体自我效能感，增加员工直接的成功经验体验，如实用知识、技能培训等；提供员工与其能力相似的人的成功经验；以事实为基础的积极评价、劝说及自我规劝；以及管理员工情绪和生理状态，以避免焦虑、抑郁等因素降低个体的自我效能判断。五是增加工作影响力，通过由易到难合理设置工作目标来激发个体潜力与动力，鼓励其持续努力地解决问题，循序渐进地实现工作目标并体现个人的自我价值，并获得成就感，从而增加了员工的工作影响力。

　　上述五阶段模型中的后两个阶段涉及员工赋权体验与工作疏离感缓解，并产生积极的工作态度与行为表现。通过第二、第三阶段的授权管理实践，在第四阶段个体充分意识到工作目的、工作目标的价值与自身价值观、世界观、信念和行为准则是一致的，工作的意义感增加；同时通过不断地成功经验累积（包括直接经验与间接经验），个体感到自己能熟练完成工作任务，自我效能感增强；随着胜任能力增加，授权由制约授权方式转向充分授权，个人对工作程序、工作方式、工作进展、评价标准的自主性增加，其结果必然会参与到组织的运营、管理、行政和战略等方面，切实感受到工作的影响力。这势必极大削弱个体在工作中的无能为力感，并伴随自主感、控制感、成就感的满足，从而工作疏离感得到缓解，工作积极性与热情极大激发，个人工作态度与工作业绩良好，并驱动整个组织效率与业绩的提升。具体如图 6 – 19 所示。

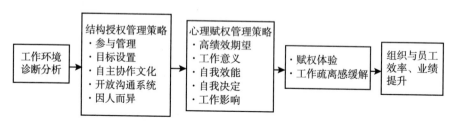

图 6 – 19　授权赋权管赋权管理缓解工作疏离感缓解的内在机制模型
资料来源：依据康格和坎努戈（Conger & Kanungo，1988，1992）相关文献资料整理。

6.3.5　结束语

　　针对目前工作疏离感研究对于工作疏离感缓解过程和管理重点关注不够的现状，本书试图构建出工作疏离感缓解模型。首先，工作疏离感的核心成分是无能为力感、工作动机缺乏，这与强调个体赋权体验的心理赋权体验有逻辑上的联系。其次，从管理实践，指出心理赋权管理策略的局限，要激发个人的工作动机、消除个人在工作中的无力感，需采用结构赋权与心理赋权相结合的管理策略才能更好地解释工作疏离感缓解的实现机理，一方面，有赖于在组织内实现权力与资源的共享，直接授予个人与之知识、能力相匹配的责任与权限，激发个体的外在工作动机；另一方面，则要满足员工的精神、自主、胜任与成就需要来以驱动个体内在工作动机。赋权理论能够很好地解释工作疏离感缓解机制，管理重点在于结构赋权与心理赋权的完美结合，结构赋权方面的管理策略包括参与式管理、目标设置、自主协作文化、开放沟通系统、量其力、授其权等，旨在通过采取的一系列分享权力的管理措施，增加员工可获取和使用的信息与资源等。而心理赋权方面的管理策略包括合理的工作设计以满足员工的自主、精神性需要，重视能力培养与传递自我效能信念信息以满足个体胜任、成就需要。赋权理论为实践中管理工作疏离感提供指导。

6.4 员工工作疏离感的管控策略①

6.4.1 引言

领导者常常听到下属抱怨自己对工作越来越感到无能为力、缺乏控制、缺乏自主性，工作不是个人自我实现的途径，反而成为压制个人自由发展的工具。其实这正是员工的工作疏离感体验。工作疏离感并非一个全新的概念，早在 20 世纪七八十年代，大量的西方学者就对工作疏离感进行了探讨。最新的研究表明，在一个组织内，一般有近20%的员工正在遭遇工作疏离感体验，这表明工作疏离感正成为日益普遍的现象。国外的文献资料表明，工作疏离感会导致员工工作态度消极，产生职业倦怠，并削弱员工的工作满意感、组织认同与组织承诺，同时也会诱发一系列的消极行为反应，如工作场所偏离行为，包括工作违规、人际冲突、酗酒行为、滥用药物等。因此，作为领导者，有必要了解并重视员工的工作疏离感以减少工作场所偏离行为，尤其是员工的极端行为譬如自杀等，提升其积极的工作态度，促进其心理健康。本书在介绍工作疏离感研究成果的基础上，相应地提出了工作疏离感的管控策略。

6.4.2 工作疏离感的后果

强烈的工作疏离感势必引起员工心理与行为发生显著的变化，并影响其工作绩效。工作疏离感的后果主要体现在如下几个方面：

---

① 黄丽，陈维政. 员工工作疏离感的管控策略［J］. 领导科学，2012（5）：52-55.

1. 工作态度方面

学者陈（Cheung, 1998）认为工作疏离感会降低员工的工作承诺，其后，该学者（Cheung, 2008）采用电话调查的方式对中国香港的1016名居民进行调查，结果表明工作重组必然带来工作疏离感，这两者的交互作用降低了员工的工作承诺。苏鲁（Sulu, 2010）认为工作疏离感不但直接显著影响员工的组织承诺，而且对组织不公平感与组织承诺之间的关系起到了显著的调节作用。希斯菲尔德（Hirschfeld, 2000）认为工作疏离感对情感性组织承诺以及工作角色投入均有显著的负向影响作用；成就导向、工作疏离感、工作内在满意感与工作角色投入关系模型表明，工作疏离感降低了员工工作热情，导致低程度的工作角色投入；工作疏离感对成就导向与工作角色投入之间的关系起到了负向调节作用；工作疏离感的调节作用显著大于工作内在满意感（Hirschfeld, 2002）。史塔生－阿姆斯特朗（Armstrong-Stassen, 2006）指出，工作疏离感会导致员工在认知上产生对工作、工作场所的距离感，改变员工的工作态度，如工作卷入度下降以及对组织缺乏认同。穆尔基（Mulki, 2008）则认为工作疏离感高的员工会将自己与工作以及工作环境分隔开，并减少工作中的社会互动，从而降低工作和组织承诺。埃弗拉蒂、锡尔吉和克莱本（Efraty, Sirgy & Claiborne, 1991）研究发现，工作疏离感会降低员工的组织认同，其实现过程主要是工作疏离感增加员工的被剥夺感，从而降低员工的工作满意度，进而影响工作卷入度，并最终对组织认同产生消极影响。

赫希菲尔德、菲尔德和贝代安（Hirschfeld, Field & Bedeian, 2000）的研究发现，在控制了工作责任感以及研究方法的效应之后，工作疏离感对于员工的工作卷入度、组织承诺、职业承诺、整体工作满意度均有显著的解释力。鲍威尔（Powel, 1994）研究了工作疏离感与职业倦怠的关系，结果表明，工作疏离感概念与职业倦怠概念之间既存在紧密的联系，同时也存在着明显的区分，工作疏离感对职业倦怠具有显著的预测作用，且无意义感和自我分离感的影响作用明显高于社会孤立感与无力感。

2. 工作绩效方面

卡明斯与曼林（Cummings & Manring，1977）对工作疏离感和工作绩效之间的关系进行了深入探讨，结果发现工作疏离感的各个维度与工作努力程度、工作绩效均有显著的负向相关关系。门多萨和劳拉（Mendoza & Lara，2007）对个人——组织匹配、工作疏离感以及组织公民行为之间的关系进行了研究，结果发现工作疏离感对组织公民行为有负向的影响作用；而个人——组织匹配不仅对组织公民行为有直接的显著影响，也会通过工作疏离感这一情感中介变量间接地影响员工的组织公民行为。张（Cheung，2005）研究发现，工作疏离感对员工的流动意愿有直接的正向影响作用。马尔福德和瓦尔德纳（Mulford & Waldner，1993）以国际研究中心的农业科研人员为研究对象，探讨了工作疏离感与工作绩效（论文发表量）的关系，结果发现工作疏离感与论文发表数量显著负相关。黄（Huang，2007）以中国台湾地区的中学排球教练为研究对象，发现高工作疏离感的员工，其工作效能也相应较低。林钲棽和陈威菖（1992）以高雄区域金融业从业人员为例进行研究，研究结果表明工作满足与组织承诺会降低工作疏离感，高工作疏离感则会抑制员工的组织公民行为。

3. 偏离行为方面

部分研究者对工作疏离感引发工作场所酗酒及偏离行为进行了探讨。格林伯格与格伦伯格（Greenberg & Grunberg，1995）认为工作疏离感与酗酒及问题行为有正相关影响作用。杨与川崎（Yang & Kawachi，2001）研究表明高工作疏离感员工的平均饮酒量及由此导致的问题，诸如迟到、缺勤、低绩效以及违背规则等发生程度明显高于低工作疏离感的员工，即高工作疏离感可能诱发一系列的工作场所偏离行为。同时，他们指出职业地位高会减弱工作疏离感与问题行为发生程度之间的关系，而职业地位低则会增强工作疏离感与问题行为发生程度之间的关系。戴维与托纳提（David & Tonatiuh，2009）的研究表明，工作疏离感是引发工作场所酗酒行为最为直接的原因。

6.4.3 工作疏离感的管控策略

工作疏离感的消极后果告诫领导者要重视员工的工作疏离感。笔者从上述工作疏离感的文献分析中归纳出相应的管控策略，并大致分为四个层面：领导干预、心理干预、组织干预、人际干预。这一系列的干预策略有助于缓解员工的工作疏离感，提升工作绩效（包括任务绩效与关联绩效）。员工工作疏离感的干预策略模型如图6-20所示：

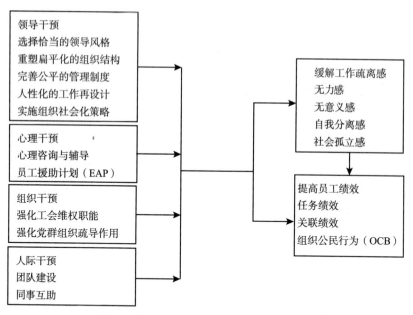

图6-20　员工工作疏离感干预策略模型

模型将员工绩效作为工作疏离感干预和管控是否有效的测评指标。有效的干预策略和管控措施一方面会缓解或消除员工的工作疏离感，另一方面则会增强与提升员工绩效，并会增加员工的组织公民行为。干预策略模型包括四个层面。

1. 领导干预策略

首先，领导者要选择恰当的领导方式，尤其需要提升服务意识。劳布（Laub，1999）提出了 A - P - S 模型，侧重分析不同领导风格（专制式领导、家长式领导和服务式领导）与组织健康之间的关系。该模型将三种领导风格视为一维的发展过程，领导风格越是趋向于服务式领导，其组织也就越健康；反之，领导风格越是趋向于家长式领导甚至专制式领导，组织就越不健康。领导风格与组织健康之间的关系如图 6 - 21 所示。

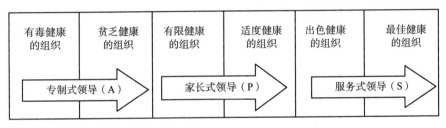

图 6 - 21　劳布的 A - P - S 模型

本章三种领导风格在中国文化背景下均具有代表性和普遍性，有不少学者和企业家还认为家长式领导是符合中国传统文化的最佳选择。服务式领导与其他领导风格相比较而言，更加关注其组织成员的发展和成长，为其提供尽可能多的支持与帮助。国外已有研究表明，领导的支持有利于降低员工工作疏离感（Banai & Reisel，2004）。另外，中国高新技术产业与服务业的迅速崛起，也要求领导者和员工具备以服务客户为核心的服务品质，才能立于不败之地。领导者需要为员工的发展与成长提供更多的支持和帮助，创建支持型的管理氛围，提升员工的认同感与归属感。

领导者须重塑扁平化的有机组织结构。有机式组织具有管理层级少、集中程度低、管控灵活、控制幅度宽、员工自主性强等特点，而机械集权式组织的特点则相反，管理层级多、集中程度高、规章制度繁冗、控制幅度窄，这些都极大地制约了员工的主动性与自主性，使员工容易产生无能为力、无足轻重的感受。因此，领导者在管理实践中要减少沟通层级，增强组织管理弹性，增加员工决策幅度，鼓励员工在工作中发扬首创精神努力创新，为组织成员的工作提供最大限度的自由，激励其士气，提高其效率，提升员工在工作中的自主性与控制感。

领导者须完善公平的管理制度。公平性对员工身心健康、员工绩效以及企业绩效等方面的影响已经被广泛地探讨。在公平性的制度环境下，员工的工作成效受到公正对待，更容易形成组织归属感与认同感；反之，在不公平的制度环境下，员工的努力和贡献得不到相应的回报，很容易产生沮丧感和挫折感。因此，管理实践需充分体现分配、程序两方面的公平，制定公平合理的薪酬、奖惩、考核、晋升等制度。在分配公平方面，建立公平的薪酬体系与奖惩制度，体现"多劳多得、质优多得、责重多得"的原则；在程序公平方面，实行量化管理，增强公开性。领导者的管理行为必须遵循公正原则，并引导员工形成正确的公平感。领导者须对员工的工作进行人性化的再设计。

在西方文献中，工作特征与工作疏离感之间的关系被广泛地探讨。哈克曼和奥尔德姆（1975）的工作特征分析框架表明，工作自主性与工作反馈性对工作疏离感的影响较大。中国企业与西方企业相比有不同的特点，它们大多是劳动密集型的加工制造企业，员工的劳动强度大，工作单调枯燥，工作条件和环境差，常常超时加班，劳动报酬和劳动保护低，极易让员工产生强烈的工作压抑感和自我分裂感，因此在中国企业工作的多样性、完整性、反馈性、重要性、自主性与工作负荷都会对工作疏离感产生影响。领导者应科学合理地设计工作，使员工真正成为掌控工作的主人，而非奴隶。

领导者须实施组织社会化策略。要充分结合组织主导的社会化策略与个人主导的社会化策略，使员工更快地发展成为"组织内的人"，尽快适应组织环境和工作角色，并提升员工的自我管理能力，减少员工被排除在组织之外的被抛弃感与隔离感。

2. 心理干预策略

要增强对员工的心理咨询与心理辅导，有针对性地改善员工个体的心理机能，促进员工身心健康，帮助员工增进对自己和对他人的了解，分享经验和感受，接受多元信息和形成多元价值观，通过挖掘员工本身潜在的能力，来改变其原有的认知结构和行为模式，以提高其对生活的适应性和调节周围环境的能力。

完善员工协助计划（Employee Assistance Program，简称 EAP）。领导者应根据员工的需求来确定 EAP 为员工提供帮助的协助服务，如进行工作调适等咨询类服务，处理不满和建议等申述类服务。要通过员工协助方案帮助员工，保证其以健康的身心工作，减少员工的隔离感与孤立感，从而增强企业的生产管理能力。

3. 组织干预策略

中国工会与西方工会不同，往往要承担双重角色，一方面，要维护员工的合法劳动权益，即维权职能；另一方面，还要维护企业的正常生产秩序，即维序职能。这两种职能有时不能兼顾，甚至出现冲突。这种角色冲突会迫使工会选择是以帮助员工维权为主要职能，还是以帮助企业维序为主要职能。当企业损害员工合法权益而形成劳资冲突时，如果工会选择维序优于维权，必然会使员工产生被抛弃的无助感。因此，领导者应将最大限度地维护企业员工合法权益作为中国工会的基本职责。当面临维权与维序发生的冲突时，工会应坚决以维权优先，使员工形成对工会的信任感。要强化党群组织对员工工作疏离感的疏导作用，通过尊重人、了解人、关心人，达到凝聚人、激励人、提高人的目的，充分发挥党群组织在企业思想政治工作和精神文明建设中的核心作用。

4. 人际干预策略

人际关系对中国人具有特殊意义。作为典型的集体主义至上的国家，人与人之间融洽和谐的情感关系能满足个人在关心、温情、安全感、归属感等情感方面的需要；反之，冷漠、紧张与冲突的人际氛围则会让人感到孤立无援，滋生工作情境下的人际疏离感。因此，领导者一方面需加强团队建设，增进成员间的信任，坦诚相待，协作互助，形成积极的人际氛围，让员工感到强有力的团队支撑，从"相互隔绝"的状态中解放出来，缓解其人际孤立感；另一方面要善于融洽各方面的人际关系，增进团队成员互信，营造良好的组织氛围，促进组织改革的深入和工作绩效的提高。同时，领导者要善于提醒员工，使员工之间分享信息、取长补短、共同提高，从而促进员工的成长进步，推动员工的专业化发展，缓解和消除其工作中的无力感。

虽然工作疏离感概念可追溯到马克思的劳动异化论，但是整体而言，由于西方学者们在工作疏离感定义、内涵及维度上的分歧，限制了对该领域的深入探讨与研究。对国内的工作疏离感研究文献进行检索，其相关研究成果很少，且多数研究仅局限于对西方文献的介绍和评述。从现实来看，中国正处于转型时期，企业面对着二元化社会结构以及社会支持体系不完善的外部环境，且大部分企业属于劳动密集型企业、官僚式组织结构，采取简单甚至是粗暴的领导方式，不公平地对待员工，再加上单调乏味的工作，这些因素都成为滋生员工工作疏离感的土壤。因此，探讨中国员工的工作疏离感管控策略以提升员工工作自主性，促进员工心理健康，具有积极意义。本章在大量文献研究的基础上，结合中国企业现实，提出了领导者对员工工作疏离感的管控策略。在以后的研究中，可考虑引入实证研究，探寻引发工作疏离感的重要影响变量，并对相应的管控策略进一步细化分析。

第 7 章

企业组织内典型管理行为案例研究

7.1 正向管理者行为案例研究

——解密华为、任正非的七大领导力启示①

7.1.1 案例背景

引言

华为于 1987 年成立于中国经济特区深圳。在成立之初，华为作为一家私营企业，不得不与当时垄断市场的国有企业竞争。但是，华为奋斗拼搏的精神让其成功抵御了各种负面影响，成为唯一一家名副其实的全球化中国公司。目前，在 91 家跻身《财富》世界 500 强的中国大陆企业中，华为是唯一一家海外收入超过国内收入的中国企业。

华为公司多年持续成长，在国际舞台上大放异彩，取得了骄人成

---

① 大卫·德克莱默，田涛. 引领华为：任正非的七大领导力启示.

绩，人们不禁要问：华为商业成功背后的哲学和驱动力是什么？的确，任正非制定了最为有效的战略，让华为成长为一家全球领先的企业，这证明了他的影响力和远见卓识。

为此，华为公司国际咨询委员会顾问、华营导师田涛和剑桥大学贾吉商学院教授大卫·德克莱默探讨了帮助华为取得成功的七大领导力启示，给企业发展提供了宝贵借鉴。

1. 以目标为导向，志存高远

毫无疑问，任正非领导力的核心在于他非常清楚华为的目标——成就客户梦想，任正非也确实身体力行，满怀激情地追寻这一梦想，因此，华为也就成为任正非天生的使命。他总是想方设法为客户创造价值，通过一个个故事，不断向员工传递一个理念：华为员工应致力于实现公司使命，即提供通信技术实现连接。

要成就客户梦想，就需要提供最好的服务，这也是公司取得成功的关键。在华为成立之初，华为产品不如竞争对手的产品，这一点任正非心知肚明。因此，他另辟蹊径，吸引客户。他认为，只有提供优质服务，才能吸引客户。例如，由于早期华为的设备经常出问题，华为的技术人员就经常利用晚上客户设备不使用的时间段，去客户的机房里维修设备，并且对于客户提出的问题，华为是 24 小时随时响应。这种做法跟与西方公司有很大的不同。西方公司有好的技术和好的设备，但却忽略了服务。华为的优质服务为公司赢得了真正关心客户需求这一美誉，并同时让华为赢得了竞争优势。再如早期中国沙漠和农村地区老鼠很多，经常会钻进机柜将电线咬断，客户的网络连接因此中断。当时，在华的跨国企业都对此不屑，认为这不是他们的问题，而是客户的问题，他们认为只需为客户提供技术。而华为却不这么认为，在设备外增加了防鼠网，帮助客户解决了这一问题，华为也认为自己有责任去这么做。得益于这一目标驱动战略，华为在开发耐用设备和材料方面获得了丰富经验，后来也因此在中东地区赢得多个大客户。

2. 灵活应变，愿景驱动

任正非充满激情，努力将公司目标转化成公司愿景，将华为发展成为国际领先企业。在实现公司愿景的过程中，他不断证明了自己的战略规划能力，根据公司面临的挑战适当调整愿景。他的管理有一点至关重要：虽然他推崇灵活应变的理念，但是从来不会偏离公司的目标和价值观。这种领导能力源自他积极主动的态度。他总是关注未来，很少停留在过去。谈及华为创始人的优点，人们总会说：任正非总是展望十年后华为会变成什么样子。例如，华为通常以十年为周期制定发展计划，而爱立信和摩托罗拉等竞争对手通常按财季或财年制定发展计划。

任正非能用批判的眼光审视过去的成功，同时识别未来十年将面临的挑战，这也是为什么任正非在很多国人眼中是一位颇具影响力的商业领袖。中国有诗云："江山代有才人出，各领风骚数百年。"的确，任正非制定了最为有效的战略，带领华为通过三个阶段（每个阶段约为十年）的发展，让华为成长为一家全球领先的企业，这证明了他的巨大影响力和远见卓识。有意思的是，华为在每个发展阶段都会有特定的关注点和战略。

任正非称在第一个发展阶段（1987 ~ 1997 年），华为处于创业初期，公司一片混沌，力图生存下来。要想提供高质量服务，只能靠艰苦奋斗。在第二个发展阶段（1997 ~ 2007 年），华为与 IBM 合作，建立了自己的管理架构。用任正非的话说："混乱得以消除，秩序得以确立。"通过与 IBM 合作，华为学习西方公司的最佳实践，引入了更加全球化的视角。任正非对此有着清晰的认识，因此他要求华为全体员工在工作中采用 IBM 引入的美式实践。他不断向员工口头传达这一要求，称有时需要"削足适履"。他认为，在第二阶段，要穿美国鞋，如果不合脚，就要"削足适履"。可以看出，任正非的全球抱负依然是生存与发展。在第三阶段，即 2007 年以后，华为的战略是简化管理，吸引优秀人才，通过有效创新成就客户梦想。任正非担心第二阶段的模式会导致决策不够高效。与第一个混乱的阶段相比，在第二阶段决策周期更长；有人担心，华为会失去创新的魄力和勇气。因此，第三阶段聚焦简化管理，在结构化的管理框架下允许一些混乱，从而激发创新。

3. 激发员工斗志

要打造一支甘于艰苦奋斗的员工队伍，就需要激发员工斗志。任正非能够激发他人斗志，这也是他一直被称道的人格特质。任正非特别爱讲故事，他经常通过一个个故事，慷慨激昂地向员工传递他的理念。在华为早期（第一阶段），任正非经常给员工讲故事。他相信，二十年后，世界通信市场三分天下，华为必有其一。当时，华为仅有200名员工，很多人都觉得他是痴人说梦。尽管如此，多年来，任正非一直秉承这一信念并在各种场合向员工传递。这个故事常常被人津津乐道，华为成立第五年的时候，任正非在厨房和厨师给员工做饭，中间他突然冲出厨房，大声宣布：二十年后，世界通信市场三分天下华为有其一！

醉翁之意不在酒，他的故事之道在于：让员工充满斗志地投入到项目中去。特别是在公司创业初期，他运用这一战略，成为员工的思想导师和领袖。作为一位领袖，他不断传递公司愿景；作为一位思想导师，他引领员工朝目标迈进。例如，在创业初期，华为产品开发不尽人意，任正非便亲自访问了很多海外研发机构。1997年，他访问了美国贝尔实验室。据说，任正非当时对贝尔实验室的工作成果惊叹不已，竟然感动得哭了。回到深圳后，任正非告诉所有员工：他已经深深地爱上了贝尔实验室！这一激昂陈词旨在鼓舞员工，让华为研发人员坚信：他们终有一天会超越贝尔实验室的研究人员！

4. 保持谦卑，艰苦奋斗

任正非在引领华为追求梦想时，他非常清楚自己的不足，他从不认为自己无所不知。在谈到他所具备的才能和特质时，他总是强调：他的知识并不是最丰富的。很显然，他拥有远大抱负和很强的执行力，但同时保有谦卑的心态。尽管他的这种领导风格激励了很多人，引领公司渡过了转型期，但他还是经常讲：自己能力有限，在团结员工这方面可能不如很多人认为的那样好。他总是避免被扣上"传奇领袖"的帽子，而是强调没有艰苦奋斗，就没有华为的成功。

同样，任正非不是一个技术专家，这早在华为成立之初就是尽人皆知的事实。但他从不认为这是劣势。相反，他认为这恰恰是他的优势，因为他坚信，他的组织才能加上其他高管和员工的 IT 背景，定能创造奇迹。任正非曾说过："我不懂技术，不过我可以让大家朝着共同的目标努力。"他取长补短，求贤若渴，逐步提高华为产品和服务质量，由此赢得广泛赞誉。

责任共担、利益共享是华为的一项基本理念。任正非个人仅持有华为 1% 左右的股份，其余的股份由华为员工共同持有。这是华为与员工分享利益的最好例证。这种激励机制能够激发每个员工艰苦奋斗，共同帮助公司取得成功；更重要的是，它确保了华为是一家真正由员工持有的公司。

5. 指令式管理风格

在中国，领导体制往往具有自上而下、等级分明的特点，华为大致上也沿袭了这种风格。但与这种十分强调"控制"的管理风格相比，任正非的领导风格呈现出不同特点。一方面，任正非大小决策必须亲力亲为，这也许与他曾经在军队服役有关。他严肃，有着强大的意志力，时刻把握决策权，在华为发展之初，他的意志力体现在坚持把奋斗和生存当做公司首要战略。当时华为的口号是："胜则举杯相庆，败则拼死相救。"

但在决策执行上，任正非给了员工很大的自由空间。华为发展的早期，在公司的发展战略、文化建设等重大决策方面，任正非坚持"大权独揽，小权分散"，但在研发、干部任用、薪酬分配等方面却充分放权，这既最大程度上激发了各层管理者的主动性与创造性，也带来了很大的随意和混乱；向西方全面学习了近 20 年的华为，今天在决策体系上越来越规范化和制度化，集体决策确保了华为更少地犯错误，更广泛地吸收集体智慧，但僵化的一面也凸显了出来，因此，任正非在华为高层决策过程中，有时更像"鲶鱼"，总是搅起不平衡，以激发组织的活力。

华为今天的决策体制形成了一种"有限民主 + 适度集权"的风格，既避免了个人独裁带来的"一人兴邦，一人丧邦"的积弊，也防止了过度民主带来的效率低下、集体不作为现象。

6. 合作共赢

与竞争对手合作是华为文化的一大特点。一般来说，公司要么选择进攻，要么选择妥协；换句话说，要么竞争，要么合作。在华为发展的前 20 年，华为为了生存、成为更好的服务提供商，主要采取主动出击的策略。很显然，任正非当时认为竞争可以推动公司向前发展。不过，他认为竞争的核心是尊重竞争对手。

华为采用"竞合"策略是受到英格兰光荣革命的启示。1688 年，奥兰治亲王威廉推翻英格兰詹姆斯二世的统治，这场无血革命给任正非留下了深刻的印象，让他意识到合作也可以取得胜利。任正非对历史事件有着浓厚的兴趣。在华为发展早期，华为会定期邀请东西方学者，一起探讨各国历史。

华为在英国也同样采取了竞合策略。例如，华为在英国班伯里成立网络安全认证中心，确保设备质量，并与英国信号情报机构英国政府通信总部（GCHQ）进行合作，保证网络设备和软件安全可靠。华为的这些举措旨在让英国政府和广大客户相信华为和华为的流程。实际上，华为之所以能在欧洲发展壮大，除了其坚持以服务为中心的理念（详见"以目标为导向，志存高远"部分）外，在一定程度上也要归功于其竞合战略。起初，欧盟官员确实想针对华为产品发起反倾销调查。但爱立信和诺基亚相信华为不存在倾销行为，鼎力支持华为。

7. 强大的学习能力

作为一个领袖，任正非坚持自我批判、慎思笃行。他有一句话常被引用：思考能力是最重要的。他所说的思考能力不单单是指人的一项重要能力，还是华为文化的精髓。他认为员工智慧是华为最珍贵的资产。通过思考，我们可以连点成线，制定灵活的愿景和战略。任正非坚信，只有具备大视野，才能作出明智的战略决策。

有趣的是，这种战略需要将思考能力与全员学习结合起来。华为大力投资营造良好的学习氛围，鼓励员工进行思想碰撞。如前文所述，以史为鉴，可以引导我们采取行动，树立信念，创造未来。同时还要确保公司内部能实现知识共享。华为鼓励高管除了阅读专业书籍外，还要阅读专业领域以外的书籍。此外，华为还设有面向全球华为员工内部论坛——心声社区。任正非和其他高管的想法经常会放在心声社区，让 15 万员工去评头论足。例如 2014 年，公司有个关于奖金的决定，遭遇到了 7 万多人次的批评。任正非和其他高管经常会在心声社区遭受员工激烈的批评。

7.1.2　案例点评

从以上七点看，这是否意味着任正非只是一位思想领袖？因为他的管理哲学一直强调思想的力量？虽然任正非在华为推崇不断学习、自我批判，但他始终以创始人的身份满怀激情地引领公司不断发展。在华为员工看来，任正非是一位以行践言的卓越领袖。他坚持持续学习、不断获取新信息，力争把华为发展成行业最好的技术公司，为客户提供最卓越的服务。在其带领华为的发展过程中，任正非总是能够与时俱进，不人云亦云和随波逐流。任正非作为军人出身，其华为内部一方面，充满"军事化"的高效作风，"胆大、冒险、激进"的狼性文化，但在另外一方面，则坚持贯彻现代化企业经营管理的理念，注重对自身领导行为进行改造。

在管理思想上，始终保持居安思危。从任正非对未来的构想来看，他一直坚守自己的理想，不断地为华为提出更大的愿景，华为不断被新梦想驱动前进。但他的思想中有忧患思维或危机意识去"对冲"理想。任正非的管理思想总是在两极之间激荡和平衡，这是他思维方式的一大特征，不断提醒员工们居安思危。任正非一直在不断地为华为制造假想敌，不断地为组织产生危机的能量。任正非说过，"假定"是人类最伟大的思维方式。"假定"令人有梦想，"假定"也令人居安思危。居安思危让华为人意识到没有创新才可能是最危险的。故在技术上的创新、在管理思维上的创新，在管理手段的创新，在营销策略上的创新始终是华为人孜孜以求的本职工作。

在内部管理上，任正非认为公司一定要摆脱对人才的依赖、对技术的依赖、对资本的依赖，通过流程化的制度体系建设和职业经理人团队的培养，来实现摆脱个人依赖的持续发展模式。尽管作为华为创始人，但是其绝不会让个体权力凌驾于组织制度之上，制定了具有指标和里程碑意义的《华为基本法》，并在此基础之上，华为探索出的一套适合自身发展的企业经营机制，包括利益驱动机制、权力驱动机制、成就驱动机制、理想追求与价值驱动机制。华为公司的价值评价体系和价值分配制度是华为成功的关键所在，也是华为管理中最具特色之处。

在用人之道上，任正非懂得让权，让专业人士实行专业化管理，绝不搞一言堂、专制化，他在达沃斯现场接受BBC采访时说："我不神秘，又不懂技术、财务、管理。我就是坐在他们的车上，拉一拉，没有想象中的什么都有。我什么都没有……"尊重员工、价值共享是任正非对人管理的另一特点，任正非认为劳动、知识、企业家和资本创造公司的全部价值；公司的成就，以及全体员工的士气和公司的归属意识是价值评价的标准；才能、责任、贡献、工作态度与风险承诺是价值分配的依据；组织权力和经济利益是价值分配的对象；机会、职权、工资、奖金、股权、红利、福利以及其他人事待遇是价值分配的形式。把知识转化为资本，知本主义实现制度是华为的创新。其表现在股权和股金的分配上，股权的分配不是按资本分配，而是按知本分配，即将知识回报的一部分转化为股权，然后通过知本股权获得收益。

7.2 负向管理者行为案例研究

——建国汽车高层强震、引发成都车商集体思考①

7.2.1 案例背景

引言

成都最大的汽车集团东创建国汽车二号人物、常务副总裁赵锦辉突然辞职至今已有 20 余天，但建国汽车内部的这场强震至今余波未平，反而在业内引发地猜测和议论越演越烈，坊间流传出多个黄赵之争的版本。

曾经，老板黄建国与职业经理人赵锦辉的二人搭档，被业内视为绝配。建国汽车经过 8 年发展，从年产值千万级企业发展到了以十亿元计的大型汽车销售集团，全川上户的新车中，每 5 辆车中便有 1 辆是建国汽车所售出，赵锦辉也连续多年被评为成都车界风云人物。

两人的突然分手，不得不引发行业思考，大型汽车销售企业如何超越自己、职业经理人该何去何从？有业内人士断言，成都汽车销售行业，在经过第一轮成功创业后，纷纷开始向现代企业转型，赵锦辉的辞职不是第一个，也不是最后一个。

辞职：源于经营理念的严重分歧？

7 月 1 日，双楠某茶楼里，记者再次见到了这位已消失在媒体视线里的前建国汽车集团常务副总裁赵锦辉。业界此前大多以为赵锦辉离任是一次跳槽，然而赵锦辉称，他现在还没有想好下一步怎么做。以前太

①　原文载于《成都商报》，记者张国鸿，案例见陈维政、余凯成、程文文，工商管理硕士（MBA）系列教材，人力资源管理与开发高级教程（第 2 版）。

累了，休息了这 20 天，感觉好多了。

赵锦辉：黄建国是个非常感恩的人

赵锦辉辞职以后，也引发众多猎头公司的一场争夺战，各种高薪职位摆在了他面前。同时，各路资本方也纷纷盯上他。每天见几个投资方，会会老朋友，陪陪家人和孩子，这便是赵锦辉最近的全新生活。

对于他的众多离职传言，赵锦辉首次坦言，"我与董事长没有个人恩怨，也绝对不是外界传言的利益之争，更不是赌气出走。"他发自内心地说，"董事长是一个非常感恩的人，待兄弟很不错，先后从建国汽车辞职的员工中，很少是因为待遇原因离开的。"

他说，辞职的根本原因是自己与黄建国的经营理念发生了严重的分歧，"我已跟不上董事长的超常规发展思路，辞职是早晚的事。"

赵锦辉：我是建国二次创业的保守派

据了解，今年初，建国汽车提出了二次创业。董事局主席黄建国提出，要快速拿下四川车市的半壁江山。赵锦辉承认，自己成了公司二次创业中的保守派。他分析，目前，建国汽车在川的市场占有率已高达 20%，成为行业第一。"我认为目前的状况应当是稳中求进，但董事长的要求是跳跃式发展。这是重大的理念分歧。"

董事长要求半年完成一年的目标，一年干两年的事，在一些经营策略上也更加激进。虽然赵锦辉不认同这些，但还是一度努力去完成。很快，他发现他的努力并没有得到认可，比如今年 5 月，虽然总销量在淡季创造了建国汽车历史天量，前半年的利润增长高达 70% 以上，但还是远远没有达到董事长的期望。

"太累了，身心疲惫。"赵锦辉认为，超速发展会带来很多问题，在后期的执行中，他有时也坚持按自己的思路经营，虽然不断创造新的业绩，但这反而成了不听指挥。当一个职业经理人的工作无论如何都得不到老板的认同，在高速行军中总是达不到老板的期望值，只能辞职。

理念差异：有一天　我会把广汇反收购

在记者多次采访黄建国和赵锦辉后，建国汽车的发展思路在采访中渐渐清晰，企业发展过程中出来的典型问题也渐渐浮出水面。上周，记者走进建国集团董事局主席兼总裁办公室时，黄建国的寸头明显已有多日没有打理。赵锦辉的辞职很显然在短时间里给黄建国增加了不少压力，以前很多由赵锦辉操刀的事，由于一时没有继任者，虽然原赵锦辉的工作已分解给了新任的五位总监，但有些具体的事还得黄建国亲自办理。20 多天过去了，建国汽车已从高层巨变的阵痛中回过神来，黄建国称，建国汽车又生机勃勃了。

黄建国的宏伟目标

黄建国认为，中国的车市还有 10 年的好日子，建国汽车已有很好的基础，不能这样缓慢发展，现在要抓紧时间快速发展，把企业做大做强。"黄董事长的目标是很多常人想都不敢想的。"这是公司很多员工对老板的评价。

回想起 8 年前，与妻子提着包到成都创业时的艰辛，黄建国感慨良多，建国汽车从一家小车商发展到现在全国有名的经销商，他的梦想一步步地被实现。现在，黄建国的目光已开始放眼全国，放眼亚太地区。在建国汽车二园区的餐厅里，黄建国说出了自己内心的真正目标，那便是超越广汇汽车、河北庞大集团这样的中国车界巨头，成为中国第一大车商。与此同时，记者从知情人士处证实，建国汽车已开始秘密运作股份制改造，为上市做准备，如果成功，他将成为中国第一家上市的车商。

公司高层出现不同声音

有些公司高层认为董事长这个宏大的目标是无法完成的，开始了消极抵抗。而黄建国认为，如果大家始终充满激情地向前走，肯定会到达目的地。

在黄建国心中，一家企业的文化就是老板的文化，不适应自己文化的人就得离开，他说，"也许是我的要求太高了，对经营层压力太大，的确有很多人跟不上我的思路，就是不读我这本书了。"很明显，如果按赵锦辉的平稳发展思路，黄建国的宏大目标便会遥遥无期。

后来，黄建国发现，他的总指挥棒有些不灵了，开会同意的事，下面并没有按要求去执行。这让他很生气。最终造成赵锦辉向他提出辞职时，他只用了一分钟便同意了。

不按常规出牌创造超常规发展

从一家眉山来蓉的小车商，八年时间发展成全川拥有汽车品牌4S店最多、全川二级网点最多、销量最大的大型集团。黄建国认为自己的成功秘籍便是用逆向思维创造超常规发展，现在，他又将有这种超常规思维带领企业向更大的目标前进。

在赵锦辉辞职后的一次媒体见面会上，黄建国称，"下一步，我们将在地区投资700万元、800万元，拿出一部分量贩变身为汽车品牌专卖店，将全省106个网点扩展为206个网点布局！"

2001年，当黄建国跨入成都车界时，奥迪、本田等高档车的代理权都被其他经销商抢走了。但他发现，大部分中低档车型的经销商还处于露天坝坝的销售状态，这块市场就成了黄建国的"金山"。让买经济型车的用户也能享受4S店的服务，这使建国步入高速发展的阶段，引入的海南马自达、通用雪佛兰、哈飞汽车、天津一汽等品牌在四川车市的销量不断攀升，一举奠定了其在四川经济轿车销售服务领域的霸主地位。随后，黄建国在四川车界掀起了一次次"营销革命"：2004年，建国汽车量贩模式横空出世，打破以往买车只能在单一品牌4S店进行的模式，把城内东西南北销售的汽车品牌集纳到一个汽车超市，让顾客能像买食品一样方便快捷地买汽车，买车、上户一站搞定。

"我总是不按常规出牌，我采用的是逆向思维。"说起自己的经营理念，黄建国非常自豪。2006年，当众多车商蜂拥一级城市，大兴土木建造4S店时，建国汽车独辟蹊径，迅速完成了德阳、宜宾、泸州、西昌、攀枝花等省内二级城市的全资子公司及二级网点建设，并挺进云南，着手西南销售服务网络建设，这种看似"疯狂"的举动，使建国汽车在四川各地市州拥有了18家全资汽车销售服务公司，覆盖二级网点超过100个。

2007 年，当大家幡然醒悟到二级网点这块"香饽饽"时，建国汽车又反其道而行之，大肆进军成都圈地，修建高标准 4S 店。现在，大家开始在二级市场建卖场时，建国汽车又开始了将二级市场的卖场模式转向专卖店。

这些年，建国汽车正是在大家的质疑和冷眼旁观中跳跃式地成了四川车市的巨无霸。

公司保安走上管理岗位，裂变的阵痛

在经营上，黄建国不按常规出牌，在公司内部人事安排上，他也同样大胆。今年 3 月，在黄建国的钦点下，原建国汽车一名保安队长升为某分公司总经理，这一举动在建国汽车内部引起轩然大波。

业界传言，这便是赵锦辉和企业部分高管先后辞职的导火索。一位也是上个月辞职的建国汽车中导管理人员私下告诉记者，他不怀疑每一个公司员工的工作能力，只是这样随意的公司人士制度让那些一步步走到管理岗位上的员工心灰意冷。

但在黄建国看来，这次人事安排另有深意。并且，这也不是他的独创，这是一直在勤奋学习的他从台湾某管理大师的光盘里学到的。黄建国说，虽然建国汽车的经营业绩一直保持高速增长，但还是太慢了，仿佛很多部门都死气沉沉，没有动力。他上周也首次坦言，企业要再次高速发展，必需下猛药，有时候采用逆向思维反而能收到奇效。

"这主要是为了让企业动起来，事实证明，那个板块的业务很快得到了改变。"黄建国说，外行管理内行，这也是一种刺激办法，最少，这个人的执行力强，能够搅动公司，让公司动起来。当然，黄建国的这一大胆举措没有得到很多管理层的理解。

赵锦辉承认，他相信董事长说的，每个人只要努力，就有可能成功，但他内心也对这一人事变动难以理解。"如果说是这件事让我决定辞职，那是不正确的，这仅是引发辞职的一根导火索。它只是再次证明了两个人的管理理念偏差太大。"另一位不愿透露姓名的原建国管理层人士称，他无法忍受这种人事安排。现任公司企划总监的吴岷江告诉记者，他开始也不太理解董事长这一决定，现在看来，效果很明显。

7.2.2　案例点评

原因分析：上述案例从表面上是在讲述老板黄建国与职业经理人赵锦辉 1 分钟离职，反映出在企业发展阶段中不可避免出现老板与职业经理人应如何进行有效分权、如何实现有效的公司治理等问题。然而，在现实中，很多民营企业成功渡过了企业发展必然经历创业期、发展期和成熟期三个阶段，但篇中案例黄建国在转型之期遭遇到"阵痛"，其中最为根本的问题在于老板在企业转型时期如何调整自身的领导与管理方式，以适应现代企业治理的需要。

从案例不难看出，黄建国的领导行为方式典型的是老板一个人说了算，要求对公司实行完全的控制，在用人策略上主要引入一些亲戚或信得过的熟人，内部管理以情感为纽带，也非常有凝聚力。黄建国在赵锦辉辞职后的新闻发布会上称，一家企业的文化就是老板的文化，不适应自己文化的人就得离开。这种独断、专制的领导方式在企业创业期，虽然风险很大，但反应也很快。那时，创业者们大都被老板的个人魅力和共同理想团结起来，在创业期大家都是兄弟朋友，这在一定程度上弱化了领导负向行为的弊端。

但做大了以后，这种模式便会出现先天不足，家族企业面临要向现代企业过度，就要引入职业经理人，采用"人治加法治"的方式，肯定不能再单凭某一个人的直觉来指挥企业。在这一转变过程中，容易出现两种不良情况：一种是老板的家长制作风改不了，另一种是拥有现代管理技能的职业经理人瞧不起打江山的草莽英雄。这两种情况的存在，都可能影响到公司的转型和发展。在案例中，黄建国依然我行我素、独断专制，没有建立有效的经营决策机制，例如，老板和高层经理共同组建公司最高经营决策机构——董事会，形成科学决策机制，还是采用一个人说了算，必然会产生导致黄建国感到指挥棒有些不灵了，开会同意的事下面并没有按要求执行，领导的权威受到了挑战。此外，黄建国的霸权式领导不仅体现在对经营目标的确定上，而且在人事任免上更加随意，不按常规出牌，在黄建国的钦点下，一名保安队长升为某分公司总经理，在公司内部引起轩然大波和普遍质疑，随意的人事制度让那些一步步走到管理岗位上的员工心灰意冷。独断专制老板文化下的经营层以及员工缺乏动力，很多部门都死气沉沉，当老板的目标不被认同，势必使老板陷入孤军奋斗的困境，难以发挥团队的合力。

对策建议：国有企业和民营企业的管理者在中国传统文化的影响下，常采用"威权式""家长式"领导行为，较多地表现出集权、专断、强制、粗暴等官僚主义作风。这些领导方式由于其决策的迅速性，高度的统一性，使企业渡过了创业初期。然而随着企业的发展壮大，职业经理人的引入、员工队伍的多元化以及外部经营环境的复杂，都促使领导者必须慎重反思自身的领导行为，防止领导权力的"滥用"、防止越权，警惕"不应该决定的问题，擅自决定""不应该管的事情，插手管理""不应该执行的任务，越俎代庖"。不能在片面强调中国传统文化的优越性基础上简单认为"威权式领导""家长式领导"等就是最适合我国国情的管理方式。具体到上述案例中，首先，黄建国要克服决策的高度集中化和专制性，从目前的情况看，建国汽车要超常规发展、要做全国最大的车商，这是董事长的宏大理想，但不能算作公司的战略目标。建国汽车在制订战略或重大决策时，可采用董事长与管理团队商议的方法，商议不成，可用董事会投票的方式解决。其次，在用人上，对于优秀的人才破格提拔偶尔为之也无可厚非，但要非常小心，一定要注意按公司制度和规范流程办理，不然就会将公司人力资源体系打破，再建立起来就难了。黄建国要审时度势，在现代公司治理中减少一味地霸权、专制、一言堂的做法，对自身领导行为加以改造，充分发挥支持式领导、服务式领导、建设性领导等管理模式的积极作用。在我国要成为一个成功高效的管理者，应该将传统管理方式与现代先进管理模式相结合，权变地运用于不同的工作情景中。

本书所涉及研究变量的调查问卷

管理者支持行为的测量

A1. 我的直接主管帮助我解决与工作相关的问题。

A2. 我的直接主管让我知道应该如何思考和感知事务。

A3. 我的直接主管鼓励培养和发展新的技能。

A4. 我的直接主管鼓励员工参与重要的决策。

A5. 我的直接主管对做得好的工作予以表扬。

A6. 我的直接主管鼓励员工在不同意某项决策时大胆发言。

A7. 我的直接主管对于我好的业绩予以奖励。

管理者滥权的测量

B1. 我的直接主管在别人面前说下属的坏话。

B2. 我的直接主管在别人面前贬低下属。

B3. 我的直接主管认为下属的想法和感受是愚蠢的。

B4. 我的直接主管讽刺下属。

B5. 我的直接主管认为下属的工作能力不足。

工作疏离感的测量

C1. 我的大部分时间都浪费在毫无意义的工作上了。

C2. 我对工作丧失热情，工作仅是为了获得报酬。

C3. 对我而言，工作更像是一种苦差或负担。

C4. 我的工作单调乏味、平淡无奇。

C5. 我的工作缺乏成长空间、没有发展前景。

C6. 不管我工作多么努力，似乎也是白费。

C7. 在工作中，难以建立彼此信赖的人际关系。

C8. 同事之间的关系不如想象中融洽、友好。

C9. 遇到问题时，同事们很少为我提供心理支持。

C10. 我感到孤独，与工作中的其他人缺乏情感联系。

C11. 当我陷入困境时，难以获得同事的实际援助。

C12. 工作中，人与人之间缺乏相互沟通与了解。

C13. 当前的工作环境让人体验到一种紧张压抑感。

C14. 工作环境让人产生暂时远离的想法。

C15. 我感到自己不能很好地融入目前的工作环境。

C16. 工作环境让我产生烦躁不安的情绪。

C17. 我担心工作环境会损害自己的身心健康。

C18. 我的工作环境缺乏舒适感。

一般效能感的测量

D1. 如果我尽力去做的话，我总是能解决问题。

D2. 即使别人反对我，我仍然有办法取得我所要的。

D3. 对我来说，坚持理想和达成目标是轻而易举的。

D4. 我自信能有效地应付突如其来的事情。

D5. 以我的才智，我定能应付意料之外的情况。

D6. 如果我付出必要的努力，我一定能解决大多数的难题。

D7. 我能冷静地面对困难，因为我信赖自己处理问题的能力。

D8. 面对一个难题时，我通常能找到几个解决方法。

D9. 有麻烦的时候，我通常能想到一些应付的方法。

D10. 无论什么事情在我身上发生，我都能应付自如。

工作特征模型的测量

E1. 我有机会运用不同的知识技能去完成不同的任务。

E2. 我的工作需要用到大量复杂的技能。

E3. 我的工作非常简单又重复。 *

E4. 我的工作做得怎样会影响其他人。

E5. 我的工作能影响到很多人。

E6. 我所做的工作对于最终的产品与服务无关紧要。 *

E7. 我几乎可以完全决定我的工作怎么做以及如何做。

E8. 我可以自由开展工作。

E9. 我的工作不允许我有机会参与决策。 *

E10. 我的直接上级与同事经常反馈工作意见。

E11. 我的工作本身会提示我做得怎么样。

E12. 我的工作无法提供线索告诉我是否做得正确。 *

E13. 我从头至尾执行任务，其结果清晰可辨。

E14. 我的工作提供给我从头到尾完成一项任务的机会。

E15. 工作是安排好的，以至于我没有机会执行一件完整的任务。 *

和谐组织氛围/和谐人际取向的测量

F1. 我与同事们能够互相理解。

F2. 我与同事们在工作中相互支持与配合。

F3. 我的同事们在工作中能够充分考虑对方的利益。

F4. 在工作中，我与同事们能够互相尊重对方的意见。

F5. 对工作中的问题，我的同事们能充分沟通。

F6. 我与同事们的性格很相似。

F7. 我与同事们有共同的兴趣。

F8. 我与同事们互相信任对方。

冲突组织氛围/冲突人际取向的测量

G1. 在工作中，我周围的人会发生争执。

G2. 在工作中，我周围的人会大呼小叫。

G3. 在工作中，我周围的人会出现粗鲁无礼。

G4. 在工作中，我周围的人会出现互相刁难。

集权化程度的测量

H1. 公司将权力授予各级主管的程度。

H2. 各级主管拥有对下属升迁与奖励的权限。

H3. 公司制定重大决策，基层员工参与协商的程度。

H4. 公司对各部门实行严密的监督与控制的程度。

H5. 公司各种规章制定的书面化程度。

H6. 公司各部门的权责与作业流程的清晰度。

H7. 各部门严格执行公司中长期战略规划及年度工作计划的程度。

H8. 各部门贯彻企业经营哲学及使命的程度

H9. 公司内工作职位说明书及作业程序的规范化程度。

组织公平的测量

I1. 公司在做决策时，遵循公开、透明、无偏见的原则。

I2. 公司在做决策时，充分考虑各类人员的需要与意见。

I3. 公司在做决策时，充分收集了所必需的准确的信息。

I4. 公司在做决策时，对涉及的所有人员都一视同仁。

I5. 公司在做决策时，允许各类人员对此提出异议并做出反馈。

I6. 公司给予各类人员的回报时，充分考虑其努力程度。

I7. 公司给予各类人员的回报时，充分考虑其工作责任。

I8. 公司给予各类人员的回报时，充分考虑其工作经验。

I9. 公司给予各类员工的回报时，充分考虑其教育与培训。

I10. 公司给予各类人员的回报时，充分考虑其工作压力。

I11. 公司给予各类员工的回报时，充分考虑其工作业绩。

工作绩效的测量

J1. 完成工作的数量高于平均水平。

J2. 工作完成的质量比平均水平高得多。

J3. 不懈努力以争取工作质量高于要求。

J4. 他/她给自己制定的工作质量标准比公司制定的标准高。

J5. 完成工作的效率比平均水平高得多。

J6. 追求最高的工作标准。

组织公民行为的测量

K1. 在没有被要求的情况下，主动帮助新同事适应工作环境。

K2. 常常牺牲自己的时间，帮助同事解决与工作相关的问题。

K3. 在需要的时候，我会分担同事的工作任务。

K4. 常常协调同事关系，并与之交流。

K5. 同事表示真诚的关注和殷切的关怀。

K6. 帮助承担缺勤同事的工作。

K7. 调整工作计划以配合其他人的时间安排。

K8. 将帮助他人视为自己的责任。

K9. 承担那些非必须但对树立公司形象有重要影响的职责。

K10. 我能跟上公司的变革与发展。

K11. 当有人抨击所在的公司时，竭力维护公司。

K12. 以在公共场合能代表公司为荣。

K13. 常提出改善公司运作情况的积极建议。

K14. 忠诚地对待自己所在的组织。

K15. 关心公司的形象。

K16. 将公司的好消息告诉他人以澄清他们对公司的误会。

工作场所偏离行为的测量

L1. 在工作时取笑公司内的其他人。

L2. 在工作时背后中伤公司其他人。

L3. 在工作时带有宗教或种族偏见。

L4. 在工作时发脾气，辱骂公司其他人。

L5. 在工作时对公司其他人有粗鲁的行为。

L6. 在工作时说下流的话。

L7. 在工作中公然让他人感到难堪。

L8. 在上班时间做自己的私事。

L9. 未经允许就拿走公司的财物。

L10. 传播公司和主管的流言。

L11. 未经允许，上班迟到或早退。

L12. 不注意工作环境的卫生。

L13. 向公司报账时，虚报金额以从中获益。

L14. 故意忽略、不听从指示。

L15. 在工作时不尽力。

L16. 在工作时心不在焉。

L17. 故意泄漏公司机密。

L18. 拖延工作时间以获得加班费。

下属感知到的领导—成员关系

M1. 我总是知道主管对我所做的工作的满意程度。

M2. 主管充分了解我在工作上的难题和个人需要。

M3. 主管认可我的一些潜力，但认可还不充分。

M4. 主管会从个人的角度用他/她的职权帮助我解决工作难题。

M5. 当我确实需要时，主管会牺牲他/她的利益帮助我摆脱困境。

M6. 主管充分信任我，主动替他/她维护和解释其决策。

M7. 我和主管的工作关系非常融洽，工作富于效率和成果。

主管感知到领导成员交换关系的测量

N1. 这位下属总是知道我对他/她所做的工作的满意程度。

N2. 我充分了解他/她在工作上的难题和个人需要。

N3. 我认可他/她的一些潜力，但认可还不充分。

N4. 我会从个人的角度用我的职权帮助他/她解决工作难题。

N5. 当下属真正需要时，牺牲自己的利益帮助他/她摆脱困境。

N6. 对我充分信任，主动维护和解释我的决策。

N7. 我和他/她的工作关系非常融洽，工作富于效率和成果。

注：题项后 * 是指该题项为反向计分题。

参 考 文 献

中文文献

[1] 曹科岩，李宗波．心理契约破坏与员工建言行为的关系：领导成员交换的调节作用 [J]．心理科学，2016（3）：644-650．

[2] 曾垂凯．LMX 与知识型员工组织公民行为的实证研究 [J]．科研管理，2012，33（10）：114-120．

[3] 陈斌斌，李丹．学生感知的班级人际和谐及其与社会行为的关系 [J]．心理发展与教育，2009，2：41-46．

[4] 陈明，于桂兰．破坏型领导：何时危害性更大——关系取向及工具性对破坏型领导与强制性公民行为的调节作用 [J]．南开管理评论，2013，16（4）：13-23．

[5] 陈胜军，全娜．组织支持感与领导成员交换对低尽责性员工周边绩效的补偿效应研究 [J]．中央财经大学学报，2015（4）：100-106．

[6] 陈同扬，谭亮，曹国年．组织支持视角下领导——下属交换关系感知匹配的形成机制研究 [J]．南开管理评论，2013，16（3）：118-126．

[7] 陈维政，余凯成，黄培伦．组织行为学高级教程 [M]．高等教育出版社，2004，7：286-305．

[8] 程建君，贺丹．组织公民行为研究综述 [J]．社会心理科学，2015，30（12）：12-15．

[9] 邓志华，陈维政，黄丽，胡冬梅．服务型领导与家长式领导对

员工态度和行为影响的比较研究［J］. 经济与管理研究, 2012, 10: 101-110.

［10］丁桂凤, 古茜茜, 朱滢莹, 刘建雄. 上司不当督导与下属绩效行为的作用机制及其干预策略［J］. 心理科学进展, 2012, 20 (9): 1347-1354.

［11］董临萍. 知识工作团队中变革型领导与团队冲突管理方式研究［J］. 管理学报, 2013, 10 (10): 1470-1477.

［12］杜鹏程, 杜雪, 姚瑶等. 雇员敌意与员工创新行为: 情绪劳动策略与冲突管理方式的作用［J］. 科技进步与对策, 2017, 34 (12): 148-154.

［13］樊富珉, 张翔. 人际冲突与冲突管理研究综述［J］. 中国矿业大学学报 (社会科学版), 2003, 5 (3): 82-91.

［14］方杰, 温忠麟, 梁东梅, 李霓霓. 基于多元回归的调节效应分析［J］. 心理科学, 2015, 38 (3): 715-720.

［15］费孝通. 乡土中国［M］. 北京: 三联书店, 1947.

［16］高日光, 李胜兰. 亲社会动机与印象管理动机对组织公民行为的影响［J］. 当代财经, 2015, 3: 79-86.

［17］高日光. 破坏性领导会是组织的害群之马吗? 中国组织情境中的破坏性领导行为研究［J］. 管理世界, 2009, 9: 124-147.

［18］公婷, 任建明. 利益冲突管理的理论与实践［J］. 中国行政管理, 2012 (10): 96-100.

［19］郭晓薇. 儒家文化中的领导方式与上下级人际和谐［J］. 唯实, 2007, 12: 85-88.

［20］韩翼, 杨百寅. 真实型领导、心理资本与员工创新行为: 领导成员交换的调节作用［J］. 管理世界, 2011 (12): 78-86.

［21］胡丽红. 年龄歧视对临退休员工工作退缩行为的影响——工作疏离感和临退休焦虑的作用［J］. 财经问题研究, 2016 (6): 117-122.

［22］黄光国. 人情与面子：中国人的权力游戏. 见：杨国枢主编. 中国人的心理［M］. 台北：桂冠图书公司，1989.

［23］黄丽，陈维政. 工作要求—控制、自我效能感与工作疏离感［J］. 应用心理学，2012（4）：358－364.

［24］黄丽，陈维政. 基于结构方程的工作疏离感成因分析［J］. 统计与决策，2013（2）：61－63.

［25］黄丽，陈维政. 滥权监管、领导—部属交换对工作场所偏离行为的影响分析［J］. 商业经济与管理，2014，（2）：40－48.

［26］黄丽，陈维政. 两种人际取向对下属工作绩效的影响分析——以领导—成员交换质量为中介变量［J］. 管理评论，2015，27（5）：178－187.

［27］黄丽，陈维政. 员工工作疏离感的形成因素与干预策略分析［J］. 管理现代化，2012，（5）：69－71.

［28］黄丽，陈维政. 工作疏离感的影响因素及后果的整合研究［J］. 当代经济管理，2012，34（5）：77－80.

［29］黄丽，陈维政. 滥权监管对工作行为的影响分析——人际冲突与自我效能感的不同作用［J］. 经济经纬，2014，（6）：96－100.

［30］黄丽，陈维政. 员工工作疏离感的管控策略［J］. 领导科学，2012，（5）：52－55.

［31］黄丽，陈维政. 中国企业员工工作疏离感内涵结构及对正反工作行为影响机理的实证研究［J］. 南大商学评论，2017，13（4）：141－169.

［32］黄囇莉. 人际和谐与人际冲突. 杨国枢等主编. 华人本土心理学［M］. 重庆：重庆大学出版社，2007.

［33］吉尔特·霍夫斯泰德，格特·扬·霍夫斯泰德（著），李原，孙健敏（译）. 文化与组织——心理软件的力量［M］. 北京：中国人民大学出版社，2010.

［34］李爱梅，华涛，高文. 辱虐管理研究的"特征—过程—结果"

理论框架［J］. 心理科学进展，2013，21（11）：1901－1912.

［35］李超平，田宝，时勘. 变革型领导与员工工作态度：心理授权的中介作用［J］. 心理学报，2006，38（2）：297－307.

［36］李锐，凌文辁，柳士顺. 上司不当督导对下属建言行为的影响及其作用机制［J］. 心理学报，2009，41（12）：1189－1202.

［37］李翼廷. 基于中国文化情境的冲突管理策略研究［J］. 佛山科学技术学院学报（社会科学版），2012，30（1）：35－43.

［38］李育辉，王桢，黄灿炜等. 辱虐管理对员工心理痛苦和工作绩效的影响：一个被调节的中介模型［J］. 管理评论，2016，28（2）：127－137.

［39］梁漱溟. 中国文化要义［M］. 上海：上海人民出版社，2005.

［40］林莉，王振维. 创新团队内部冲突管理策略的探讨［J］. 宁夏大学学报. 人文社会科学版，2009，31（5）：142－144.

［41］林钲棽，陈威菖. 工作疏离感在组织公民行为形成历程的中介角色——以大高雄区域金融业从业人员为例. 辅仁管理评论，2003，11：91－118.

［42］凌俐，陆昌勤. 心理授权研究的现状. 心理科学进展［J］. 2007，15（4）：652－658.

［43］凌文辁，柳士顺，谢衡晓，路红. 建设性领导与破坏性领导［M］. 科学出版社，2012.

［44］刘德鹏，汪丽，易志高. 工作自主权对组织公民行为的影响机制［J］. 预测，2011，30（3）：37－41.

［45］刘军，刘松博. 企业高层管理团队冲突管理方式：理论及证据［J］. 经济理论与经济管理，2008，V（2）：58－64.

［46］刘军，吴隆增，林雨. 应对辱虐管理：下属逢迎与政治技能的作用机制研究［J］. 南开管理评论，2009，12（2）：52－58.

［47］刘亚，龙立荣，李晔. 组织公平感对组织效果变量的影响

[J]. 管理世界, 2003, 3: 127-133.

[48] 刘艳, 谷传华. 人际敏感: 从社会认知到心理危险因素 [J]. 心理科学进展, 2015, 23 (3): 489-495.

[49] 刘咏梅, 卫旭华, 陈晓红. 情绪智力、冲突管理与感知凝聚力关系研究 [J]. 科研管理, 2011, 32 (2): 88-96.

[50] 刘玉新, 张建卫, 彭凯平. 职场欺负、人际冲突与反生产行为的关系: 情绪智力的调节效应 [J]. 预测, 2012, 31 (5): 1-8.

[51] 龙立荣, 毛盼盼, 张勇等. 组织支持感中介作用下的家长式领导对员工工作疏离感的影响 [J]. 管理学报, 2014, 11 (8): 1150-1157.

[52] 陆欣欣, 孙嘉卿. 领导—成员交换与情绪枯竭: 互惠信念和权力距离导向的作用 [J]. 心理学报, 2016, 48 (5): 566-577.

[53] 路红, 凌文辁, 方俐洛. 破坏性领导: 国外负面领导研究综述 [J]. 管理学报, 2012, 9 (11): 1718-1724.

[54] 吕艾芹, 施俊琦, 刘漪昊, 沈秀芹, 苏永刚, 陈晓阳. 团队冲突、团队信任与组织公民行为: 组织公正感的中介作用 [J]. 北京大学学报 (自然科学版), 2012, 48 (3): 500-506.

[55] 吕晓俊, 严文华. 组织公平感对工作绩效的影响研究 [J]. 上海行政学院学报, 2009, 1: 76-82.

[56] 吕晓俊. 愉快的人更易体验公正? ——员工的情绪特质对组织公正感的影响研究 [J]. 心理科学, 2012 (5): 1207-1212.

[57] 马新建. 冲突管理: 基本理念与思维方法的研究 [J]. 大连理工大学学报 (社会科学版), 2002, 23 (3): 19-25.

[58] 马新建. 冲突管理: 一般理论命题的理性思考 [J]. 东南大学学报 (哲学社会科学版), 2007, 9 (3): 62-67.

[59] 马玉凤, 孙健敏. 破坏型领导研究述评 [J]. 外国经济与管理, 2009, 31 (11): 45-51.

[60] 梅强, 徐胜男. 高层管理团队异质性、团队冲突和创业绩效

的关系研究——以冲突管理为调节变量［J］.经济与管理研究，2012（6）：94－103.

［61］倪艳，熊胜绪.员工心理资本与工作绩效的关系研究——领导成员交换的中介作用［J］.管理现代化，2012（4）：96－98.

［62］潘晓云.个体情绪对冲突管理方式倾向性的影响研究——以实验法为例［J］.河南社会科学，2009，17（6）：133－137.

［63］彭茜，庄贵军，岑成德.领导行为与人际关系对酒店企业群体内聚力的影响及其后果［J］.管理学报，2009，6（7）：930－938.

［64］邱益中.企业组织冲突管理［M］.上海财经大学出版社，1998.

［65］任晗，许亚玲，陈维政.代际差异视角下的辱虐管理对员工工作疏离感的影响作用［J］.经济管理，2014（2）：65－75.

［66］任孝鹏，王辉.领导—部属交换（LMX）的回顾与展望［J］.心理科学，2005，13（6）：78－797.

［67］孙健敏，宋萌，王震.辱虐管理对下属工作绩效和离职意愿的影响：领导认同和权力距离的作用［J］.商业经济与管理，2013，257（3）：45－52.

［68］孙利平，凌文辁.组织中的破坏性领导理论与启示［J］.经济管理，2010，6：178－186.

［69］孙秀明，孙遇春.工作疏离感对员工工作绩效的影响——以中国人传统性为调节变量［J］.管理评论，2015，27（10）：128－137.

［70］孙秀明，孙遇春.工作疏离感对知识共享的影响研究——以中国人传统性为调节变量［J］.同济大学学报（社会科学版），2015，26（2）：109－117.

［71］谭树华，许燕，王芳等.自我损耗：理论、影响因素及研究走向［J］.心理科学进展，2012，20（5）：715－725.

［72］陶爱华，刘雍鹤，王沛.人际冲突中失望的个人效应及冲突类型的调节作用［J］.心理学报，2018（2）：235－242.

[73] 万涛. 冲突管理方式对团队绩效的影响研究 [J]. 技术经济与管理研究, 2010 (s2): 61 - 66.

[74] 汪新艳, 廖建桥. 组织公平感对员工绩效的影响 [J]. 工业工程与管理, 2009, 2: 101 - 106.

[75] 王国猛, 郑全全. 员工授权管理: 起源、研究范式及其发展趋势 [J]. 科研管理, 2008, 29 (3): 164 - 171.

[76] 王洪青, 彭纪生. 辱虐管理对员工心态的影响: 代际差异的调节效应研究 [J]. 商业经济与管理, 2015 (1): 19 - 26.

[77] 王晶晶, 张浩. 冲突管理策略理论述评 [J]. 经济与社会发展, 2007, 5 (10): 61 - 64.

[78] 王琦, 杜永怡, 席酉民. 组织冲突研究回顾与展望 [J]. 预测, 2004, 3: 74 - 80.

[79] 刘炜. 企业内部冲突管理 [D]. 首都经济贸易大学博士学位论文, 2007.

[80] 王实, 顾新, 杨立言. 知识链组织之间冲突类型分析与冲突管理策略探讨 [J]. 软科学, 2010, 24 (12): 52 - 55.

[81] 王永丽, 张玉玲, 张智宇等. 破坏性领导行为对组织承诺的不同作用效果分析——员工文化价值观的调节作用 [J]. 管理评论, 2013, 25 (11): 95 - 105.

[82] 王震, 孙健敏, 赵一君. 中国组织情境下的领导有效性: 对变革型领导、领导—部属交换和破坏型领导的元分析 [J]. 心理科学进展, 2012, 20 (2): 174 - 190.

[83] 温忠麟, 张雷, 侯杰泰. 有中介的调节变量和有调节的中介变量 [J]. 心理学报, 2006, 38 (3): 448 - 452.

[84] 吴继红, 陈维政. 领导—成员关系对组织与员工间社会交换的调节作用研究 [J]. 管理学报, 2010, 7 (3): 363 - 372.

[85] 吴隆增, 刘军, 梁淑美等. 辱虐管理与团队绩效: 团队沟通与集体效能的中介效应 [J]. 管理评论, 2013, 25 (8): 151 - 159.

[86] 吴隆增, 刘军, 刘刚. 辱虐管理与员工表现: 传统性与信任的作用 [J]. 心理学报, 2009, 41 (6): 510-518.

[87] 吴明隆. 问卷统计分析实务: SPSS 操作与应用 [M]. 重庆大学出版社, 2010.

[88] 吴维库, 王未, 刘军, 吴隆增. 辱虐管理、心理安全感知与员工建言 [J]. 管理学报, 2012, 9 (1): 57-63.

[89] 肖进成. 劳务派遣在我国的困境和出路—对《劳动合同法修正案 (草案)》的反思 [J]. 学术交流, 2012, 224 (11): 71-75.

[90] 严丹. 上级辱虐管理对员工建言行为的影响——来自制造型企业的证据 [J]. 管理科学, 2012, 25 (2): 41-50.

[91] 颜爱民, 高莹. 辱虐管理对员工职场偏差行为的影响: 组织认同的中介作用 [J]. 首都经济贸易大学学报, 2010, 6: 55-61.

[92] 颜爱民, 裴聪. 辱虐管理对工作绩效的影响及自我效能感的中介作用 [J]. 管理学报, 2013, 10 (2): 213-218.

[93] 杨付, 唐春勇. 中国企业员工人际和谐观与组织承诺及其维度关系的实证研究 [J]. 软科学, 2010, 24 (3): 87-95.

[94] 杨国枢. 中国人的社会取向: 社会互动的观点. 见杨国枢, 余安邦 (编), 中国人的心理与行为——理念及方法篇 [M]. 台北: 桂冠图书公司, 1993.

[95] 于静静, 蒋守芬, 赵曙明. 冲突管理方式与员工建言行为的关系研究——基于心理安全感和权力距离视角 [J]. 华东经济管理, 2015, 29 (10): 168-174.

[96] 余鹏. 关于情绪对个体冲突管理策略选择影响的实证研究 [J]. 心理学探新, 2015, 35 (6): 541-547.

[97] 余璇, 陈维政. 组织伦理气候对员工工作场所行为的影响研究——以工作疏离感为中介变量 [J]. 大连理工大学学报 (社会科学版), 2015 (4): 35-40.

[98] 余璇, 陈维政. 组织自尊对员工工作疏离感影响的实证研

究——消极情绪和传统性的作用 [J]. 大连理工大学学报（社会科学版），2016，37（2）：71 –77.

[99] 张光磊，刘善仕，申红艳. 组织结构、知识转移渠道与研发团队创新绩效——基于高新技术企业的实证研究 [J]. 科学学研究，2011，29（8）：1198 –1206.

[100] 张新安，何惠，顾锋. 家长式领导行为对团队绩效的影响：团队冲突管理方式的中介作用 [J]. 管理世界，2009（3）：121 –133.

[101] 张韫黎，陆昌勤. 挑战性—阻断性压力（源）与员工心理和行为的关系：自我效能感的调节作用 [J]. 心理学报，2009，141（16）：501 –509.

[102] 张泽梅，陈维政. 交易型领导、变革型领导与组织氛围关系的比较研究 [J]. 经济导刊，2011，11：85 –86.

[103] 张泽梅，陈维政. 破坏型领导的行为影响与改善策略 [J]. 领导科学，2011，33：35 –37.

[104] 张泽梅，陈维政. 权变冲突管理策略分析 [J]. 领导科学，2011（23）：45 –47.

[105] 钟昆. 人际和谐、领导行为与效能之探讨 [D]. 高雄：高雄医科大学行为科学研究所，2002.

[106] 周彬，周军，徐桂红. 论科研团队的冲突管理与有效沟通 [J]. 中国科技论坛，2004，3：119 –122.

[107] 周浩，龙立荣. 工作疏离感研究述评 [J]. 心理科学进展，2011，19（1）：117 –123.

[108] 周红云. 工作特征、组织公民行为与公务员工作满意度 [J]. 中南财经政法大学学报. 2012，195（6）：131 –136.

[109] 周妮娜. 领导—部属交换感知匹配对员工工作表现的影响 [J]. 经济与管理研究，2010，7：67 –76.

[110] 朱月龙，段锦云，凌斌. 辱虐管理的概念界定与影响因素及结果探讨 [J]. 外国经济与管理，2009，31（12）：25 –32.

英文文献

［1］Abdolhossein, N. S., Masoumeh, B., Marzieh, S. The Study of Work-Family Conflict and Family-Work Conflict Due to Work Alienation ［J］. Woman In Culture And Art（Women's Research）, 2013, 5（3）: 397 – 414.

［2］Amason, A. C. Distinguishing The Effects of Functional and Dysfunctional Conflict on Strategic Decision Making: Resolving a Paradox for Top Management Teams ［J］. Academy of Management Journal, 1996, 39（1）: 123 – 148.

［3］Aryee, S. Chen, Z. X., Sun L. Y., Debrah Y. A. Antecedents and Outcomes of Abusive Supervision: Test of A Trickle-Down Model ［J］. Journal of Applied Psychology, 2007, 92（1）: 191 – 201.

［4］Aryee, S., Sun, L. Y., Chen, Z. X. G., Debrah, Y. A. Abusive Supervision and Contextual Perf-Ormance: the Mediating Role of Emotional Exhaustion and The Modera-ting Role of Work Unit Structure ［J］. Management and Organization Review, 2008, 4（3）: 393 – 411.

［5］Ashforth, B. E, Mael, F. Social Identity Theory and The Organization ［J］. Academy Of Management Review, 1989, 14（1）: 20 – 39.

［6］Aziz, K., Shahzadi, I., Awais, M. et al. Does Abusive Supervision Influence Organizational Citizenship Behavior? Testing the Mediation Effects of Organizational Cynicism ［J］. 2017, 9（3）: 1146 – 1154.

［7］Bamberger, P. A. Bacharach, S. B. Abusive Supervision and Subordinate Problem Drinking: Taking Resistance, Stress and Subordinate Personality into Account ［J］. Human Relations, 2006, 59（6）: 723 – 752.

［8］Banai, M., Reisel, W. D. The Influence of Supportive Leadership and Job Characteristics on Work Alienation: a Six-Country Investigation ［J］. Journal of World Business, 2007, 42（4）: 463 – 476.

［9］Banai, M., Weisberg, J. Alienation in State-Owned And Private

Companies in Russia [J]. Scandinavian Journal of Management, 2003, 19: 359 – 383.

[10] Banai, M., Reisel, W. D. The Influence of Supportive Leadership and Job Characteristics on Work Alienation: A Six-Country Investigation [J]. Journal of World Business, 2007, 42 (4): 463 – 476.

[11] Banai, M., Reisel, W. D., Probst, T. M. A. Managerial and Personal Control Model: Predictions of Work Alienation and Organizational Commitment in Hungary [J]. Journal of International Management, 2004, 10 (3): 375 – 392.

[12] Banaia, M., Jianxin Hu. Leadership and Alienation in State-Owned Enterprises and Inter-National joint Wentures In China [J]. Chinese Economic Transition And International Marketing Strategy, 2003, 5 (6): 19 – 23.

[13] Barki, H., Hartwiek, J. Conceptualizing the Construct of Interpersonal Conflict [J]. The International Journal of Conflict Management, 2004, 5 (3): 216 – 244.

[14] Baron, R. M, Kenny, D. A. The Moderator Mediator Variable Distinction in Social Psychological Research; Conceptual, Strategic, and Statistical Considerations [J]. Journal of Personality and Social Psychology, 1986, 51: 1173 – 1182.

[15] Barsade, S. G. The Ripple Effect: Emotional Contagion and Its Influence on Group Behavior [J]. Administrative Science Quarterly, 2002, 47 (4): 644 – 675.

[16] Bauer, T. N., Green, S. G. Development of Leader-Member Exchange: A Longitudinal Test [J]. The Academy of Management Journal, 1996, 39 (6): 1538 – 1567.

[17] Borman, W. C., Motowidlo, S. J. Task Performance and Contextual Performance: The Meaning for Personnel Selection Research [J]. Human

Performance, 1997, 10 (2): 99 – 109.

[18] Boulding, K. B. Conflict and Defense [M]. Harper & Brothers, New York, 1962, 61 – 78.

[19] Bowen, D. E. , Lawler, E. E. Empowerment Service Employees [J]. Sloan Management Review, 1995, 36 (4): 73 – 85.

[20] Bratton, J. , Callinan, M. , Forshaw, C. , Sawchuck, O. Work and Organizational Behavior: Understanding the Workplace [M]. New York: Palgrave Macmillan, 2007.

[21] Brodsky, C. M. The Harassed Worker [M]. Lexington Books, DC Heath Company, MA. Toronto, 1976.

[22] Bruk-Lee, V. , Spector, P. E. The Social Stressors-Counterproductive Work Behaviors Link: are Conflicts With Supervisors and Coworkers the Same [J]? Journal of Occupational Health Psychology, 2006, 11 (2): 145 – 156.

[23] Bryman, A. , Cramer, D. Quantitative Data Analysis With SPSS12 And 13 [M]. A Guide For Social Scientists. East Sussex Routledge, 2005.

[24] Burns, T. , Stalker, G. M. The Management of Innovation [M]. London: Tavistock, 1961.

[25] Burton, J. P. , Sablynski, C. J. , Sekiguchi, T. Linking Justice, Performance, And Citizenship Via Leader-Member Exchange [J]. Journal of Business and Psychology, 2008, 23 (1 – 2): 51 – 61.

[26] Buss, A. H. The Psychology of Aggression [M]. New York: Wiley. Caprara, GV, 1961.

[27] Campbell, N. S. , Perry, S. J. , Maertz, C. P. , Jr. Allen, D. G. , Griffeth, R. W. All You Need Is Resources: The Effects of Justice and Support on Burnout and Turnover [J]. Human Relations, 2013, 66 (6): 759 – 782.

[28] Chen, G. , Tjosvold, D. Conflict Management And Team Effec-

tiveness In China: The Mediating Role of Justice [J]. Asia Pacific Journal of Management, 2002, 19 (4): 557 – 572.

[29] Chen, X. P., He, W., Weng, L. C. What is Wrong with Treating Followers Differently? The Basis of Leader-Member Exchange Differentiation Matters [J]. Journal of Management, 2018, 44 (3): 946 – 971.

[30] Chenhall, R. H. The Role of Cognitive and Affective Conflict in Early Implementation of Active-Based Cost Management [J]. Behavioral Research In Accounting, 2004, 16 (1): 19 – 44.

[31] Cheung, C. K., Ngai, N. P. Training to Raise Unemployed Youth's Work Commitment in Tianjin [J]. Children and Youth Services Review, 2010, 32 (2): 298 – 305.

[32] Cheung, C. K. Adaptation to Work Restructuring among Working People in Hong Kong [J]. The Journal of Socio-Economics, 2005, 34 (3): 361 – 376.

[33] Chullen, C. L., Dunford, B. B., Angermeie, I. Minimizing Deviant Behavior in Healthcare Organizations: The Effects of Supportive Leadership and Job Design [J]. Journal of Healthcare Management. 2010, 55 (6): 381 – 397.

[34] Cogliser, C. C., Schriesheim, C. A., Scandura, T. A., Gardner. W. L. Balance in Leader and Follower Perceptions of Leader-Member Exchange: Relationships With Performance and Work Attitudes [J]. The Leadership Quarterly, 2009, 20 (3): 452 – 465.

[35] Cohen-Charash Y., Spector P. E. The Role of Justice in Organizations: a Meta-Analysis [J]. Organizational Behavior And Human Decision Processes, 2001, 86: 278 – 321.

[36] Colbert, A. E., Kristof-Brown, A. L., Bradley, B. H. CEO Transformational Leadership: The Role of Goal Importance Congruence in Top Man-

agement Teams [J]. Academy of Management Journal, 2008, 51 (1): 81 –96.

[37] Colquitt, J. A., Conlon, D. E., Wesson, M. J., Porter, C. O., & Ng., K. Y. Justice at The Millennium: A Meta-Analytic Review of 25 Years of Organizational Justice Research [J]. Journal of Applied Psychology, 2001, 86: 425 –445.

[38] Conger, J. A. The Dark Side of Leadership [J]. Organizational and Dynamics, 1990, 19 (2): 44 –55.

[39] Conger, J. A., Kanungo, R. N. The Empowerment Process: Integrating Theory and Practice [J]. Academy of Management Review, 1988, 13 (3): 85 –105.

[40] Cropanzano, R., Mitchell, M. S. Social Exchange Theory: an Interdisciplinary Review [J]. Journal of Management, 2005, 31 (6): 874 – 900.

[41] Cumming, T. G., Manring, S. L. The Relationship between Worker Alienation and Work-Related Behavior [J]. Journal of Vocational Behavior, 1977, 10 (2): 167 –179.

[42] David, G. B., Tonatiuhb, G. Work Organization and Drinking: an Epidemiological Comparison of Two Psychosocial Work Exposure Models [J]. International Arch Occupy Environment Health, 2009, 82 (3): 305 – 317.

[43] Deborah M. Kolb, Linda L. Putnam. The Multiple Faces of Conflict in Organizations [J]. Journal of Organizational Behavior, 1992, 13 (3): 311 –324.

[44] Dedreu, C. K. W., Weingart, L. R. Task versus Relationship Conflict, Team Performance, and Team Member Satisfaction: a Meta-Analysis [J]. Journal of Applied Psychology, 2003, 88 (4): 741 –749.

[45] Detert, J. R., Trevinno, L. K., Burris, E. R. Managerial Modes

of Influence and Counterproductivity in Organizations: a Longitudinal Business-Unit-Level Investigation [J]. Journal of Applied Psychology, 2007, 92 (4): 993 – 1005.

[46] Deutsch, M. Sixty Years of Conflict [J]. The International Journal of Conflict Management, 1990, 1 (3): 237 – 263.

[47] Dineen, B. R., Lewicki, R. J., Tomlinson, E. C. Supervisory Guidance and Behavioral Integrity: Relationships with Employee Citizenship and Deviant Behavior [J]. The Journal of Applied Psychology, 2006, 91 (3): 622 – 63.

[48] Dipietro, R. B., Pizam, A. Employee Alienation Inthe Quick Service Restaurant Industry. Journal of Hospitality & Tourism Research, 2008, 32 (1): 22 – 39.

[49] Douglas, M. David, I. Product Quality And Pay Equity between Lower-Level Employees and Top Management: an Investigation of Distributive Justice Theory [J]. Administrative Science Quarterly, 1992, 37 (2): 302 – 320.

[50] Dulebohn, J. H., Bommer, W. H., Liden, R. C., Brouer, R. L., Ferris, G. R. A Meta-Analysis of Antecedents and Consequences of Leader-Member Exchange Integrating The Past With an Eye Toward The Future [J]. Journal of Management, 2012, 38 (6): 1715 – 1759.

[51] Dunlop, P. D., Lee, K. Workplace Deviance, Organizational Citizenship Behavior, And Business Unit Performance: the Bad Apples Do Spoil The Whole Barrel [J]. Journal of Organizational Behavior, 2004, 25 (1): 67 – 80.

[52] Dupré, K. E., Inness, M., Connelly, CE (Eds). Workplace Aggression in Teenage Part-Time Employees [J]. The Journal of Applied Psychology, 2006, 91 (5): 987 – 97.

[53] Einarsen, S., Hoel, H., Cooper, C. Bullying and Emotional

Abuse in The Workplace: International Perspectives In Research and Practice [M]. Taylor & Francis, London, 2003.

[54] Eissa, G., Lester, S. W. Supervisor Role Overload and Frustration as Antecedents of Abusive Supervision: the Moderating Role of Supervisor Personality [J]. Journal of Organizational Behavior, 2017, 38 (3): 307 – 326.

[55] Farh, J. L., Earley, P. C., Lin, S. C. Impetus For Action: A Cultural Analysis of Justice and Organizational Citizenship Behavior in Chinese Society [J]. Administrative Science Quarterly, 1997, 42 (3): 421 – 444.

[56] Farh, J. L., Podsakoff, P. M, Organ, D. W. Accounting for Organizational Citizenship Behavior: Leader Fairness and Task Scope versus Satisfaction [J]. Journal of Management, 1990, 16 (4): 705 – 722.

[57] Felps, W., Mitchell, T. R., Byington, E. How, When, and Why Bad Apples Spoil The Barrel: Negative Group Members and Dysfunctional Groups [J]. Research in Organizational Behavior, 2006, 27 (06): 181 – 230.

[58] Fox, S. Spector, P. E., Miles, D. Counterproductive Work Behavior (CWB) In Response to Job Stressors and Organizational Justice: Some Mediator and Moderator Tests for Autonomy and Emotions [J]. Journal of Vocational Behavior, 2001, 59 (3): 291 – 309.

[59] Fredrickson, B. L., Branigan, C. Positive Emotions Broaden The Scope of Attention and Thought-action Repertoires [J]. Cognition & Emotion, 2005, 19 (3): 313 – 332.

[60] Gagne, M., Deci, E. L. Self-Determination Theory and Work Motivation [J]. Journal of Organizational Behavior, 2005, 26 (4): 331 – 362.

[61] Gerstner, C. R., Day, D. V. Meta-Analytic Review of Leader-Member Exchange Theory: Correlates and Construct Issues [J]. Journal of Applied

Psychology, 1997, 82 (6): 827 – 844.

[62] GÓMez, C., Rosen, B. The Leader-Member Exchange as a Link Between Managerial Trust and Employee Empowerment [J]. Group & Organization Management, 2001, 26 (1): 53 – 69.

[63] Graen, G. B., Uhl-Bien, M. Development of Leader-Member Exchange (LMX) Thoery of Leadership over 25 Years: Applying a Multi-Level Multi-Domain Perspective [J]. Leadership Quarterly, 1995, 6 (2): 219 – 247.

[64] Grandey, A. A., Tam, A. P., Brauburger, A. L. Affective States and Traits in the Workplace: Diary and Survey Data From Young Workers [J]. Motivation And Emotion, 2002, 26 (1): 31 – 55.

[65] Haar, J. M., Fluiter, A. D., Brougham, D. Abusive Supervision and Turnover Intentions: the Mediating Role of Perceived Organisational Support [J]. Journal of Management & Organization, 2016, 22 (2): 139 – 153.

[66] Hackman, J. R., Oldham, G. R. Development of the Job Diagnostic Survey [J]. Journal of Applied Psychology, 1975, 60 (2): 159 – 170.

[67] Halbesleben, J. R. B., Clark, S. K. The Experience of Alienation among Temporary Workers in High-Skill Jobs: a Qualitative Analysis of Temporary Firefighters [J]. Journal of Managerial Issues, 2010, 22 (4): 531 – 545.

[68] Harris, K. J. Harvey, P., Kacmar, K. M. Abusive Supervisory Reactions to Coworker Relationship Conflict [J]. The Leadership Quarterly, 2011, 22 (5): 1010 – 1023.

[69] Harris, K. J., Wheeler, A. R., Kacmar, K. M. Leader-Member Exchange and Empowerment: Direct and Interactive Effects on Job Satisfaction, Turnover Intentions, and Performance [J]. The Leadership Quarterly, 2009, 20 (3): 371 – 382.

［70］Harvey, P. , Martinko, M. J. An Empirical Examination of the Role of Attributions in Psychological Entitlement and Its Outcomes ［J］. Journal of Organizational Behavior, 2009, 30 (4): 459 – 476.

［71］Hassan, A. , Chandaran, S. Quality of Supervisor-Subordinate Relationship and Work Outcome: organizational Justice as Mediator ［J］. International Journal of Economics, 2005, 13 (1): 1 – 20.

［72］Hatfield, E. , Cacioppo, J. L. , Rapson, R. L. Emotional Contagion ［J］. Current Directions In Psychological Sciences, 1993, 2 (3): 96 – 99.

［73］Hirschfeld, R. R. Achievement Orientation and Psychological Involvement in Job Tasks: the Interactive Effects of Work Alienation and Intrinsic Job Satisfaction ［J］. Journal of Applied Social Psychology, 2002, 32 (8): 1663 – 1681.

［74］Hirschfeld, R. R. Hubert, S. Work Alienation as An Individual-Difference Construct for Predicting Workplace Adjustment: A Test in Two Samples ［J］. Journal of Applied Social Psychology, 2000, 30 (9): 1880 – 1902.

［75］Hmieleski, K. M. , Ensley, M. D. A Contextual Examination of New Venture Performance: Entrepreneur Leadership Behavior, Top Management Team Heterogeneity, and Environmental Dynamism ［J］. Journal of Organizational Behavior, 2007, 28 (7): 865 – 889.

［76］Hofstede, G. Culture Consequences: International Differences in Work Related Values ［M］. London: Sage Publication, 1980.

［77］Hoobler, J. M. , Brass, D. J. Abusive Supervision and Family Undermining as Displaced Aggression ［J］. Journal of Applied Psychology, 2006, 91 (5): 1125 – 1133.

［78］Howat, G. , London, M. Attributions of Conflict Management Strategies in Supervisor-Subordinate Dyads ［J］. Journal of Applied Psychology, 1980, 65 (2): 172 – 175.

[79] Howell, J. M, Hall-Merenda, K. E. The Ties That Bind: The Impact of Leader-Member Exchange, Transformational and Transactional Leadership, and Distance on Predicting Follower Performance [J]. Journal of Applied Psychology, 1999, 84 (5): 680 – 694.

[80] Hoy, W. K. , Blazovsky, R. , Newland, W. Bureaucracy and Alienation: a Comparative Analysis [J]. Journal of Educational Administration, 1983, 21 (2): 109 – 120.

[81] Huang, Y. The Relationships among Job Satisfaction, Professional Commitment, Organizational Alienation, and Coaching Efficacy of School Volleyball Coaches in Taiwan (China) [D]. Unpublished Doctoral Dissertation. United Statessports Academy, 2007.

[82] Hui. C. , Lam, S. , Law, K. Instrumental Values of Organizational Citizenship Behavior for Promotion: A Field Quasi-Experiment. Journal of Applied Psychology, 2000, 85 (5): 822 – 828.

[83] Ilies, R. Personality and Citizenship Behavior: the Mediating Role of Job Satisfaction [J]. Journal of Applied Psychology, 2009, 94 (4): 945 – 59.

[84] Ilies, R. , Nahrgang, J. D. , Morgeson, F. P. Leader-Member Exchange And Citizenship Behaviors: A Meta-Analysis [J]. Journal of Applied Psychology, 2007, 92 (1): 269 – 277.

[85] Jaramillo, F. , Mulki, J. P. , Boles, J. S. Workplace Stressors, Job Attitude, and Job Behaviors: Is Interpersonal Conflict the Missing Link? [J]. Journal of Personal Selling & Sales Management, 2011, 31 (3): 339 – 356.

[86] Jehn, K. A. Multimethod Examination of the Benefits and Detriments of Intragroup Conflict [J]. Administrative Science Quarterly, 1995, 40 (2): 256 – 282.

[87] Jehn, K. A. , Mannix, E. A. The Dynamic Nature of Conflict: a

Longitudinal Study of Intragroup Conflict and Group Performance [J]. Academy of Management Journal, 2001, 44 (2): 238 –251.

[88] Joo, B. K. B. Leader-Member Exchange Quality and In-Role Job Performance the Moderating Role of Learning Organization Culture [J]. Journal of Leadership & Organizational Studies, 2012, 19 (1): 25 –34.

[89] Josephson E. , Josephson M. Introduction. In E. Josephson, M. Josephson (Eds.), Man Alone: Alienation in Modern Society [M]. New York: Dell Publishing Company, 1962.

[90] Judge T. A. And Colquitt J. A. Organizational Justice and Stress: The Mediating Role of Work-Family Conflict [J]. Journal of Applied Psychology, 2004, 89 (3): 395 –404.

[91] Kakabadse, A. Organizational Alienation and Job Climate: a Comparative Study of Structural Conditions and Psychological Adjustment [J]. Small Group Research, 1986, 17 (4): 458 –471.

[92] Kamdar, D. , Dyne, L. V. The Joint Effects of Personality and Workplace Social Exchange Relationships in Predicting Task Performance and Citizenship Performance [J]. Journal of Applied Psychology, 2007, 92 (5): 1286 –1298.

[93] Kanungo, R. N. Alienation and Empowerment: Some Ethical Imperatives in Business [J]. Journal of Business Ethics, 1992, 11 (5 –6): 413 –422.

[94] Kanungo, R. N. Culture and Work Alienation Western Models and Eastern Realities [J]. International Journal of Psychology, 1990, 25 (3 – 6): 795 –812.

[95] Kanungo, R. N. Work Alienation: a Pancultural Perspective [J]. International Studies of Management & Organization, 1983, 13 (1/2): 119 – 138.

[96] Keller, T. , Dansereau, F. Leadership and Empowerment: a So-

cial Exchange Perspective [J]. Human Relations, 1995, 48/2: 127 – 146.

[97] Kellerman, B. Bad Leadership: What it is, How it Happens, Why it Matters [M]. Boston: Harvard Business School Press, 1994.

[98] Kiewitz, C., Restubog, S. L., Shoss, M. K, Et Al. Suffering in Silence: Investigating the role of Fear in the Relationship Between Abusive Supervision and Defensive Silence [J]. Appl Psychol, 2016, 101 (5): 731 – 742.

[99] Kohn, M. L. Occupational Structure and Alienation [J]. The American Journal of Sociology, 1976, 82 (1): 111 – 30.

[100] Konovsky, M. A., Eropanzano, R. Perceived Fairness of Employee Drug Testing as a Preditor of Employee Attitudes and Job Performanee [J]. Joural of Applied Psychology, 1991, 76 (5): 695 – 707.

[101] Kwan S. Y., Bond M. H., Singelis, T. M. Pancultural Explanations for Life Satisfaction: Adding Relationship Harmony to Self-Esteem [J]. Journal of Personality and Social Psychology, 1997, 73 (5): 1038 – 1051.

[102] Kwang-Kuo Hwang. Guanxi and Organizational Behaviors in Chinese Society [J]. International and Cultural Psychology, 2012, 1: 297 – 326.

[103] Lam, S. K., Schaubroeck, J., Aryee, S. Relationship between Organizational Justice and Employee Work Outcomes: a Cross-National Study [J]. Journal of Organizational Behavior, 2002, 23 (1): 1 – 18.

[104] Lapierre, L. M., Hackett, R. D. Trait Conscientiousness, Leader-Member Exchange, Job Satisfaction and Organizational Citizenship Behaviour: a Test of an Integrative Model [J]. Journal of Occupational and Organizational Psychology, 2007, 80 (3): 539 – 554.

[105] Lavelle, J. J., Rupp, D. E., Brockner, J. Taking a Multifoci Approach to the Study of Justice, Social Exchange, and Citizenship Behavior: The target Similarity Model [J]. Journal of Management, 2007, 33: 841 –

866.

[106] Lee K. , Allen N. J. Organizational Citizenship Behavior and Workplace Deviance: The Role of Affect and Cognitions [J]. Journal of Applied Psychology, 2002, 87 (1): 131 – 142.

[107] Lewin, K. Lippitt, R. , White, R. K. Patterns of Aggressive Behaviour in Experimentally Created Social Climates [J]. Journal of Social Psychology, 1939, 10: 271 – 301.

[108] Lewis, A. C. Social Conflict and The Theory of Social Change [J]. The British Journal of Sociology, 1957, 8 (3): 197 – 207.

[109] Lewis, A. C. The Functions of Social Conflict [M]. New York: The Free Press, 1956.

[110] Lian, H. , Ferris, D. L. , Brown, D. J. Does Taking the Good With the Dad Make Things Worse? How Abusive Supervision and Leader-Member Exchange Interact to Impact Need Satisfaction and Organizational Deviance [J]. Organizational Behavior and Human Decision Processes, 2012, 117 (1): 41 – 52.

[111] Lian, H. , Lance, F. D. , Brown, D. J. Does Power Distance Exacerbate or Mitigate the Effects of Abusive Supervision? It Depends on the Outcome [J]. Journal of Applied Psychology, 2012, 97 (1): 107 – 123.

[112] Liao, S. S. , Hu, D. C. , Chung, Y. C. , Et Al. LMX and Employee Satisfaction: Mediating Effect of Psychological Capital [J]. Leadership & Organization Development Journal, 2017, 38 (3): 433 – 449.

[113] Liu, C. , Spector, P. E. , Shi, L. Cross-National Job Stress: a Quantitative and Qualitative Study [J]. Journal of Organizational Behavior, 2007, 28 (2): 209 – 239.

[114] Liu, S. Lin, X. , Hu, W. How Followers' Unethical Behavior is Triggered By Leader-Member Exchange: The Mediating Effect of Job Satisfaction [J]. Social Behavior and Personality: An International Journal, 2013,

41 (3): 357 −366.

[115] Liu, X. Y., Wang, J. Abusive Supervision and Organizational Citizenship Behaviour: is Supervisor-Subordinate Guanxi a Mediator [J]. The International Journal of Human Resource Management, 2013, 24 (7): 1471 −1489.

[116] Loi, R., Hang-Yue, N., Foley, S. Linking Employees' Justice Perceptions to Organizational Commitment and Intention to Leave: The Mediating Role of Perceived Organizational Support [J]. Journal of Occupational and Organizational Psychology, 2006, 79 (1): 101 −120.

[117] Lombardo, M. M., Mccall, M. W. J. Coping with an Intolerable Boss [M]. Center For Creative Leadership, Greensboro, North Carolina, 1984.

[118] Ma, H., Karri, R., Chittipedd, K. Et Al. The Paradox of Managerial Tyranny [J]. Business Horizons, 2004, 47 (4): 33 −40.

[119] Maddi, S. An Alienation Test [J]. Journal of Humanistic Psychology, 2016, 19 (4): 73 −76.

[120] Martinko, M. J., Harvey, P., Sikora, D., Douglas, S. C. Perceptions of Abusive Supervision: The Role of Subordinates' Attribution Styles [J]. The Leadership Quarterly, 2011, 22 (4): 751 −764.

[121] Martinko, M. J., Sikora, D., Harvey, P. The Relationships between Attribution Styles, LMX, and Perceptions of Abusive Supervision [J]. Journal of Leadership & Organizational Studies, 2012, 19 (4): 397 −406.

[122] Mathieu, C., Babiak, P. Corporate Psychopathy and Abusive Supervision: Their Influence on Employees' Job Satisfaction and Turnover Intentions [J]. Personality & Individual Differences, 2016, 91: 102 −106.

[123] Mayer, D. M., Kuenzi, M., Greenbaum, R., Bardes, M., & Salvador, R. How Low Does Ethical Leadership Flow? Test of A Trickle-

Down Model [J]. Organizational Behavior and Human Decision Processes, 2009, 108 (1): 1 – 13.

[124] Meierhans, D., Rietmann, B., Jona, K. Influence of Fair and Supportive Leadership Behavior on Commitment and Organizational Citizenship Behavior [J]. Swiss Journal of Psychology, 2008, 67 (3): 131 – 141.

[125] Mendoza, M. J. S., Lara, P. Z. M. The Impact of Work Alienation on Organizational Citizenship Behavior in the Canary Islands [J]. International Journal of Organizational Analysis, 2007, 15 (1): 56 – 76.

[126] Michaels, R. E. Cron, W. L. Dubinsky A. J., Joachimsthaler, E. A. Influence of Formalization on the Organizational Commitment and Work Alienation of Salespeople and Industrial Buyers [J]. Journal of Marketing Research, 1988, 25 (4): 376 – 383.

[127] Michaels, R. E. Dubinsky, A. J. Kotabe, M. Lim, C. U. The Effects of Organizational Formalization on Organizational Commitment and Work Alienation in US, Japanese and Korean Industrial Salesforces [J]. European Journal of Marketing, 1996, 30 (7): 8 – 24.

[128] Michaels, R. E., Cron, W. L., Dubinsky, A. J., Joachimsthaler, E. A.. Influence of Formalization on the Organizational Commitment and Work Alienation of Salespeople and Industrial Buyers [J]. Journal of Marketing Research, 1988, 25 (4): 376 – 383.

[129] Michel, J. S., Newness, K., Duniewicz, K. How Abusive Supervision Affects Workplace Deviance: a Moderated-Mediation Examination of Aggressiveness and Work-Related Negative Affect [J]. Journal Of Business & Psychology, 2016, 31 (1): 1 – 22.

[130] Miller, G. A. Professionals In Bureaucracy: Alienation among Industrial Scientists and Engineers [J]. American Sociological Review, 1967, 32 (5): 755 – 68.

[131] Mills, H., Schulz, J. Exploring the Relationship between Task

Conflict, Relationship Conflict, Organizational Commitment [J]. Sport Management International Journal, 2009, 5 (1): 5 – 18.

[132] Mitchell, M. S. , Ambrose, M. L. Abusive Supervision and Workplace Deviance and The Moderating Effects of Negative Reciprocity Beliefs [J]. Journal of Applied Psychology, 2007, 92 (4): 1159 – 1168.

[133] Moch, M. K. Job Involvement, Internal Motivation and Employee's Integration into Networks of Work Relationships [J]. Organizational Behavior and Human Performance, 1980, 25 (1): 15 – 31.

[134] Mulford, C. L. , Waldner, H. L. Variables Associated with Agricultural Scientists' Work Alienation and Publication Productivity [J]. Scientometrics, 1993, 27 (3): 261 – 282.

[135] Nair, N. , Vohra N. An Exploration of Factors Predicting Work Alienation of Knowledge Workers [J]. Management Decision, 2010, 48 (4): 600 – 615.

[136] Nair, N. , Vohra N. Developing a New Measure of Work Alienation [J]. Journal of Workplace Rights, 2009, 14 (3): 293 – 309.

[137] Newman, A. , Schwarz, G. , Cooper, B. et al. How Servant Leadership Influences Organizational Citizenship Behavior: the Roles of LMX, Empowerment, and Proactive Personality [J]. Journal of Business Ethics, 2017, 145: 1 – 14.

[138] Oldham, G. R. , Cummings, A. Employee Creativity: Personal and Contextual Factors at Work [J]. Academy of Management Journal, 1996, 39 (3): 607 – 634.

[139] Oxford Advanced Leaner's English-Chinese Dictionary (7th Edition) [M]. Oxford University Press, 2010, 524 – 654.

[140] Padilla, A. , Hogan, R. , Kaiser, R. B. The Toxic Triangle: Destructive Leaders, Susceptible Followers, and Conducive Environments [J]. Leadership Quarterly, 2007, 18 (3): 176 – 194.

[141] Parker, S. L. , Jimmieson, N. L. , Johnson, K. M. General Self-Efficacy Influences Affective Task Reactions During a Work Simulation: the Temporal Effects of Changes in Workload at Different Levels of Control [J]. Anxiety, Stress & Coping: An International Journal, 2013, 26 (2): 217 - 239.

[142] Pelled, L. H. Eisenhardt, K. M. , Xin, K. R. Exploring The Black Box: an Analysis of Work Group Diversity, Conflict and Performance [J]. Administrative Science Quarterly, 1999, 44 (1): 1 - 28.

[143] Pinkley, R. L. Dimensions of Conflict Frame: Disputant Interpretations of Conflict [J]. Journal of Applied Psychology, 1990, 75 (2): 117 - 26.

[144] Podsakoff, P. M. , Mackenzie, S. B. , Paine, J. B. , Bachrach, D. G. Organizational Citizenship Behaviors: a Critical Review of The Theoretical and Empirical Literature and Suggestions for Future Research [J]. Journal of Management, 2000, 26 (3): 513 - 563.

[145] Pondy, L. R. Organizational Conflict: Concepts and Models [J]. Administrative Science Quarterly, 1967, 12 (2): 296 - 320.

[146] Preacher, K. J. , Hayes, A. F. Asymptotic and Resampling Strategies for Assessing and Comparing Indirect Effects in Multiple Mediator Models [J]. Behavior Research Methods, 2008, 40 (3): 879 - 891.

[147] Prone, M. R. Interpersonal Conflict at Work and Psychological Outcomes: Testing a Model among Young Workers [J]. Journal of Occupational Health Psychology, 2000, 5 (2): 246 - 255.

[148] Rafferty, A. E. , Griffin, M. A. Refining Individualized Consideration: Distinguishing Development Leadership and Supportive Leadership [J]. Journal of Occupational and Organizational Psychology, 2006, 27 (1): 37 - 61.

[149] Rahim, M. A. Managing Conflict: an Interdisciplinary Approach

[M]. Praeger Publisher, 1992.

[150] Raub, S., Liao, H. Doing The Right Thing Without Being Told: Joint Effects of Initiative Climate and General Self-Efficacy on Employee Proactive Customer Service Performance [J]. Journal of Applied Psychology, 2012, 97 (3): 651 –667.

[151] Robinson, S. L., Bennett, R. J. Development of a Measure of Workplace Deviance [J]. Journal of Applied Psychology, 2000, 85 (2): 349 –360.

[152] Robinson, S. L., Bennett, R. J. A Typology of Deviant Workplace Behaviors; a Multidimensional Scaling Study [J]. Academy of Management Journal, 1995, 38 (2): 555 –572.

[153] Rooney, J. A., Gottlieb, B. H. Development and Initial Validation of a Measure of Supportive and Unsupportive Managerial Behaviors [J]. Journal of Vocational Behavior, 2007, 71 (2): 186 –203.

[154] Rotundo, M., Sackett, P. R. The Relative Importance of Task, Citizenship, and Counterproductive Performance to Global Ratings of Job Performance: a Policy-Capturing Approach [J]. Journal of Applied Psychology, 2002, 87 (1): 66 –80.

[155] Sarros, J. C. Tanewski, G. A., Winter, R. P. Work Alienation and Organizational Leadership [J]. British Journal of Management, 2002, 13 (4): 285 –304.

[156] Scandura, T. A., Pellegrini, E. K. Trust and Leader-Member Exchange: a Closer Look At Relational Vulnerability [J]. Journal of Leadership & Organizational Studies, 2008, 15 (2): 101 –110.

[157] Schaubroeck, J., Jones, J. J., Xie, J. L. Individual Differences in Utilizing Control to Cope with Job Demands: Effects on Susceptibility to Infectious Disease [J]. Journal of Applied Psychology, 2001, 86 (2): 265 –278.

[158] Schwarzer, R., Aristi, B. Optimistic Self-Beliefs: Assessment of General Perceived Self-Efficacy in Thirteen Cultures [J]. Word Psychology, 1997, 3 (2): 77 – 190.

[159] Seeman, M. Alienation Motifs in Contemporary Theorizing: the Hidden Continuity of Classicthemes [J]. Social. Psychology Quarterly, 1983, 46 (3): 171 – 184.

[160] Seeman, M. Alienation Studies [J]. Annual Review Of Sociology, 1975, 1 (1): 91 – 123.

[161] Seeman, M. Empirical Alienation Studies: an Overview: Theories of Alienation – Critical Perspectives In Philosophy and The Social Sciences [M]. Martinus Nijhoff, The Hague, 1976.

[162] Shoss, M. K., Eisenberger, R., Restubog, S. L. D. Blaming the Organization for Abusive Supervision: The Roles of Perceived Organizational Support and Supervisor's Organizational Embodiment [J]. Journal of Applied Psychology, 2013, 98 (1): 158 – 168.

[163] Siu, O. L., Lu, C. Q., Spector, P. E. Employees' Well-Being in Greater China: The Direct and Moderating Effects of General Self-Efficacy [J]. Applied Psychology, 2007, 56 (2): 288 – 301.

[164] Skogstad, A. Effects of Leadership Behaviour on Job Satisfaction [C]. Health And Efficiency. Unpublished Phd Thesis. Bergen Norway University of Bergen, 1997.

[165] Skogstad, A., Einarsen, S., Torsheim, T. et al. The Destructiveness of Laissez-Faire Leadership Behavior [J]. Journal of Occupational Health Psychology, 2007, 12 (1): 80 – 92.

[166] Spector, P. E., Steve, M. J. Development of Four Self-Report Measures of Job Stressors and Strain: Interpersonal Conflict At Work Scale, Organizational Constraints Scale, Quantitative Workload Inventory, and Physical Symptoms Inventory [J]. Journal of Occupational Health Psychology,

1998, 3 (4): 356 – 367.

[167] Spector, P. E. , Fox, S. The Stressor-Emotion Model of Counter-productive Work Behavior [M]. 2005.

[168] Spector, P. E. , Fox, S. An Emotion-Centered Model of Voluntary Work Behavior: Some Parallels Between Counterproductive Work Behavior and Organizational Citizenship Behavior [J]. Human Resource Management Review, 2002, 12 (2): 269 – 292.

[169] Spector, Paul E, And Steve M. Jex. Development of Four Self-Report Measures of Job Stressors And Strain: Interpersonal Conflict at Work Scale, Organizational Constraints Scale, Quantitative Workload Inventory, and Physical Symptoms Inventory [J]. Journal of Occupational Health Psychology, 1998, 3 (4): 356 – 367.

[170] Spoor, J. R. , Kelly, J. R. The Evolutionary Significance of Affect In Groups: Communication and Group Bonding [J]. Group Processes & Intergroup Relations, 2004, 7 (4): 398 – 412.

[171] Spreitzer, G. M. Dimensions Psychological Empowerment in the Workplace Measurement and Validation [J] . Academy of Management, 1995, 38 (5): 1442 – 1465.

[172] Spreitzer, G. M. Social Structural Characteristics of Psychological Empowennent [J]. Academy of Management Journal, 1996, 39 (2): 483 – 504.

[173] Stogdill, R. M. Handbook of Leadership: a Survey of Theory and Research [M]. Free Press, New York, 1974.

[174] Strumpfer, D. J. W. Positive Emotions, Positive Emotionality and Their Contribution to Fortigenic Living: A Review [J]. South African Journal of Psychology, 2006, 36 (1): 144 – 167.

[175] Subramony, M. Antecedents and Outcomes of Contingent Workers' Attitudes toward Their Temporary Help Services Firm: a Unit Level Longitudinal

Investigation [J]. Journal of Organizational Behavior, 2011, 32 (6): 850 – 868.

[176] Sue-Chan, C. , Au, A. K. C. Hacket, R. D. Trust as A Mediator of the Relationship Between Leader/Member Behavior And Leader-Member-Exchange Quality [J]. Journal of World Business, 2012, 47 (3): 459 – 468.

[177] Sulu, S. , Ceylan, A. , Kaynak, R. Work Alienation as a Mediator of the Relationship between Organizational Injustice and Organizational Commitment: Implications for Healthcare Professionals [J]. International Journal of Business and Management, 2010, 5 (8): 27 – 38.

[178] Tangirala, S. , Green, S. G. , Ramanujam, R. In The Shadow of The Boss's Boss: Effects of Supervisors' Upward Exchange Relationships on Employees [J]. The Journal of Applied Psychology, 2007, 92 (2): 309 – 320.

[179] Tepper, B. J. , Taylor, E. C. Relationships among Supervisors' and Subordinates' Procedural Justice Perceptions and Organizational Citizenship Behaviors [J]. Academy of Management Journal, 2003, 46 (1): 97 – 105.

[180] Tepper, B. J. Abusive Supervision in Work Organizations: Review, Synthesis, and Research Agenda [J]. Journal of Management, 2007, 33 (3): 261 – 289.

[181] Tepper, B. J. Consequences of Abusive Supervision [J]. Academy of Management Journal, 2000, 43 (2): 178 – 190.

[182] Tepper, B. J. , Carr, J. C. , Breaux, D. M. , Geider, S. , Hu, C. , Hua, W. Abusive Supervision, Intentions to Quit, and Employees' Workplace Deviance: a Power/Dependence Analysis [J]. Organizational Behavior and Human Decision Processes, 2009, 109 (2): 156 – 167.

[183] Tepper, B. J. , Duffy, M. K. , Henle, C. A. Procedural Injustice, Victim Precipitation, and Abusive Supervision [J]. Personnel Psychology, 2006, 59 (1): 101 – 123.

[184] Tepper, B. J. , Duffy, M. K. , Hoobler, J. M. , Ensley,

M. D. Moderators of The Relationships between Coworkers' Organizational Citizenship Behavior and Fellow Employees' Attitudes [J]. Journal of Applied Psychology, 2004, 89 (3): 455 –465.

[185] Tepper, B. J., Henle, C. A., Lambert, L. S., Giacalone, R. A., Duffy, M. K. Abusive Supervision and Subordinate'S Organization Deviance [J]. Journal of Applied Psychology, 2008, 93 (4): 721 –732.

[186] Tepper, B. J., Moss, S. E., Duffy, M. K. Predictors of Abusive Supervision: Supervisor Perceptions of Deep-Level Dissimilarity, Relationship Conflict, And Subordinate Performance [J]. Academy of Management Journal, 2011, 54 (2): 279 –294.

[187] Tepper, B. J., Moss, S. E., Lockhart, D. E. Abusive Supervision, upward Maintenance Communication, and Subordinates' Psychological Distress [J]. Academy of Management, 2007, 50 (5): 1169 –1180.

[188] Thau, S., Bennett, R. J., Mitchell, M. S., Marrs, M. B. How Management Style Moderates the Relationship between Abusive Supervision and Workplace Deviance: an Uncertainty Management Theory Perspective [J]. Organizational Behavior and Human Decision Processes, 2009, 108 (1): 79 –92.

[189] Thomas, K. W. Conflict and Conflict Management: Reflections and Update [J]. Journal of Organizational Behavior, 1992, 13 (3): 265 –274.

[190] Tiedens, L. Z., Sutton, R. I., Fong, C. T. Emotional Variation Within Work Groups: Causes and Performance Consequences. In L. Z. Tiedens & C. W. Leach (Eds.) [M]. The Social Life of Emotions [M]. Cambridge, UK: Cambridge University Press, 2004.

[191] Tjosvold, D., Law, K. S., Sun, H. Effectiveness of Chinese Teams: the Role of Conflict Types and Conflict Management Approaches [J]. Management and Organization Review, 2006, 2 (2): 231 –252.

［192］Tsui, A. Alternative Approaches to The Employee-Organization Relationship: Does Inducement in Employees Pay Off ［J］? Academy of Management Journal, 1997, 40 （5）: 1089 – 1121.

［193］Tuna, M., Yeşİltaş, M. The Effect of Ethical Climate, Work Alienation and Organizational Identification on Turnover Intention: a Research on Hotel Establishments ［J］. Neurochemistry International, 2014, 61 （2）: 156 – 165.

［194］Vijayalakshmi, V., Bhattacharyya, S. Emotional Contagion and Its Relevance to Individual Behavior and Organizational Processes: A Position Paper ［J］. Journal of Business And Psychology, 2012, 27 （3）: 363 – 374.

［195］Wall, J. A., Callister, R. R. Conflict and Its Management ［J］. Journal Of Management, 1995, 21 （3）: 515 – 558.

［196］Wall, V., Nolan, L. Perceptions of Inequality, Satisfaction and Conflict in Task Oriented Groups ［J］. Human Relations, 1986, 39 （11）: 1033 – 1052.

［197］Walter F, Bruch H. The Positive Group Affect Apiral: a Dynamic Model of the Emergence of Positive Affective Similarity in Work Groups ［J］. Journal of Organizational Behavior, 2008, 29 （2）: 239 – 261.

［198］Walter, F., Bruch, H. Investigating The Emotional Basis of Charismatic Leadership: The Role of Leaders' Positive Mood and Emotional Intelligence ［J］. Research on Emotion in Organizations, 2007, 3: 55 – 85.

［199］Wang, D., Tsui, A. S., Zhang, Y., Ma, L. Employment Relationship and Firm Performance: Evidence from an Emerging Economy ［J］. Journal of Organizational Behavior, 2003, 24 （5）: 511 – 535.

［200］Wang, G., Jing, R., Klossek, A. Antecedents and Management of Conflict: Resolution Styles of Chinese to Managers in Multiple Rounds of Cognitive and Affective Conflict ［J］. International Journal of Conflict Management, 2007, 18 (L): 74 – 97.

[201] Wang, G. , Jing, R. , Klossek, A. Antecedents And Management of Conflict: Resolution Styles of Chinese Top Managers in Multiple Rounds of Cognitive and Affective Conflict [J]. International Journal of Conflict Management, 2007, 18 (1): 74 – 97.

[202] Wat, D. , Shaffer, M. A. Equity and Relationship Quality Influences on Organizational Citizenship Behaviors: the Mediating Role of Trust in the Supervisor and Empowerment [J]. Personnel Review, 2005, 34 (4): 406 – 422.

[203] Wayne, S. J. , Shore, L. M. , Bommer, W. H. et al. The Role of Fair Treatment and Rewards in Perceptions of Organizational Support and Leader-Member Exchange [J]. Journal of Applied Psychology, 2002, 87 (3): 590 – 598.

[204] Weiner, B. An Attributional Theory of Achievement Motivation and Emotion [J]. Psychological Review, 1985, 92 (4): 548 – 573.

[205] Weiss, H. M. , Cropanzano, R. Affective Events Theory: a Theoretical Discussion of the Structure, Causes and Consequences of Affective Experiences at Work [J]. Research in Organizational Behavior: an Annual Series of Analytical Essays and Critical Reviews, 1996, 18 (3): 1 – 74.

[206] Wilson, C. B. Businesses Suffer from Workplace Trauma [J]. Personnel Journal, 1991, 70: 47 – 50.

[207] Xiao-Ping Chen, Siqing Peng. Guanxi Dynamics: Shifts in the Closeness of Ties between Chinese Coworkers [J]. Management and Organization Review, 2008, 4 (1): 63 – 80.

[208] Xu, E. , Huang, X. , Lam, C. K. , Miao, Q. Abusive Supervision and Work Behaviors: the Mediating Role of LMX [J]. Journal of Organizational Behavior, 2012, 33 (4): 531 – 543.

[209] Yagil, D. The Relationship of Abusive and Supportive Workplace

Supervision to Employee Burnout and Upward Influence Tactics [J]. Journal of Emotional Abuse, 2006, 6 (1): 49 – 65.

[210] Yoon, M. H., Beatty, S. E., Suh, J. The Effect of Work Climate on Critical Employee and Customer Outcome: an Employee-Level Analysis [J]. International Journal of Service Industry Management, 2001, 12 (5): 500 – 521.

[211] Young, Cheri A., And David L. Corsun. Burned! The Impact of Work Aspects, Injury, And Job Satisfaction on Unionized Cooks' Intentions to Leave the Cooking Occupation [J]. Journal of Hospitality and Tourism Research, 2010, 34 (1): 78 – 102.

[212] Zapf, D., Einarsen, S. Bullying and Emotional Abuse in The Workplace. International Perspectives in Research and Practice [J]. Taylor & Francis, 2003, 57 (4): 1088 – 1091.

[213] Zellars, K. L., Tepper, B. J., Duff, M. K. Abusive Supervision and Subordinates' Organizational Citizenship Behavior [J]. Journal of Applied Psychology, 2002, 87 (6): 1068 – 1076.